Il Museo Archeologico Nazionale di Napoli

Questa pubblicazione è stata realizzata in occasione dell'incontro dei G7 a Napoli, nel luglio 1994

Soprintendenza Archeologica
di Napoli e Caserta

a cura di Stefano De Caro

fotografie di
Luciano Pedicini

Il Museo Archeologico Nazionale di Napoli

Electa Napoli

Electa Napoli

hanno collaborato a questo volume

Redazione
Silvia Cassani

Grafica
Enrica D'Aguanno
Ivana Gaeta

Stampato in Italia

Sommario

Premessa

L'intento di questo volumetto non è quello di far da eloquente «cicerone» al visitatore accompagnandolo nelle sale del Museo, sia perché ben più ponderoso esso avrebbe dovuto essere per sfiorare anche solo di sfuggita l'enorme quantità di materiali esposti o in via di allestimento, sia perché, confidiamo, i supporti didascalici che sempre più abbondanti accompagnano le nuove esposizioni basteranno a questo scopo. Il suo fine è invece quello di aiutare il visitatore che si aggira nel Museo con gli occhi e la mente pieni di immagini, a ritrovare un possibile filo di lettura, quello della storia, per congiungere quelle splendide immagini in un insieme con un significato più profondo di quello più immediato di «cose belle degli antichi».

Poiché il Museo napoletano sta oggi muovendo rapidamente verso un nuovo assetto espositivo, si è dovuto in parte svincolare la struttura del libro dai modi della tradizionale «guida» alle attuali collezioni, anche perché l'esposizione di alcune di queste risponde a criteri sette - e ottocenteschi, per classi e per materia, ormai del tutto insoddisfacenti. Scegliendo una presentazione del Museo per problemi storici, oltre a perseguire una maggiore aderenza ai criteri che guidano il nuovo allestimento, si è cercato così di fare del libro uno strumento che si possa utilizzare anche indipendentemente dalla visita, prima o dopo di essa, che possa essere oggetto propiziatorio ed invitante ad un viaggio intellettuale e ad una straordinaria occasione di cultura.

Ci auguriamo di aver raggiunto almeno in parte lo scopo redigendo, con un linguaggio divulgativo, ma senza, speriamo, eccessive banalizzazioni, una sorta di manuale che aiuti il lettore ad avvicinarsi alle collezioni museali cogliendone i molteplici aspetti, storici, documentari, estetici.

Ci riterremo in ogni caso soddisfatti se, avendo letto qualcuna di queste pagine, il lettore si sentirà spinto a cercare un libro più impegnativo, o a tornare a rivedere un oggetto che ha suscitato la sua curiosità, o, perché no?, a chiedere alla Direzione del Museo di mettere in vetrina un pezzo non ancora esposto.

Trasporto delle antichità di Ercolano dal Museo di Portici al Palazzo degli Studi di Napoli, dal «Voyage pittoresque ou description des Royaumes de Naples et de Sicilie» dell'Abbé de Saint-Non, Parigi 1781-86.

Il Museo Archeologico Nazionale di Napoli: una breve storia

«..un juste hommage rendu par une Nation & dans un siècle éclairé à ces beaux arts qui nous ont été tranmis, & dont l'éclat a donné un nouveau lustre à l'Italie & à l'Europe moderne»
(Abbé de Saint-Non, *Voyage pittoresque ou description des Royaumes de Naples et de Sicile*, II, Paris 1781-86)

Il Museo Archeologico Nazionale di Napoli è probabilmente il più importante Museo del mondo per l'archeologia classica. Al di là del relativo valore che hanno simili affermazioni , essendo ovviamente impensabile inscatolare la cultura che si esprime nei Musei in una specie di Guinness dei primati, è certo tuttavia che il Museo Archeologico napoletano rappresenta, per la sua stessa storia culturale prima ancora che per la ricchezza straordinaria delle sue collezioni, un momento fondamentale della formazione della cultura classica in Europa.
Il Museo di Napoli affonda infatti le sue origini in quella stessa vicenda culturale che nel Settecento portò alla prima formazione dell'archeologia moderna, vicenda nella quale Napoli si trovò a giocare, per una serie di fortunate circostanze, un ruolo da protagonista, molto al di sopra della stessa posizione che il Regno di cui era capitale occupava nel novero degli Stati europei.
Nonostante la pesantezza del dominio vicereale asburgico («Les Siciles étaient les Indes de Vienne...»), che faceva seguito a due secoli di non meno duro dominio spagnolo, Napoli era nella prima metà del Settecento certamente una delle più civili città d'Italia, con un ceto di nobiltà di toga che coltivava studi di storia e filosofia (si pensi a un Vico o a un Giannone), che apprezzava la musica e le arti (Metastasio, Pergolesi, Sanfelice, Vaccaro, Solimena sono i nomi più importanti del periodo). Né erano mancati anche prima interessi per l'antiquaria: si pensi ad esempio agli scavi fatti nei Campi Flegrei nel Seicento dal viceré Don Alfonso Pimentel, da cui si trassero statue poi messe a decorare, nel 1613, il Palazzo degli Studi (ovvero il futuro Museo) o a quelli condotti dal cardinale Acquaviva nel 1666.
Le vere premesse per la nascita del Museo vanno però individuate nella vicenda politica e dinastica che nel 1734 portò l'Infante di Spagna, Carlo III di Borbone, sul trono di Napoli. Entrambi i nuovi regnanti, Carlo e sua moglie Maria Amalia di Sassonia, appartenevano a famiglie in cui era tradizionale il collezionismo di antichità acquisite prevalentemente sul mercato romano: basti poi dire che Carlo era per parte di madre un Farnese, la nobile famiglia romana che aveva creato la più importante collezione di antichità di Roma; il caso volle inoltre che proprio nella già ricca collezione di Augusto di Sassonia fossero da pochi anni finite le statue trovate nel 1711 dal principe d'Elboeuf a Resina.
Nel disegno di Carlo, di fondazione di un nuovo regno e di ammodernamento della città di Napoli, la cultura, e soprattutto quella che si esprimeva in grandi collezioni d'arte, giocava un ruolo essenziale. Si cominciò così a delineare il disegno di fare della corte di Napoli un grande centro d'arte, trasferendovi, dall'avito ducato di Parma e in parte da Roma, le grandi collezioni di libri, di opere d'arte e di antichità, messe insieme con scavi e acquisti per circa due secoli dai Farnese. Nasce così il progetto di creare a Napoli un «Museo Farnesiano», ad ornamento della città ed al tempo stesso ad autoglorificazione dinastica; per esso si decise di costruire un apposito nuovo edificio, la Villa Reale di Capodimonte, la cui realizzazione fu affidata nel 1738 all'architetto Giovanni Antonio Medrano.
In quello stesso 1738 ha inizio anche l'altra vicenda chiave per la formazione del Museo. A Resina, presso un'altra residenza reale di villeggiatura, il Re fa iniziare degli scavi proprio in quell'area dove al tempo del dominio austriaco, circa trent'anni prima, il principe d'Elboeuf aveva rinvenute le statue poi finite alla corte di Sassonia; la fortuna vuole che si mettano le mani subito su una serie straordinaria di altre statue, in marmo e in bronzo, iscrizioni, insomma sulla decorazione, intatta, della scena del teatro di Ercolano. Ha così inizio l'epopea fortunata degli scavi delle città vesuviane. Dieci anni dopo, nel 1748, cominciano infatti anche gli scavi a Pompei, e un anno dopo a Gragnano, dove si esploreranno le ville di *Stabiae*. Da questi scavi affluirà alle collezioni del re una messe straordinaria di oggetti, statue in gran numero di bronzo e di marmo, come dalla villa dei Pisoni di Ercolano (1754-58), reperti eccezionali come i papiri che formavano la biblioteca della stessa villa; oggetti in una varietà prodigiosa, come ovviamente solo intere città seppellite intatte da un vulcano potevano restituire: mo-

saici, oggetti di vita quotidiana, armi e oggetti preziosi, vetri. Inoltre, una quantità sbalorditiva di un nuovo genere di antichità, le pitture, che non s'erano pressocché mai viste in nessuna collezione, e che emergevano dal terreno intatte, coi colori squillanti, belle «come di mano delle Grazie» (Goethe).
Per far fronte a tale nuova fortunata esigenza, a partire dal 1750 la villa Reale di Portici fu attrezzata a sede di un «Museum Herculanense», rapidamente riempito delle migliaia di oggetti pervenuti dagli scavi. Fu soprattutto in grazia di queste prestigiose novità che Napoli, divenuta capitale di un nuovo regno, importante nello scacchiere del Mediterraneo, divenne anche una tappa obbligatoria del *Grand Tour*, quel pellegrinaggio culturale in Italia che tutti i giovani aristocratici europei dovevano compiere per perfezionare la loro educazione, abbeverandosi a Roma, a Firenze, a Napoli alle fonti stesse del classicismo e del *bon goût*.
Di fronte a tanta improvvisa abbondanza di materiali archeologici, il nuovo Regno dové creare anche una struttura scientifica per gli scavi e per la custodia e l'amministrazione di questo patrimonio. In parte si ricorse a dotti locali, in parte si chiamarono esperti da fuori del Regno, come lo scultore francese Joseph Canart, che ebbe il compito di organizzare il lavoro di restauro, e il romano Camillo Paderni, cui fu data la direzione del Museo Ercolanense. Per non dire che di antiquaria masticava non poco lo stesso potente ministro e amico del re, il marchese toscano Bernardo Tanucci, che spesso decideva personalmente in materia di restauri o di disposizione dei materiali nel Museo di Portici.
Non mancarono naturalmente i passi falsi, anche clamorosi, come la fusione di alcuni frammenti di statue di bronzo ritenuti «inutili», per farne opere moderne; o, per qualche tempo, la distruzione sistematica delle pitture non reputate all'altezza della collezione reale. Contro siffatti errori si levò feroce, ma sostanzialmente a ragione, la critica di dotti italiani e stranieri, tra cui il vate della nuova archeologia J.J. Winckelmann. D'altra parte anche la politica di geloso monopolio della conoscenza delle antichità vesuviane praticata dai membri dell'Accademia Ercolanese, appositamente creata nel 1755 per l'edizione delle collezioni reali, non era certo fatta per favorire la reciproca comprensione. Ma in complesso, superata la fase iniziale, la «via napoletana alle antichità» si venne facendo progressivamente più sicura; così ad esempio si approntò una vernice, a base di soluzioni di cera, che è effettivamente valsa a conservare, come la visita della collezione di pitture dimostra, molto meglio che a Pompei stessa le pitture antiche, un problema tutt'altro che di semplice soluzione per quei tempi. La stessa tecnica di documentazione di monumenti, piante, disegni di pitture, di mosaici, di oggetti, messa a punto da una squadra di disegnatori regi incaricati di fornire i materiali illustrativi per l'edizione delle «Antichità di Ercolano esposte» (1757-1792), conobbe, come si può osservare ad esempio nelle sale del tempio d'Iside da Pompei, una fase di assoluta eccellenza nella seconda metà del Settecento.
Con la partenza di Carlo per la Spagna dove doveva salire al trono, nel 1759, i lavori per il Museo Farnesiano a Capodimonte rallentarono. Nel giro di pochi anni lo stesso Museo di Portici cominciò a mostrare i suoi limiti: sia di spazio, ormai saturo dei materiali archeologici vesuviani, sia, soprattutto, di sicurezza; si paventava il pericolo che fosse sepolto da una nuova eruzione del Vesuvio — erano state oltre una decina quelle contate nell'ultimo secolo. Nel 1767, in presenza di una nuova paurosa eruzione, si cominciò a pensare di trasferirlo altrove; Carlo dalla Spagna oscillava tra l'ipotesi di portarlo a Caserta, dove si andava ultimando la Reggia, e quella di lasciarlo a Portici dove, commentava con umorismo, in caso di eruzione avrebbe pur sempre costituito l'oggetto di scavi archeologici di lì a duemila anni.
Nacque così poco a poco il progetto di concentrare tutte le raccolte d'arte reali, sia quelle del Museo di Portici sia quelle di Capodimonte, in un nuovo Museo a Napoli. La scelta cadde sull'antico Palazzo degli Studi (l'Università) ai piedi della collina di Santa Teresa. Sorto nel luogo dove già era stata dal 1586 una cavallerizza, il palazzo era stato eretto dal viceré spagnolo don Pedro Fernando de Castro, conte di Lemos, su progetto di Giulio Cesare Fontana, per ospitare dal 1615 l'antico Ateneo napoletano. Da allora, salvo brevi parentesi, gli Studi vi restarono per oltre un secolo e mezzo (vi insegnò retorica tra il 1697 e il 1701 G.B. Vico).
Nel 1777, essendo ormai gravemente fatiscente il palazzo, si decise il trasferimento dell'Università nel complesso, già della Compagnia di Gesù, del Salvatore. Quanto all'edificio, all'iniziale decisione di demolirlo subentrò quella di utilizzarlo come sede delle collezioni ercolanesi e della Biblioteca. L'idea era evidentemente della più viva attualità nel 1778, quando fu disegnata la celebre tavola del *Voyage pittoresque* dell'abate di Saint-Non, nella quale, giusta la didascalia, è raffigurato, a mo' di un antico corteo trionfale, il *transport des Antiquités d'Herculanum, du Musaeum de Portici au Palais des Etudes à Naples*.
Il progetto del celebre architetto Ferdinando Fuga, che prevedeva la riconversione della fabbrica «per uso del Real Museo di Portici, quadreria di Capodimonte, per la gran libreria Publica, Scuole per le tre belle Arti (Pittura, Scultura e Architettura), e Stanza per lo studio del Nudo» non ebbe fortuna. Morto il Fuga e chiamato a succedergli nella fabbrica il romano Pompeo Schiantarelli, il progetto crebbe ancora nelle ambizioni, con la proposta sia di un piano superiore (l'edificio aveva fino ad allora avuto un solo piano nelle due ali laterali ed una doppia altezza solo in corrispondenza del nucleo centrale), sia, soprattutto, di un grande emiciclo sul retro, verso l'orto dei Padri Teresiani «perché il tutto possa servire all'ornamento maggiore della Capitale ed al comodo del Pubblico» (1780).

Carlo III aveva esitato, nonostante i suggerimenti di Luigi Vanvitelli, a trasferire a Napoli anche la celeberrima collezione di sculture che adornava il palazzo romano simbolo della dinastia, palazzo Farnese appunto, e le altre residenze dove dal Cinquecento papi e principi avevano esibito a Roma opere diventate famose come il celebre *Ercole* o il *Toro*. Ostava la legislazione pontificia e lo stesso testamento di Alessandro Farnese, del 1587, che in una clausola prescriveva che le sculture restassero a Roma in perpetuo. Ma infine, nel 1787, nonostante le proteste delle autorità pontificie, il figlio di Carlo, Ferdinando IV, che gli era succeduto nel 1749 sul trono, diede l'incarico a Philipp Hackert e a Domenico Venuti di provvedere al riscontro, al restauro (effettuato nella bottega romana di Carlo Albacini) e al trasporto da Roma delle numerose sculture dalle residenze farnesiane. Il trasferimento effettivo durò alcuni anni e i marmi, giunti a Napoli, attenderanno a lungo, distribuiti tra il Palazzo Reale e la Real Fabbrica di Porcellane, prima di essere sistemati nel Museo; il *Toro* fu collocato nel 1791 come ornamento di fontana nella Villa Reale di Chiaia e fu portato al Museo solo nel 1826.

Il progetto del nuovo Museo partiva dunque con le più grandiose prospettive, tanto che nel 1791 si pensò anche di aggiungere alle destinazioni previste per l'edificio degli Studi un Osservatorio astronomico, da installare nel Grande salone e del quale si realizzò solo una meridiana che dà tuttora nome alla sala. Ma le difficoltà economiche, i grandi rivolgimenti politici del tempo, per non dire di qualche terremoto, rallentarono notevolmente l'impresa. Nonostante i tempi convulsi – si pensi solo alle due fughe del re a Palermo nel 1798 e nel 1806, entrambe le volte portando con sé numerose opere d'arte (del resto nel 1799 i francesi avevano già imballato e si accingevano a portare a Parigi l'*Ercole Farnese*) - nel 1801 si riuscì ad aprire al pubblico la «Real Biblioteca di Napoli» e a iniziare finalmente il trasferimento nell'edificio sia dei materiali del Museo di Portici (1805-1822) sia dei pezzi antichi da Capodimonte e da Palazzo Cellamare.

Contrariamente all'uso napoleonico delle grandi spoliazioni d'opere d'arte, il Museo non ebbe a subire depauperamenti durante il decennio francese (regni di Giuseppe Bonaparte e Gioacchino Murat); anzi, sotto la direzione di Felice Nicolas (1805-1807) e di Michele Arditi (1810-1838), s'arricchì di qualche pezzo famoso come la testa Carafa. Alla Restaurazione, col ritorno dei Borboni, il Museo, ulteriormente incrementato di importanti collezioni quale la Borgia e la Vivenzio e la stessa collezione personale formata a Napoli da Carolina Murat (il «Museo Palatino»), sarà chiamato ormai ad assumere, nel 1816, il nome, a esplicito titolo di gloria della dinastia, di «Real Museo Borbonico».

Tra il 1820 ed il 1821 la ristrutturazione dell'edificio viene infine completata sotto la direzione degli architetti Maresca, Bonucci e Bianchi. A celebrare Ferdinando IV, ora I, protettore delle Arti come già Napoleone a Brera, viene chiamato Antonio Canova che esegue una statua marmorea del re come novella Atena, destinata al grande Scalone in fondo al piano terra. Nel 1871, dopo l'Unità, la statua di Ferdinando fu poi rimossa ed il suo posto nello scalone fu preso dal Giove di Cuma.

Per effetto degli scavi pompeiani le collezioni del Museo non cessano di crescere: negli anni '30 e '40 entrano ad esempio i mosaici della casa del Fauno, primo tra tutti il mosaico di Alessandro (o come si disse allora, il «Gran Musaico» *tout court*), il «vetro blu» dalla villa delle colonne a Mosaico, oltre a numerosi materiali scavati nelle province del Regno, soprattutto nelle ricchissime necropoli pugliesi. Tra le personalità del tempo ricordiamo il direttore, Francesco Maria Avellino (1839-1849) e il giovane numismatico ed epigrafista liberale Giuseppe Fiorelli che per le sue idee ebbe a patire il carcere borbonico. E' significativo che uno degli atti dell'effimero governo del '48, sia stato quello di creare una «Commissione per le riforme nel Real Museo Borbonico e negli scavamenti di antichità del Regno» che produsse, prima di essere soppressa, importanti riflessioni sullo stato del Museo e del servizio archeologico borbonico e proposte per la sua riorganizzazione .

Ancorché sfortunata, l'esperienza del '48 appare tuttavia fondamentale per il futuro. Quando, dopo la conquista garibaldina ed una nomina estemporanea e di breve durata di A. Dumas a Direttore del Museo fatta da Garibaldi, Fiorelli è a sua volta chiamato alla testa del Museo (1863-1875): le tesi della Commissione del '48 troveranno in lui un realizzatore instancabile ed entusiasta.

Il Museo, divenuto ormai «Nazionale», fu incrementato della notevolissima collezione Santangelo e totalmente riordinato dal Fiorelli. Non meno importanti sono, anche sotto il profilo museografico, i contributi di Fiorelli alla storia della ricerca archeologica a Pompei nel corso del periodo borbonico. L'opera di Fiorelli venne in qualche modo completata dai suoi discepoli, Giulio De Petra, succedutogli nel 1875 alla Direzione, e l'architetto Michele Ruggiero che completò la ricerca sugli antichi scavi di Ercolano, Stabia e nelle Province di Terraferma.

Il periodo della fine del secolo e degli inizi del nostro fu dei più turbolenti per il Museo. Le incertezze, le ambiguità e le debolezze di fronte alle pressioni della ricerca archeologica a fini collezionistico-speculativi, in nome di una malintesa difesa dei diritti della proprietà privata, impedirono per anni la promulgazione di una nuova legge sulle antichità. Una serie di scandali si susseguirono in relazione ad importanti opere antiche trafugate o lasciate esportare da Roma e specialmente dalla Campania all'estero (le pitture e il tesoro d'argenteria di Boscoreale, la tegola di Capua...). La stessa riorganizzazione delle collezioni napoletane operata dallo storico Ettore Pais (1901-1904) non mancò di suscitare polemiche violentissime nell'ambiente napoletano e critiche di eccessivo modernismo. Pure, l'assetto allora dato ed i criteri ispiratori, come quello di operare per contesti, l'accento ora posto sulla nuova disciplina della Preistoria, la forte connotazione storica data ad alcune esposizioni sulla scorta delle conoscenze del tempo (le pitture pompeiane, il ritratto, la scultura greca) resteranno decisive per l'assetto del Museo di Napoli in questo secolo e saranno sostanzialmente mantenute dai suoi successori, G. Gattini (1906-1910), V. Spinazzola (1910-1924), A. Maiuri (1925-1961), A. de Franciscis (1961-1977), F. Zevi (1977-1981), E. Pozzi (1981-1991).

Il Museo ha attraversato senza danni la tempesta della seconda guerra mondiale. Il palazzo è sfuggito per fortuna ai bombardamenti, le collezioni più delicate sono state ricoverate prima a Cassino e poi, pochi giorni prima della distruzione dell'Abbazia, ai Musei Vaticani. Anche le oreficerie trafugate dai nazisti sono state recuperate e restituite.

Con la separazione ed il trasferimento a Capodimonte della Pinacoteca, nel 1957, si è posto il problema del nuovo assetto da dare al Museo. Oltre ai problemi statici si poneva quello del riassetto delle collezioni, alcune ormai visibilmente invecchiate nel concetto stesso che aveva presieduto alla loro esposizione (si pensi al cosiddetto Gabinetto Segreto, o alla galleria dei Marmi colorati).

Al primo problema, quello statico, aggravato poi dai danni del sisma del 1980-81, s'è data una risposta abbastanza incisiva con una serie di cospicui lavori di consolidamento.

Il secondo problema, quello del nuovo assetto espositivo da dare al Museo, resta tuttora aperto e di notevolissimo impegno. Anzitutto per la difficoltà di far convivere senza annullarli i diversi elementi culturali (il collezionismo rinascimentale, gli scavi vesuviani, gli scavi nel Regno delle due Sicilie e poi d'Italia, etc.) che abbiamo visto intrecciarsi nella storia del Museo. Inoltre perché la nascita di moltissimi nuovi Musei locali aveva interrotto la funzione del Museo di Napoli come Museo del Regno.

Esso ha dunque dovuto ripensare la sua funzione; attualmente si è venuta formando l'ambizione che esso possa fungere da perno, con opportune forme di collegamento con i Musei locali, di una rete museale di scala regionale, per rappresentare l'intero sistema sul piano nazionale ed internazionale; il che può essere possibile mettendo a pieno frutto da un lato la collaborazione con le numerose e prestigiose altre istituzioni culturali e scientifiche operanti a Napoli nel campo archeologico e nei molti settori della scienza ormai ad esso collegati, dall'altro la funzione, in una parola, della stessa metropoli napoletana nel contesto della regione e dello Stato italiano. Il che è, come facilmente si comprende, uno dei nodi più difficili dell'attuale situazione politica.

Continua intanto il riassetto della collezione delle sculture, puntando invece sugli elementi formativi e di contesto delle collezioni statuarie napoletane, la collezione Farnese (dove il complesso delle Terme di Caracalla riallestito nel 1990, e quello delle gemme, nel 1994, costituiscono un interessante modello), i materiali Borgia, i complessi decorativi pubblici e privati delle città della Campania, Pompei, Ercolano, Baia, Cuma, Pozzuoli, la stessa Napoli. La notevolissima esperienza dell'allestimento della Villa dei Papiri, curato da A. de Franciscis nel 1973 e basato sul principio della ricontestualizzazione dei materiali superando le arbitrarie classificazioni per generi (piccoli e grandi bronzi, marmi etc.), ha avuto una piccola eco nel recente (1992) riallestimento dei materiali del tempio d'Iside da Pompei. Presto seguiranno gli allestimenti *ex novo* della sezione epigrafica, della collezione numismatica, della sezione preistorica e dei materiali da Cuma, primo *specimen* di quel settore delle culture della Campania antica preromana (Greci, Etruschi, popoli Italici) cui si pensa di affidare la funzione di introduzione storica generale rinviando per l'analisi dei singoli centri alle più puntuali esposizioni degli ormai numerosi e ricchi musei di sito. Data la loro incompletezza come documentazione delle diverse aree, i materiali, pur talora eccezionali, della Magna Grecia saranno presentati invece soprattutto come testimonianza di particolari fasi della storia della ricerca archeologica in quest'area.

Statua in marmo di Ferdinando IV
come Minerva

Quando Ferdinando IV tornò da Palermo, a celebrare il re protettore delle Arti, come già per Napoleone a Brera, venne chiamato Antonio Canova, senza dubbio il maggiore scultore del tempo, che eseguì questa grande statua in marmo di Ferdinando, ora I, come novella Atena, destinata al grande Scalone in fondo al piano terra. L'epigrafe latina apposta sulla base recita: *Statua in marmo dedicata con l'iscrizione nell'anno 1821 a Ferdinando I di Borbone, re pio, felice e invitto del Regno delle Due Sicilie, conservatore invitto della religione e del pubblico bene; questo palazzo che un tempo sede delle scienze, già suo padre, l'augusto re Carlo, allontanatane una guarnigione di soldati, restituì alle Muse, egli lo completò in forma più ampia e degna; ordinò che qui da ogni parte confluissero e si conservassero gran copia di quadri, ogni genere di statue, di libri e di manufatti artistici insieme con l'avita biblioteca ed ogni tesoro di antichità della famiglia Farnese e quelli scavati a Pompei, a Ercolano e negli altri scavi, sopratutto preoccupandosi della gloria della patria e della comodità degli studiosi; a questo tanto insigne Museo diede il nome di Borbonico; e ad esso aggiunse la Società Borbonica degli scienziati, divisa in tre Accademie; ed ancora l'Academia Ercolanese per le Antichità e le Belle Arti. Opera di Antonio Canova.*
Dallo scalone in fondo all'atrio,nel 1871 la statua di Ferdinando fu poi trasferita nell'ingresso laterale, da dove presto tornerà allo scalone per cui fu scolpita.

La Preistoria e la Protostoria del Golfo di Napoli

Il percorso museale dedicato alla Preistoria ed alla Protostoria parte dalla sala 127, e da un lato si estende in orizzontale, raccontando la successione delle più antiche civiltà nell'arco del golfo di Napoli e nel suo immediato retroterra (Capua, *Calatia*, *Suessula*), fino alla soglia della colonizzazione greca nell'VIII secolo a. C. (sala 126, valle del Sarno, Cuma preellenica). Dall'altro lato, dalla stessa sala 127 si può intraprendere un percorso a ritroso nel tempo salendo la scala al centro della sala; si troverà così al piano intermedio la documentazione relativa all'Età del Bronzo Medio e Recente (Grotta di Pertosa, Murgia Timone), mentre all'ultimo piano si risalirà dall'Eneolitico al Neolitico, al Mesolitico ed al Paleolitico.

Non poche sono le difficoltà che si oppongono nella regione alla ricerca archeologica preistorica; soprattutto i grandiosi fenomeni vulcanici che dalle più lontane ere geologiche costituiscono la principale caratteristica geomorfologica di questo territorio e che hanno spesso sepolto sotto metri e metri di scorie i più antichi giacimenti archeologici; talché molto di rado si è avuta la possibilità di procedere a rinvenimenti scientificamente controllati. Così ad esempio se nei Campi Flegrei manca ogni traccia delle più antiche culture della pietra, il Paleolitico ed il Mesolitico, l'altro braccio del golfo di Napoli, la penisola sorrentina e l'isola di Capri, una dorsale calcarea di natura non vulcanica, hanno invece restituito abbondanti materiali di questi periodi. Particolarmente interessante è la più antica documentazione di Capri, che appartiene al periodo in cui l'isola era ancora congiunta con la terraferma. Il giacimento principale è quello rinvenuto nel 1906 presso l'Hotel Quisisana (conservato nella collezione Cerio di Capri); al di sopra di un livello contenente resti ossei di cinghiali, cervi, orsi, cavalli, ma anche elefanti, ippopotami, rinoceronti, si rinvennero strumenti di pietra, bifacciali e strumenti su scheggia del Paleolitico inferiore con amigdale di tipo abbevilliano, acheleuano antico ed evoluto e strumenti protolevalloisiani (700.000-350.000 anni fa).

Questi resti paleolitici capresi sono particolarmente interessanti anche perché si collegano ad una notizia dello storico romano Svetonio che, a proposito della fama di costumi severi di Augusto, racconta che l'imperatore non amava tanto a decorazione delle sue ville statue e dipinti, quanto boschetti e porticati e «oggetti singolari per antichità e rarità, come i resti smisurati di belve e fiere immani scoperte a Capri, che sono dette ossa di Giganti, e le armi degli eroi».

Al Paleolitico medio (350.000-35.000 anni fa) appartenevano invece gli strumenti di tipo levalloisiano-musteriano trovati nella grotta dello Scoglione nella baia di Nerano, verso la punta della penisola sorrentina, insieme a resti di bue, stambecco e cervo; mentre strumenti musteriani vengono invece da altre grotte nella baia di Ieranto, sulla punta della Campanella.

Risalgono al Paleolitico superiore (35.000-10.000 anni fa) i rinvenimenti con industria epigravettiana, datata a circa 13-12.000 anni fa, della grotta La Porta di Positano, mentre sono ormai del Mesolitico (10.000-7000 anni fa) i raccoglitori di molluschi marini e terrestri attestati dai resti di fauna e industria litica della stessa grotta La Porta (8619 +/- 200 anni fa) e della vicina grotta delle Sopressate o del Mezzogiorno.

L'affermazione del Neolitico, la nuova straordinaria fase della storia umana che si suole definire «rivoluzione neolitica», segnata dall'adozione dell'agricoltura, della ceramica impressa e dipinta, degli insediamenti stanziali, della navigazione, ebbe luogo su gran parte del territorio italiano circa 7000 anni fa con il cosiddetto «secondo aspetto» della ceramica impressa (cultura di Masseria La Quercia, presso Foggia, in Puglia, e Stentinello in Sicilia). Pur persistendo alcuni caratteri della tradizione mesolitica, come la raccolta dei molluschi, si riconoscono le caratteristiche tipicamente neolitiche dell'allevamento del bestiame, dei villaggi fortificati, e naturalmente l'agricoltura, individuabile da elementi come le macine, gli elementi di falcetto, etc. Oltre a materiali da Ariano Irpino analoghi a quelli di Masseria La Quercia, il Museo di Napoli conserva documenti del villaggio trincerato di Murgia Timone (Matera), un insediamento su un pianoro cinto da un fossato che ha restituito ceramica dipinta e incisa, ossa di capra, pecora, bove, maiale, cane, ed un'industria litica con lame, asce, accette.

Dalla grotta delle Felci di Capri vengono i materiali che hanno dato il nome alla Cultura di Capri (circa 5.000 anni fa), una cultura neolitica in realtà ben più largamente diffusa nell'Italia meridionale, in Sicilia e nel bacino del Tirreno (di grandissima importanza è a Lipari).

I depositi esplorati, pertinenti a corredi di sepolture, comprendevano magnifici vasi in impasto ben depurato levigato a lucido, e in ceramica figulina dipinta con motivi a fiamme marginate di nero, a fasci incrociati di linee, grandi angoli, macinelli per triturare ocra, lame di selce e di ossidiana – un vetro vulcanico, eccellente per farne piccole lame, di cui si fa gran commercio marittimo in quest'epoca – ciottoli dipinti a figure umane schematizzate.

Molto importante per la preistoria della Campania e ben documentata nelle collezioni del Museo è la successiva fase dell'l'Eneolitico, che segna l'apparire della prima cultura dei metalli, il rame e poi il bronzo, nella penisola. Manifestatasi già, verso il 3000 a.C., con le ultime culture neolitiche di Diana e Piano Conte (i nomi sono di località nelle isole Eolie) essa vide l'arrivo da Oriente nella penisola italiana di gruppi umani già in possesso della metallurgia, spinti verso ovest dalla ricerca di metalli. Nell'Eneolitico avanzato, a partire da poco prima della metà del III millennio a. C., questo processo appare ormai pienamente in atto.

Il sito eponimo della principale cultura documentata in Campania e Lucania è la località del Gaudo presso Paestum, dove la prima necropoli fu esplorata nel 1943 a cura dell'Unità Archeologica delle truppe d'occupazione alleate che l'avevano trovata durante l'allestimento di un campo d'aviazione (la tomba c.d. Brinson). Numerose altre necropoli con le tipiche tombe a grotticella o materiali sporadici pertinenti a questa cultura (2500-1800 a.C. ca.) sono stati rinvenuti in seguito a Mirabella Eclano (Avellino), a Caiazzo di Caserta, Colle Sannita (Caserta), a Piano di Sorrento, a Napoli nel quartiere Materdei, Ischia, Licola, e nel salernitano a Buccino, a Pontecagnano, a Eboli, nella grotta di Polla, etc., mentre di recente forse si è individuato anche un insediamento a Taurasi presso Avellino. I materiali sembrano connotare queste comunità come prevalentemente pastorali, giacché nella varietà notevole di vasi d'impasto levigato (eseguiti senza il tornio) alcune forme imitano otri di pelle e di vescica; ma si trovano anche vasi tratti da zucche. Di metallo sono poche armi, pugnali triangolari e asce, e alcuni oggetti di ornamento, ma ancora di gran lunga più usate sono armi e strumenti di selce. La forma di alcuni vasi ha permesso di istituire confronti soprattutto con i materiali di Troia I e II, e trova oggi favorevole accoglienza l'ipotesi che in quella regione si debba vedere il territorio d'origine di queste popolazioni.

Uno dei siti di maggior rilievo documentati dal materiale del Museo di Napoli è il quello della Starza di Ariano Irpino, giacimento all'aperto importante non solo come insediamento stabile, ma anche come sito di transito tra costa tirrenica e adriatica. Il deposito basale risale infatti al Neolitico inferiore, e contiene, come s'è detto, materiali appartenenti con ogni probabilità alla cultura dell'area pugliese di Masseria La Quercia; seguono livelli con materiali riferibili alla cultura pugliese-lucana di Serra d'Alto, del Neolitico medio-finale, e a quelle siciliane di Diana e di Piano Conte; con queste siamo ormai alla fine del Neolitico e all'inizio dell'Eneolitico (3000 a.C.). Il sito diverrà poi un insediamento permanente con l'Eneolitico pieno, con lo stanziamento di genti che avevano assimilato dal nord elementi della cultura laziale di Rinaldone, ma erano anche in contatto con popolazioni che commerciavano l'ossidiana delle isole tirreniche. Vari indizi permettono di dedurre che vi vigeva un'economia di tipo misto, fondata sulla pastorizia, prevalentemente, e sull'agricoltura. Durante la successiva fase del Bronzo, la Starza mostra in vari livelli sovrapposti per alcuni metri, dal Bronzo antico a quello recente, i caratteri tipici della cultura appenninica.

Si tratta di una cultura tipicamente pastorale (il *floruit* si pone circa al 1400 a.C.) con vasi a colatoio e altre forme tipiche come i vasi per fare formaggi, mentre diventano ormai rari gli oggetti in pietra come le asce levigate.

La civiltà appenninica è inoltre presente, naturalmente, in molti altri siti della regione, da Capri (grotta delle Felci), alla Lucania. Tra i depositi in grotta ricordiamo la grotta Nicolucci a Sorrento che ha restituito ceramiche che vanno dal Neolitico di Serra d'Alto, al Eneolitico del tipo del Gaudo, alla età del Bronzo media e recente, la grotta dello Zachito presso Caggiano (SA) dove una successione di focolari alternati a livelli sterili testimoniano una frequentazione episodica, probabilmente stagionale, da parte di pastori (materiali appennici e subappenninici). Notevole importanza ha anche la grotta di Pertosa (SA), alle pendici dei Monti Alburni che ha restituito materiali appennici e subappenninici; qui, in una rientranza della parete rocciosa della grotta, furono trovate centinaia di piccoli vasetti allineati e disposti a strati, destinati certamente come in altri casi a culti delle acque. Inoltre, nel deposito della grotta, vasi per la lavorazione del latte e un frullino di legno confermano le abitudini pastorali di queste popolazioni. L'ambiente particolare, un lago in grotta, ha consentito poi l'eccezionale conservazione di una serie di pali in legno pertinenti ad una struttura del tipo delle palafitte.

Un nuovo aspetto dell'inizio dell'età del Bronzo si è rinvenuto con l'esplorazione, nel 1972, del villaggio di Palma Campania (NA) sepolto da un'eruzione preistorica del Vesuvio; si è così identificata una *facies* della fine del Bronzo antico (1800-1600 a. C.) che si estende anche ai siti di Monte Fellino, presso Nola (NA), di Camposauro (BN) sul Monte Taburno (AV) e di Nocera inferiore (SA) dov'era una tomba esplorata nell'800. Le forme ceramiche appaiono certamente legate ad un'economia di tipo pastorale e con notevoli connessioni con l'ambiente tirrenico (cultura di capo Graziano nelle Eolie) mentre le armi in bronzo – ne sono note anche in selce – mostrano legami con la tradizione della metallotecnica centroeuropea.

Di notevole importanza è la presenza nell'orizzonte appenninico delle prime ceramiche testimonianti l'instaurarsi di relazioni col mondo miceneo; dopo i primi frammenti trovati a Ischia, nella stazione all'aperto di Castiglione, e risalenti al Bronzo medio (1300 a. C. ca.), gli scavi eseguiti a Vivara, l'isolotto prossimo a Procida,

hanno rivelato vari resti di insediamenti (Bronzo medio-finale) dai quali provengono abbondantissimi materiali micenei di origine peloponnesiaca e forse anche cicladica, sia in ceramica fine sia in ceramica comune, che da un lato confermano i mitici racconti dei viaggi dell'età degli eroi greci (è l'epopea evocata da Omero quando nell'Odissea mette in bocca ad Atena, sotto le spoglie di Mente, re dei Tafi, il racconto di uno di questi viaggi), dall'altro sembrano provare la presenza di forme di stanziamento più stabili del semplice approdo costiero. In ogni caso non possono non tornare alla mente quei miti, da riportare verosimilmente a livelli micenei, che vedono Ulisse veleggiare in queste acque e fondarvi e frequentare santuari (a Capo Ateneo, all'Averno), o fanno del mitico Liparos, colonizzatore delle Eolie, anche il re di Sorrento, o pongono sui promontori del Tirreno, da Licosa alle Sirenusse a Partenope, le sedi delle Sirene.
Il villaggio più antico (XVI secolo a.C.) di Vivara era a punta Mezzogiorno, formato da capanne ellittiche di pali con asse maggiore di 10-12 m, pavimento incavato «a conca», e nella parte più interna una zona di focolare ribassata e protetta da un altro giro di pali. Di particolare interesse le tracce della lavorazione *in loco* di metalli e la ceramica micenea del Tardo Elladico I. A Punta d'Alaca il villaggio, con capanne all'incirca rettangolari e ellissoidali e siloi circolari semipogeici, sembra cominciare nello stesso periodo, ma si estende fino a a circa un secolo più tardi (XV secolo a.C.) e ha restituito ceramica micenea del Tardo Elladico IIA. Nella *facies* appenninica della fine del Bronzo medio (XIV secolo a. C.) si inquadra il piccolo villaggio di punta Capitello che ha paralleli, quanto ai materiali, soprattutto con altri siti del golfo, mentre declinano o cessano le importazioni micenee.
Un nuovo elemento, di grande rilevanza, appare nel panorama della protostoria campana alla fine dell'Età del Bronzo (Bronzo finale, 1050-900 a.C. ca.) col Protovillanoviano. Muta il rito funerario, passato dall'inumazione all'incinerazione nei tipici ossuari biconici. Materiali di questa cultura si sono rinvenuti alla Starza, ed una tomba col tipico ossuario è stata rinvenuta a Sant'Angelo in Formis. Vengono a poco a poco definendosi le grandi aree culturali della prima Età del Ferro (900-750 a. C.), da un lato con gli inumatori della *Fossakultur* cui si possono far corrispondere, pur con qualche incertezza, i nomi di popolo riportati dai Greci (Opici nella valle del Sarno e a Cuma preellenica, Ausoni nell'area del Massico), dall'altro gli incineratori di Capua, Pontecagnano, Sala Consilina, preludio degli Etruschi di età storica. Nelle loro tombe compaiono ormai (a Cuma, a Capua, a Pontecagnano, a Veio) i primi vasi geometrici portati da mercanti venuti dalla Grecia, preannuncio di quella colonizzazione che nella prima metà dell'VIII secolo a. C., con la fondazione di Pithecusa e poi di Cuma, segnerà l'inizio dell'età ormai pienamente storica nell'Italia meridionale.

Tomba 1 da Napoli, Materdei
invv. 150473, 150474, 150475, 150476
Le due tombe trovate sulla collina di Materdei a Napoli costituiscono la più antica testimonianza di insediamento umano nell'area della città. Esse erano celle scavate nel tufo del tipo «a forno» e si inseriscono sia per questa caratteristica, sia per la tipologia dei materiali dei corredi, nella cultura eneolitica detta del Gaudo (v. sopra). Il corredo comprende una grossa olla a due anse, una bottiglia, una tazza ad ansa sopraelevata ed un pugnale a lama triangolare in bronzo.

Olla con decorazione ad excisione da Ariano Irpino
inv. 241760
In questa tecnica, di grande effetto ornamentale, la superficie scura e lucida del vaso era intagliata da motivi decorativi mistilinei ed i solchi erano poi riempiti di pasta bianca con un gradevole effetto bianco su nero.

Le culture della Campania antica preromana: I Greci (*Pithekoussai*, Cuma, *Neapolis*)

Sulle coste del golfo di Napoli si svolsero i più antichi episodi della colonizzazione greca in Occidente. Dopo un primo periodo, a partire dalla metà del IX secolo a. C., durante il quale alcuni vasi geometrici greci presenti nelle tombe della prima età del ferro del Lazio e della Campania testimoniano l'insorgere dei primi contatti tra mercanti greci e i popoli indigeni (è la fase della c.d. «precolonizzazione»), nella prima metà dell'VIII secolo, verso il 770 a. C. ca., un nucleo di Greci provenienti dall'isola di Eubea fondò nell'isola di Ischia, sul Monte Vico, *Pithekoussai*, il primo stanziamento permanente della penisola italiana e del Mediterraneo occidentale. Non si trattava, come hanno mostrato le tombe scavate da G. Buchner nella necropoli di San Montano (e delle quali sarà esposta nel Museo di Napoli una significativa selezione, mentre il grosso è nel Museo di Lacco Ameno), di una *polis*, ma piuttosto di un emporio, frequentato, oltre che dagli Eubei, da Fenici ed altri gruppi di mercanti orientali (all'altro capo del Mediterraneo, sulle coste della Siria, queste rotte approdavano in empori dove confluivano merci ed esperienze di tutta l'Asia), tutti attratti dalle enormi possibilità commerciali che l'avamposto pitecusano aveva rispetto alle regioni metallifere degli Etruschi, l'Elba e la zona dell'Amiata. Oltre che porto di transito Ischia svolse anche una funzione di area di trasformazione dei metalli; resti di officine metallurgiche con scorie di ferro certamente di provenienza elbana sono stati trovati nel quartiere di Mazzola, nell'entroterra della baia di San Montano dove si trovava anche uno dei due porti dell'emporio.

L'importanza di Pitecusa è stata straordinaria nella storia. Per il tramite delle relazioni commerciali si instaurarono tra Greci e popoli indigeni anche solidi legami culturali, e se a Pitecusa desta emozione l'iscrizione della c.d. «coppa di Nestore», il più antico testo letterario greco, forse ancor più significativa è l'iscrizione greca, certamente di derivazione pitecusana, di recente letta su un vaso del 770 a. C. ca. dalla necropoli dell'Osteria dell'Osa, nel territorio di *Gabii*, là dove la tradizione mitica romana voleva che Romolo e Remo avessero appreso le *litterae* greche. Si tratta cioè della prima avvisaglia di quel fenomeno che proprio da Pitecusa, e poi da Cuma, porterà in breve l'alfabeto greco a diffondersi presso Etruschi, Latini, Opici ed altri popoli italici. Dopo questa prima fase prevalentemente commerciale gli Eubei posero saldamente piede sulla terraferma a Cuma, sulla costa dei Campi Flegrei fronteggiante l'isola. Qui gli ecisti Megastene ed Ippocle fondarono una vera grande *polis*, estesa su una vasta area protetta da una barriera di paludi e da una corona di alture snodantisi tra la cresta del Monte Grillo e uno sperone vulcanico sul quale, annientato con la forza un villaggio indigeno, posero i templi dell'acropoli. Un'insenatura naturale e alcune lagune costiere offrivano abbondanza di ripari alle navi e creavano le premesse perché la città continuasse su più solide basi la funzione commerciale di Pitecusa. D'altra parte la città si espanse rapidamente sia sulla costa (golfo dei Cumani si disse tutto l'arco del *kratèr*, il golfo di Napoli fino alla Punta della Campanella e porti-fortezze, *epineia*, cumani sono noti a Miseno, a Pozzuoli, a Pizzofalcone, a Capri), sia verso l'interno per lo sfruttamento agricolo essenziale a sostenere una popolazione in rapida crescita.

Questa espansione portò fatalmente allo scontro con gli Etruschi, che dalle loro sedi delle pianura campana (Capua, Calatia, Nola) e del Salernitano (Pontecagnano, Fratte) muovevano verso la costa contendendo ai Greci il dominio sulle popolazioni indigene. Nelle pieghe di questo scontro si collocano vari episodi dei quali l'archeologia e le fonti ci conservano traccia. Così la fondazione di Pompei, tra la fine del VII e l'inizio del VI secolo a. C., sembra un cuneo messo dagli Etruschi di Nola allo sbocco del fiume Sarno per spezzare l'egemonia costiera greca, e la violenta distruzione delle prime mura della città potrebbe interpretarsi come esito della reazione cumana. Da parte loro i Cumani non potevano certo mancare l'occasione di rinforzare le loro fila con nuovi gruppi di Greci; nel 531 a. C. un gruppo di abitanti di Samo, esuli dalla loro isola dopo che in essa aveva preso il potere il tiranno Policrate, fondarono sul sito di una fortezza cumana nell'area della futura Pozzuoli, la città di *Dikaiarcheia*, o «città della giustizia», come essi vollero chiamare la nuova patria in opposizione alla loro antica città ormai divenuta sede dell'*adikia*. In qualche modo agli scontri tra Etruschi e Cumani deve anche rifarsi la vicenda di Partenope, la fortezza cumana sul colle di

Pizzofalcone e sull'isolotto di Castel dell'Ovo (*Megaris*) di cui nel 1949 si è trovata la necropoli, a confermare la sostanziale autenticità della tradizione sulla più antica storia di Napoli. La tradizione mitica parlava di una città fondata dai Rodii, navigatori che avrebbero frequentato le rotte occidentali ben prima della fondazione di Pitecusa; il suo nome, Partenope, era quello di una Sirena la cui tomba era nelle vicinanze (un'altra era Leucosia, presso capo Licosa, e Sirenuse si chiamavano gli scogli de Li Galli presso Punta della Campanella). Altri autori attribuiscono la fondazione di Partenope ad un gruppo di fuoriusciti cumani e la sua distruzione alla gelosia di Cuma per la floridezza raggiunta dalla nuova città. In realtà la necropoli di Pizzofalcone testimonia un insediamento vissuto dalla metà del VII secolo a. C. ca. alla metà del VI secolo a. C., quando si arresta improvvisamente, forse per una presa da parte degli Etruschi e una distruttiva riconquista cumana, se vogliamo così leggere il dato della tradizione.

Del tutto certo è che alcuni decenni dopo, nel 524 a. C., l'ostilità tra Etruschi e Cumani culminò in una grande battaglia presso la stessa Cuma, tra le paludi che la circondavano. I Greci sconfissero gli Etruschi e conobbero subito dopo un periodo di grande espansione che li portò ad intervenire nel 505 a. C. ad Ariccia, a fianco dei Latini, nello stesso conflitto che opponeva questi agli Etruschi. Subito dopo questa vittoria però dovette seguire a Cuma una fase di convulsioni interne, che portò alla crisi dell'oligarchia di cavalieri dominante nella città e all'imporsi, fino al 492 a. C., di un regime tirannico da parte di un capo militare, Aristodemo, detto per spregio l'Effeminato (*Malakòs*), forse per le sue tendenze filoetrusche, significate tra l'altro dall'ospitalità da lui concessa a Tarquinio il Superbo, dopo la sconfitta dell'ultimo re di Roma alla battaglia del lago Regillo. Ma che la lotta politica passasse più attraverso alleanze di ceto che attraverso l'opposizione Greci-Etruschi appare dal fatto che anche i nemici di Aristodemo, i cavalieri, avevano amici tra gli Etruschi; essi si rifugiarono infatti a Capua, e fu col sostegno della principale città etrusca della regione e di un gruppo di mercenari campani che essi riuscirono infine a sconfiggere e ad uccidere il tiranno.

Questa situazione, tipica delle aree di frontiera dove il rapporto interetnico era complicato da altri legami, economici, matrimoniali, tale da dare vita ad una cultura ibrida e ricca di fermenti, trapela anche dalla documentazione archeologica che vede da un lato la presenza nelle necropoli della Campania interna (ad es. a *Suessula*, collezione Spinelli) di inequivocabili segni di ellenizzazione, come servizi da banchetto con vasi pitecusani e cumani (ad esempio le *oinochoai* della cosiddetta classe Cuma-Tarquinia) e dall'altro l'adozione di mode, come quelle delle architetture lignee rivestite di colorati rivestimenti di terracotta, proprie dell'ambiente etrusco.

Queste lotte intestine avevano però finito per indebolire la città; quando si riaccese il conflitto con gli Etruschi, e la guerra si decise, nel fatidico 480 a. C. (lo stesso anno della vittoria degli Ateniesi a Salamina sui Persiani), con una battaglia navale vittoriosa per i Greci, il suo maggior onere fu sostenuto dalla nuova potenza emergente della grecità d'Occidente, Siracusa. La città siceliota ebbe, in compenso del suo ruolo decisivo nella guerra, l'isola d'Ischia, i cui abitanti insieme ai Cumani vennero a fondare, verso il 475 a. C. circa, *Neapolis*, la «città nuova», così detta in opposizione alla vecchia Partenope. Pur conservando le antiche tradizioni euboiche e l'eredità degli antichi culti cumani, la nuova *polis* si aprì alle influenze delle nuove potenze egemoni; dapprima Siracusa e poi Atene. È restata nelle fonti la notizia della missione a *Neapolis* dello stratego ateniese Diotimo, che alla fine del V secolo a. C. vi istituì la festa annuale delle Lampadoforie in onore della sirena Partenope.

Quando, alla fine del V secolo Cuma cadde, come l'antica avversaria etrusca Capua, nelle mani dei Campani, e sorte analoga seguirono di lì a breve per opera dei Lucani e degli altri popoli italici le città greche del Sud, solo Napoli (e a sud Velia) restò a tenere desta, non senza compromessi, la fiaccola della grecità. La città resistè infatti all'ondata sannitica solo inglobando nella sua compagine una parte cospicua dell'elemento campano, che fu tuttavia assorbito e progressivamente grecizzato, sì che *Neapolis* restò greca nella lingua, nei costumi, nelle istituzioni. Nonostante l'inevitabile coinvolgimento nelle guerre sannitiche, che portarono *Neapolis* ad essere assorbita, come alleata, nell'orbita romana, la sua eccellente posizione e la sua tradizione, ereditata da Cuma, di capolinea di importanti rotte commerciali resero prospera la città e ne fecero la porta romana sul mondo greco.

Qui essi coniarono la loro prima moneta d'argento, qui sorsero importanti attività artigianali (ad esempio la ceramica «campana A») che si diffusero in tutto il Mediterraneo romanizzato (Gallia, Spagna, Africa). Quando anche questa prosperità cominciò a declinare, allorché subentrò il porto della nuova colonia romana di *Puteoli*, a *Neapolis* ed alla sua madrepatria cumana restò una certa residua prosperità ed una tradizione di grecità che lusingava i Romani, che potevano qui disporre alle porte di Roma di una Grecia nella quale far affondare e nobilitare, tingendoli di ellenismo, i loro miti patrii, un'operazione che troverà il suo culmine nell'Eneide di Virgilio. Ed in questa Grecia vivente essi potevano sciogliersi dei troppo stretti lacci del *mos maiorum*, studiare la filosofia, la letteratura, l'arte dei Greci; qui potevano chiedere le sacerdotesse per il culto di Cerere, qui Silla poteva girare vestito alla greca, Augusto fondare, come se fosse ad Olimpia, i ludi «Italici Romani Augusti Isolimpici», Virgilio studiare epicureismo da Filodemo e da Sirone. E proprio in una delle ville romane del golfo, che Lucullo aveva costruito sulle rovine di Partenope sull'isolotto di Megaride, dov'è ora Castel dell'Ovo la sorte volle che, come a chiudere un'ideale parabola, si spegnesse, deposto ed esiliato, nel 476 d. C., l'ultimo imperatore romano d'Occidente, Romolo Augustolo.

Corredo della tomba 1187 della necropoli di Pithekoussai, da Lacco Ameno, San Montano
invv. 238650-677
Per la presenza di un amo da pesca in bronzo e di due pesi da reti è stato attribuito ad un pescatore questo corredo funerario pitecusano del primo quarto del VII secolo a. C. Sono infatto assegnabili alla fase stilistica detta Protocorinzio Medio i vasi che lo costituiscono; una *oinochoe* di importazione corinzia, col noto motivo dei pesci sulla spalla, destinato ad essere imitato da una cospicua serie di brocche locali esportate fino in Etruria, un'altra di minori dimensioni, una *lekythos* conica col motivo del serpente sulla spalla, una *kotyle*, uno *skyphos* e ben otto vasi per profumi (*aryballoi*) sia corinzi, sia rodii, sia di fabbrica locale. Il rito adottato, l'inumazione, denota, secondo il costume in uso al tempo nell'isola, la giovane età del defunto.

Frammento di statuetta femminile in terracotta da Cuma, collezione Stevens
inv. 120672
Si data alla metà del VII secolo a. C., o poco prima, nella fase dell'arte greca detta «dedalica», questa figurina femminile eseguita a stampo e ritoccata a mano, di mediocre fattura, ma importante in quanto uno dei pezzi plastici più antichi che ci siano giunti dall'antica colonia euboica. Forse identificabile come una divinità, la figura tiene le braccia strette al corpo, indossa una mantellina aperta sul davanti, e ha i capelli acconciati nella «parrucca a ripiani» tipica di questa fase stilistica.

Coperchio di lekane del pittore C da Cuma
inv. 132615

Il cosiddetto Pittore C (abbreviazione per Corinzieggiante, per il suo stile che ricorda da presso il miniaturismo della ceramica protocorinzia) è uno dei più abili e fecondi ceramografi attici del periodo 580-570 a. C. e questo vaso cumano rappresenta la migliore delle sue opere pervenuteci. Abilissimo narratore, raffigura qui, ispirandosi ad opere epiche perdute come la *Iliou Alosis* di Arctino di Mileto, l'episodio dell'uccisione del piccolo Astianatte, il figlio di Ettore, da parte di Neottolemo nella notte della presa di Troia. Il feroce figlio di Achille ha afferrato per una gamba il bambino e si appresta a scagliarlo giù dalle mura; disperati, tendendo le braccia, accorrono inermi Priamo ed Ecuba, i nonni, mentre intorno infuria la battaglia.

Anfora di tipo panatenaico da Cuma
inv. 86333
Sono dette panatenaiche le anfore che contenevano l'olio che, secondo la testimonianza di Aristotele, veniva dato in premio agli atleti che riportavano la vittoria ai giochi ginnici ed equestri nelle Panatenee, le celebri feste che, secondo la tradizione, erano state istituite ad Atene da Teseo, e che storicamente assunsero la struttura definitiva di feste a scadenza quadriennale nel 566-65 a. C. Il vincitore del pugilato riceveva 40 litri d'olio (un bene prezioso, oggetto di monopolio statale ad Atene); le anfore avevano forma e decorazione dipinta standard, che si conservò immutata nella vecchia tecnica a figure nere anche quando era ormai da decenni affermata quella a figure rosse. Anche le immagini erano fisse; da un lato la figura della dea con l'iscrizione *ton Athenethen athlon* (dei giochi di Atena), dall'altro la disciplina sportiva del vincitore. Nel caso di quest'anfora, databile alla fine del V secolo a. C., deve trattarsi del premio vinto da un discobolo cumano. Notevole il disegno, pieno di dinamismo e di senso dell'equilibrio.

Pelike attica a figure rosse da Napoli, via San Tommaso d'Aquino
inv. 151600
Il vaso, trovato in una tomba nel 1959, faceva da contenitore dei resti dell'incinerazione. Di notevole interesse è la scena raffigurata sul lato principale: la nascita di Elena dall'uovo tra i suoi fratelli, i Dioscuri Castore e Polluce, in abito da cacciatori e individuati da un astro sopra di loro. Ai lati sono i due genitori, Leda che fa un gesto di sorpresa e Tindaro con lo scettro regale (in realtà il padre è Zeus accoppiatosi in forma di cigno con Leda). Il vaso è stato attribuito al c.d. Pittore di Nicia e si data agli ultimi anni del V secolo a. C., dopo la rappresentazione dell'*Oreste* di Euripide del quale riecheggia uno dei temi.

Statuetta di suonatore d'arpa su cammello, da Cuma, collezione Stevens
inv. 140137
Esce dal comune repertorio delle terrecotte ellenistiche questa figurina di suonatore d'arpa vestito di corta tunica, seduto al contrario in groppa ad un cammello (o a un dromedario). Ci aspetteremmo che questo suonatore orientale trascini con la sua musica una carovana; in ogni caso la statuetta ha il sapore di un romanzo ellenistico che non conosciamo, ma che doveva essere ben nota al Cumano nella cui tomba fu posta.

Statuetta fittile di Afrodite in edicola da Cuma, collezione Stevens
inv. 140219
Si data al II secolo a. C. questa terrecotta in forma di edicola semicircolare; la decorazione a conchiglia del catino ricorda l'ambiente marino della nascita della dea. Questa esce dal bagno (*anadiomene*) nuda, e copre il pube con una mano in un atteggiamento che ricorda alla lontana la Cnidia di Prassitele mentre con l'altra strizza i capelli. Si tratta di un tipo ben noto in tutti i centri di cultura ellenistica.

Torso del Diadumeno da Napoli, Castelcapuano
inv. 150361
Rinvenuta durante i lavori che verso il 1930 furono eseguiti nell'area del Castello, la statua è una copia, una delle migliori, del celebre tipo dell'atleta che stringe le bende intorno al capo, creato in bronzo da Policleto di Argo nel V secolo a. C. Trovata con un altro torso di atleta (il c.d. atleta Amelung), capitelli, colonne e altre strutture, apparteneva, molto probabilmente, alla decorazione di un edificio pubblico, forse una palestra.

Alla pagina seguente:

Iscrizione marmorea greca degli agoni di Napoli da Napoli, via Sant'Anna alle Paludi
inv. 2459
Il testo dell'iscrizione, databile nel periodo 161-200 d. C., nella tabula superiore recita: «Marco Aurelio Ermagora, di Magnesia al Sipilo, lottatore (*palaistès*), presidente dello *xystos* (associazione atletica) dei giochi Aziaci, di Mopsuphestia e della patria Magnesia, presidente degli *ellenodici* (giudici delle gare) delle Olimpie di Efeso e Smirne, che vinse 29 agoni sacri e 127 premi in denaro, pareggiò alle Olimpie di Pisa e pareggiò altre 18 volte altrove». Nelle corone a rilievo sottostanti sono iscritte le varie vittorie: «Azie, 2 (volte); Nemee: 3; Aspis (ad Argo): 2; Istmie (sull'istmo di Corinto): 2; Panatenee: 2; Panellenie: 2; Olimpie (di Atene ?): 1; Adrianee di Atene: 2; a Pozzuoli 2; al *koinòn* d'Asia a Smirne: 1; le Olimpe a Smirne: 1; le Olimpie ad Efeso: 1; le Adrianee ad Efeso: 1; le Balbillee ad Efeso: 1; le Augustee a Pergamo: 3; le Traianee a Pergamo: 1; le Haliee a Rodi: 2».
La presenza di questa ed altre simili iscrizioni poste in onore di atleti a Napoli si spiega con la celebrazione nella città dei giochi isolimpici napoletani istituiti da Augusto nel 2 d. C e celebrati ogni cinque anni con prove di ginnastica, di lotta, pugilato, corse di cavallo e di carri, gare musicali e teatrali, cui spesso presenziarono, e talvolta parteciparono, gli stessi imperatori. L'elenco dei ludi mostra che gli atleti frequentavano nel corso dell'anno un vero e proprio circuito snodantesi tra Italia, Grecia e le città dell'Asia Minore, dove numerosi agoni avevano da tempo affiancato i giochi dell'età classica.

Le culture della Campania antica preromana: gli Etruschi, i popoli italici e le loro città

La ricerca sulla Campania etrusca ed italica è il risultato soprattutto della ricerca di questo secolo. Nel Settecento e per gran parte del secolo seguente le necropoli e poi i santuari di Nola, Capua, Telesia, *Cales*, Alife sono state soprattutto oggetto di un indiscriminato saccheggio che vide impegnate generazioni di scavatori e di mercanti, che vendettero ai maggiori Musei e collezionisti d'Europa (si pensi alle collezioni Hamilton) vasi dipinti, terrecotte, gioielli, ed infine – si pensi alla tegola di Capua – iscrizioni. Di tutto questo materiale, solo una parte relativamente piccola è pervenuta al Museo di Napoli, ed in gran parte ormai adespota, priva cioè di quegli essenziali dati di provenienza e di contesto. Tra i nuclei giunti al Museo napoletano ricordiamo il Museo Mastrilli, formato soprattutto di vasi dipinti dall'area campana, pervenuto al Mazzocchi e poi al marchese De Palma che tentò di venderlo all'Hamilton, talché fu sequestrato dal re di Napoli nel 1756; o una parte cospicua della collezione Santangelo; o molto del materiale venduto dal Gargiulo; o, in questo secolo, la collezione Spinelli, da *Suessula*. La ricostruzione della sequenza culturale della Campania anellenica è così soprattutto fondata sugli scavi e sulle ricerche recenti che sono valse a fissare le maggiori fasi della cultura materiale, a identificare, localizzare e datare le principali classi di materiali, inserendole per la prima volta nella storia. Il Museo napoletano presenterà perciò, accanto ai materiali tradizionali da collezione, alcuni contesti dagli scavi più recenti che fungano da essenziale termine di riferimento per aiutare il visitatore nella ricostruzione delle varie *facies* culturali.

Quando nell'VIII secolo a. C. i Greci posero piede sulle coste della Campania, la trovarono abitata da popolazioni diverse per lingua, costumi e livello di sviluppo. Gli storici greci ci hanno tramandato di questi vari popoli indigeni solo due nomi, gli Ausoni e gli Opici, talvolta assimilandoli, più spesso distinguendoli. Gli Ausoni, dei quali erano ritenuti discendenti in età storica gli Aurunci, che vivevano dislocati tra i fiumi Liri e Volturno e sui monti Trebulani (tra Calvi Risorta e Caiazzo), erano ritenuti i primi abitanti della regione – si potrebbe pensare all'età del Bronzo – e avrebbero dominato un'area molto più vasta comprendente l'intera Italia meridionale, la Sicilia e le isole Lipari. Gli Opici invece, secondo alcuni storici moderni, rispecchierebbero una realtà posteriore, quella delle tombe a fossa (la c.d. *Fossakultur*) del Bronzo finale e della Prima età del Ferro, una *facies* archeologica che copre peraltro anche l'area aurunca. Di questa cultura abbiamo scarse testimonianze archeologiche, soprattutto i materiali della necropoli preellenica di Cuma, i corredi delle necropoli della valle del Sarno (San Marzano, San Valentino Torio, Striano), e alcuni resti epigrafici, l'alfabetario di vico Equense e l'iscrizione da Nocera, entrambi incisi su vasi etruschi di bucchero, ma in lingua ed alfabeto italico.

Su questo substrato indigeno venne ad un certo momento, alla fine dell'età del Bronzo (IX secolo a. C.), ad inserirsi quella cultura di incineratori che chiamiamo «villanoviana» (dal sepolcreto presso Bologna dove fu per la prima volta identificata) e che sembra evolvere, di lì a pochi secoli, direttamente in quella etrusca, questa certamente ben distinta anche sul piano linguistico dalle culture indigene. La presenza della civiltà etrusca in Campania è un dato assolutamente certo, fondato sulle fonti storiche antiche (il geografo Strabone ricorda che «i Tirreni fondarono dieci città nella regione, e chiamarono Capua la capitale») e su una cospicua serie di iscrizioni etrusche da Capua (celebre la tegola con un lungo testo sacro ora ai Musei di Berlino), da Nola, da Pompei, da Fratte, da Pontecagnano. Gli stessi storici antichi oscillavano però sull'antichità di questa presenza etrusca: Catone poneva la fondazione di Capua intorno al 470 a.C., mentre un altro storico latino, Velleio Patercolo, la poneva intorno all'800 a. C., più antica quindi di Cuma e della stessa Roma. Proprio questa tradizione ha trovato una conferma archeologica nei ritrovamenti archeologici di materiali «protovillanoviani» in questi ultimi decenni sia a Sant'Angelo in Formis (corredo al Museo di Napoli), sia nella stessa Capua.

Certo è che Capua raggiunse molto precocemente un assetto urbano, come mostrano le numerose necropoli tutt'attorno all'area della città. La sua floridezza, ma lo stesso potrebbe dirsi anche di altri centri etruschi come *Calatia*, *Nola*, *Nuceria*, fu determinata dalla fertilità straordinaria della vasta pianura campana, ma anche dall'eccellente posizione sulla principale via di comunicazione tra il nord laziale ed etrusco, il sud e l'interno della penisola. Di tale prosperità sono una spia i ricchi corredi funerari del periodo arcaico, con gran numero di ceramiche di importazione, soprattutto corinzie e attiche, di vasi di bronzo sia importati dalla Grecia sia di produzione locale, come i celebri *deinoi* con coperchi ornati da figurine plastiche di grande bellezza. Una fabbricazione di vasi a figure nere sorse a partire dalla metà del VI secolo a. C. a Capua, ad opera di varie officine esprimentisi in un linguaggio permeato di ionismi. Le influenze greche, e particolarmente attiche, emananti da *Neapolis* sono fortissime; Nola importa migliaia di vasi dipinti (tanto che una forma di anfora attica si disse nell'Ottocento «nolana»), e questo rapporto di odio-amore tra le due città vicine produsse addirittura la leggenda, ancora viva in età romana, di un'origine calcidese (ciè cumano-napoletana) della città campana. È non è un caso che forse proprio a Nola, o in un altro centro altrettanto sottoposto all'influenza greca, si sviluppasse una produzione locale di vasi a figure rosse di stretta imitazione attica, nota con il nome, derivato dalla scena dipinta su due anfore a Berlino (la maggior parte dei vasi fu trovata nel Sette- e Ottocento e dispersa), di Gruppo del Pilastro con Civetta.

La cultura etrusca pervase tutta la Campania interna, talché anche le tribù italiche più periferiche, come i Sanniti dell'interno, finirono per assumere, a giudicare dall'espansione dei prodotti etruschi più tipici come i buccheri e gli oggetti di bronzo, nelle loro *élites* comportamenti etruschizzanti; d'altro lato le stesse colonie greche di confine come Cuma e Poseidonia finirono per ricevere marcate influenze etrusche, ad esempio nell'adozione di architetture lignee che comportavano terrecotte di rivestimento dagli squillanti colori.

La situazione della regione conobbe la sua decisiva crisi alla fine del V secolo a. C. quando, rinforzato da sempre più massicci afflussi di elementi provenienti dal retroterra sannitico, l'elemento indigeno della pianura campana (detti ora anche Oschi, un nome che conserva memoria del precedente Opici) giunse alla sua coagulazione politica. Lo storico greco Diodoro menziona l'evento ricordando che nell'anno 438-7 a.C. «si formò il popolo dei Campani, e prese questo nome dalla fertilità della pianura circostante». Questo processo va letto anche evidentemente come rivolta dell'elemento italico fino ad allora subalterno alla signoria etrusca. Di fatto, pochi anni dopo, nel 423 a. C., i Sanniti presero Capua e pochi anni dopo Cuma e tutta la Campania. L'elemento etrusco andò sempre più illanguidendosi per sparire infine completamente. La lingua e le istituzioni diventano quelle tipiche dei Sanniti (rappresentati al Museo di Napoli soprattutto dai materiali e dalle iscrizioni dal santuario federale di *Bovianum vetus*, presso Pietrabbondante (IS)), con la *touta*, il *meddix*, ma la cultura prevalente fu quella dei Campani, conservando cioè quel grado molto elevato di ellenizzazione che era già stato proprio della Capua etrusca. La cultura materiale di Capua campana mostra infatti l'adozione di usi chiaramente provenienti dalle città della Magna Grecia, *Neapolis* in primo luogo, ma anche dai più lontani e maggiori centri del mondo ellenistico che i Campani avevano spesso modo di conoscere direttamente attraverso la pratica del mercenariato (si ricordino i celebri Mamertini, che derivano il loro nome da *Mamerte*, il Marte sannitico) che li vide presenti in moltissimi campi di battaglia del Mediterraneo. Le scene dipinte sulla ceramica a figure rosse locale o sulle pareti delle tombe mostrano da un lato la sottolineatura di elementi specifici del costume nazionale, come le armi (gli elmi con le *geminae cristae*, il cinturone, la corazza a dischi), i vestiti femminili con la tipica cuffietta, i pesanti mantelli quadrati, ma dall'altro anche iconografie, atteggiamenti e movenze tipiche dei personaggi del mondo greco (oratori, la donna con l'ancella) che esprimono la penetrazione nella cultura italica di ideologie, come quella orfico-pitagorica, quella dell'eroizzazione, proprie del mondo greco. Più complesse relazioni si intravedono in alcune classi di materiali, come quelle «madri di Capua» (al Museo Provinciale Campano) che se da un lato imitano evidentemente l'iconografia della *kourotrophos* greca, dall'altro esprimono nei numerosi figli esibiti sulle braccia il valore e l'orgoglio della prolificità con un'evidenza ed un'ostentazione decisamente «barbarica»

Ma a nord premeva ormai Roma. E la guerra tra le due maggiori potenze dell'Italia del tempo, i Sanniti e i Romani, fu inevitabile. Sanniti e Campani pagarono alla fine il prezzo della loro minore coesione, della migliore organizzazione militare e statuale romana. Fu un periodo violento di grandi scontri, ma non senza rilevanti progressi anche nell'organizzazione civile come ad esempio nel campo dell'urbanistica – è questo il momento della rifondazione, sul modello delle colonie latine, di molte nuove città come Pompei, Nocera, *Calatia*, Acerra, *Atella*, e probabilmente Nola –; alla fine tutte le città della Campania, qualsiasi fosse la loro origine, finirono per essere assimilate nello Stato romano. Un processo che giunse alla sua conclusione con l'annientamento della residua autonomia campana nella guerra annibalica, nel 211 a. C.; da allora Capua, l'*urbs maxima opulentissimaque Italiae* di Tito Livio, l'*altera Roma* di Cicerone, fu governata da un prefetto romano e mise per sempre una pietra su ogni velleità di autonomia.

Capeduncola ombelicata da Suessula, collezione Spinelli
inv. 156856
Deriva dagli attingitoi dell'età del Bronzo questo vaso tipico dell'Età del Ferro della pianura campana, caratterizzato da un'elaborata forma dell'ansa bifora, «a lira», traforata da finestrelle e decorata a cerchietti impressi con vivace effetto ornamentale. Fine dell'VIII secolo a. C.

Oinochoe trilobata da Suessula, collezione Spinelli
inv. 157-176
L'oinochoe trilobata, qui un esemplare di produzione locale con una semplice decorazione a fasce brune, è uno dei vasi tipici dei corredi di età arcaica non solo della Campania, ma di tutta l'Italia antica. Esso serviva infatti a versare il vino nelle coppe ed era al centro del rito sociale del banchetto, di origine greca, ma adottato da tutti i ceti emergenti «trasversalmente» alle differenze etrusche.

Collana a vaghi di vetro policromo da Suessula, collezione Spinelli
inv. 197518
Fabbricate da vetrai fenici o rodii, smerciate sulle coste attraverso le città greche che presto attivarono una loro produzione autonoma, i vetri policromi esercitavano un'attrattiva formidabile sui «barbari» dell'interno, nel caso di questo oggetto forse accresciuta dalla magia dell'occhio ricavato dagli strati colorati. Le perle di vetro sono sempre stato oggetto dei commerci di confine; i Romani ne produrranno mille anni dopo per i barbari oltre il *limes* ed ancora un millennio dopo i Veneziani per i mercati d'oltre mare. VIII-VII secolo a. C.

Antefissa a testa di Menade, da Cales (?)
inv.21580
Al termine di un'evoluzione da un tipo originariamente dedalico, poi con nimbo di foglie, l'antefissa approda qui ad una forma estremamente decorativa con palmetta e volute vegetali terminanti in fior di loto. Fine del VI secolo a. C

Antefissa a testa umana, da Minturno, santuario della dea Marica
inv. 176346
Manifesta evidente l'influenza greco-peloponnesiaca questa antefissa a volto femminile con i capelli acconciati nel tipico schema «dedalico» a grosse perle. Ca. 575-550 a. C.

Antefissa a testa di Gorgone da Santa Maria Capua Vetere
inv. 21049
È noto da un cospicuo numero di repliche questo tipo di gorgone barbuta, diffuso anche in vari santuari del Lazio e dell'Etruria meridionale. Fine del VI secolo a. C.

Anfora e situla campane a figure nere da Suessula, collezione Spinelli
invv. 164208, 164277
I temi decorativi sulla ceramica campana sono quelli comuni nel repertorio figurativo della ceramica attica degli ultimi decenni del VI secolo a.C.; così sull'anfora è il tema delle figure femminili in corsa, caratterizzate come etrusche o orientali dal *sakkòs* sul capo e dai calzari a punta revoluta (*calcei repandi*); sulla situla, una forma tipica della regione, è un Tritone, uno dei consueti esseri mostruosi dell'immaginario arcaico greco. Prima metà del V secolo a.C.

Kylix attica con iscrizione osca da Nola
inv. 80554
All'esterno della vasca è graffita da destra verso sinistra l'iscrizione con la consueta formula di appartenenza, in alfabeto etrusco ma in lingua osca, come mostra il verbo *sum* finale: «io sono di Lucio Nevio» (*Luvkies Canaiviies sum)* dove si noti il nome della celebre famiglia campana dei Nevii, alla quale appartenne poi il famoso poeta latino. Una simile iscrizione etrusca su un'altra *kylix* da Suessula ci dà invece la formula in lingua etrusca: «io sono di Velchaie Pustmina» (*velchaie pustminas mi*). I metà del V secolo a.C.

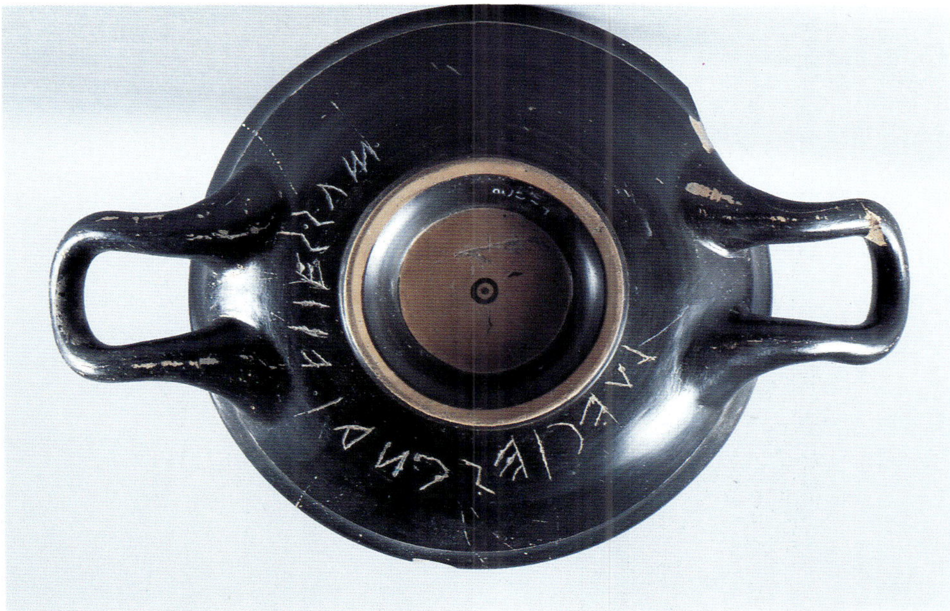

Anfora campana a figure nere, da Sessula

inv. 209, collezione Spinelli

È stata attribuita al pittore del Diphros, uno dei più attivi di queste officine capuane arcaiche, quest'anfora con una scena di danza che coinvolge su entrambi i lati del vaso un giovane nudo ed un sileno. Il tema dionisiaco deriva certamente dalla ceramica attica, ma lo stile e la stessa sintassi degli elementi decorativi come le baccellature sulla spalla e la palmetta sul collo sono affatto locali, derivando in sostanza da modelli orientali ed etruschi. Fine VI-inizi V secolo a.C.

Hydria Vivenzio, da Nola
inv. 81669
I fratelli Vivenzio furono i più celebri scavatori di tombe a Nola nel Settecento, e rifornirono di vasi greci figurati – allora ritenuti etruschi o nolani – i maggiori collezionisti del tempo. Il saccheggio della necropoli della città campana restituì molti capolavori della ceramica attica e tra questi la celebre *hydria* che porta il nome dei Vivenzio. Opera di un grande ceramografo attico, il pittore detto di *Kleophrades*, questo vaso, databile verso il 480 a. C. ca., presenta nella fascia figurata sulla spalla una delle più famose rappresentazioni dell'*Ilioupersis*; a sinistra Enea in fuga col piccolo Ascanio, al centro (qui a sinistra) Aiace assale Cassandra che si stringe alla statua di Atena, quindi Neottolemo che uccide Priamo sull'altare mentre tiene sulle ginocchia il corpo sanguinante del piccolo Astianatte, infine le donne troiane fatte prigioniere dai Greci.

Stamnos attico del c.d. pittore del Deinos, da Nocera
inv. 81674

Denominato da un vaso conservato a Berlino, il ceramografo attico autore di questo *stamnos* ama i temi dionisiaci; particolarmente interessante nel repertorio generalmente ripetitivo legato al culto di Dioniso è questa raffigurazione di un rito nel quale, nel corso di una festa, delle Menadi decorano con corone di fiori l'immagine plastica del dio formata dalla sua maschera e da un chitone con cintura montati su un palo di legno confitto al suolo.

Stilisticamente il pittore qui persegue immagini ancora composte e solenni, seguendo la scia dei grandi maestri «classici», ma in altre opere indulge a quel decorativismo che connota il c.d. «stile fiorito». 425-415 a. C. ca.

Vasi e oggetti in bronzo da Nocera
invv. 77594, 77596, 77599, 76350, 73707, 73653, 73707, 73651

Nel 1856 furono esplorate a Nocera, nella necropoli preromana a sud della città, alcune tombe dalle quali pervenne per acquisto al Real Museo Borbonico una cospicua serie di vasi di bronzo di fabbrica etrusca e di ceramica attica e campana figurata. Il materiale qui rappresentato costituisce un esempio della suppellettile bronzea (brocche, bacini, attingitoi per vino) adoperata dall'aristograzia del centro etrusco-campano nel V secolo a.C. nel rituale del banchetto il cui cristallizzarsi nel corredo funerario intendeva sottolineare, secondo un procedimento comune nell'ideologia funeraria, lo status del defunto maschio, adulto e del ceto dominante. Alcuni oggetti come i colini, di produzione etrusca, e la grattugia riportano all'abitudine di bere il vino mescolato con vari ingredienti tra cui formaggio grattugiato.

Hydria di Polignotos, da Nola
inv. 81398

Il ceramografo *Polignotos* (naturalmente distinto dall'omonimo pittore di Taso noto dalle fonti), allievo del pittore dei Niobidi, con il vasto gruppo di artisti che lo imitarono, dominò il mercato della ceramica attica della seconda metà del V secolo a. C.. Attivo nel periodo 440-420 a. C., introdusse nel repertorio iconografico nuovi temi mitici e scene di vita, come questo fregio di *hydria* dal ritmo vivace illustrante con svelte figurette le più celebri danze del tempo, dalla pirrica alla danza sulle spade.

Lekythos ariballica di Aison con Amazzonomachia, da Cuma
inv. 86496

In una Cuma ormai occupata (421 a. C.) dai Sanniti, continua ancora ad affluire nell'ultimo quarto del V secolo la ceramica attica. In questa scena di Amazzonomachia, opera del ceramografo attico *Aison* che firma un gruppo di vasi di questo periodo, il pittore mostra la sua dipendenza dalla tradizione delle scene di battaglia della metà del secolo, quando si era conquistata, nella grande pittura con Polignoto di Taso e in ceramica col pittore dei Niobidi, la tecnica della rappresentazione di scene complesse nello spazio disponendo i personaggi a diversi livelli in uno spazio indicato da linee del suolo. Nella sua predilezione per i panneggi minuti e la ricca decorazione delle vesti, Aison appare però ormai un tipico rappresentante del c.d. «stile fiorito».

Anfora del Gruppo del Pilastro con Civetta
inv. 81536

Sul lato principale del vaso un guerriero ed una donna compongono la scena della partenza del guerriero; su quello secondario, due figure femminili. Pur nell'evidente sommarietà, si tratta di uno dei vasi di migliore qualità del gruppo. Poco prima della metà del V secolo. a. C.

Elmo c.d «italo-gallico»
da Pietrabbondante (IS)
inv. 5744

Questo tipo di elmo è diffuso in tutta l'Italia centrale, inclusa Roma, e si data tra IV e III secolo a. C.. Alludono evidentemente alla saga iliaca delle armi di Achille le figure di Nereidi con armi sui paraguance.

Il grande santuario di Pietrabbondante era il centro religioso della tribù sannitica dei Pentri, che prese parte attiva ai conflitti coi Greci e gli Etruschi prima e coi Romani poi. Vi si venerava la dea della Vittoria, ed erano perciò del tutto normali gli *ex-voto* d'armi.

Pittura funeraria, da Cuma
inv.123929
L'affresco, rinvenuto nel fondo Correale nel 1891, realizzato sui tre blocchi di testata di una tomba a camera, raffigura la scena, frequente nelle tombe femminili della classe aristocratica campano-sannitica del IV-inizi III secolo a. C., della toeletta della signora. La defunta, vestita di una lunga tunica stretta alla vita da una cintura dorata e di un mantello rosso, i capelli chiusi in un berretto rosso, siede di scorcio su un trono dai braccioli sostenuti da grifi dorati. Con la destra tiene davanti al volto uno specchio dorato, mentre un'ancella, in piedi a sinistra le porge un lungo *alabastron* contenente profumi ed un cesto (*kalathos*) con melograni, un frutto tipico del culto funerario e simboleggiante la rinascita; altri due sono dipinti, forse come appesi, sullo sfondo. La scena è infatti ambientata in una stanza decorata a zone separate da un fregio a cirri e, insieme allo scorcio adottato per le figure, mostra la recezione da parte della Campania sannitizzata delle recenti innovazioni spaziali dell'arte greca.

Anello con castone a gorgoneion
da Cuma, collezione Stevens
inv.126408

Quando, alla fine del IV secolo a. C., nella necropoli di Cuma fu seppellito il personaggio che aveva al dito questo straordinario anello, la città era già sannitica da un secolo. Ed invero se rivelano una tecnica raffinata che è espressione della perdurante tradizione orafa greca, il gusto esuberante dell'ornato, la stessa dimensione dell'oggetto, mostrano anche un'ostentazione che è carattere tipico delle aristocrazie italiche di quest'epoca.

Fibule d'oro con estremità della staffa «a melograna» ed arco rigonfio decorato da motivi vegetali, da Teano
invv. 131634, 131712
Rinvenute in un corredo tombale di Teano, le due fibule, su cui la filigrana dispiega tutte le sue potenzialità decorative con un senso di barbarico *horror vacui* intendevano soprattutto esibire, appuntate sull'abito, lo status del defunto. Fine del IV-inizi del III secolo a. C.

Anfora campana a figure rosse del Gruppo dei tre punti
inv. 82744
Databile alla metà ca. del IV secolo a. C., l'anfora raffigura, come spesso su questa produzione, un guerriero sannitico – si noti la sottolineatura del tipico cinturone – all'attacco su un terreno roccioso; sul collo, una testa femminile di profilo coi capelli chiusi nella cuffia (*sakkòs*); l'officina doveva essere situata a Capua o nei dintorni.

Cratere a figure rosse con scena di banchetto, da Cuma
inv. 85873
È stato assegnato al c.d. Pittore CA (Pittore di Cuma A), attivo nell'officina che produceva i vasi figurati per il mercato di Cuma, questo cratere con una vivace scena di simposio che s'affida soprattutto alla ricchezza descrittiva della sala con ramoscelli, maschere, *oscilla*, uccelli, il candelabro, e ai ritocchi in colore aggiunto. Ca. 340-330 a. C.

Tomba dipinta, lastra con cavaliere, da Nola
inv. 224929
Rinvenuta nel 1977, la tomba dipinta rappresenta, al pari di molte altre tombe capuane e pestane, il tema, particolarmente caro ai cavalieri campani, del ritorno del guerriero. Nella lastra principale è il morto, montato a cavallo, armato di corazza anatomica e di un elmo a corni d'argento e d'oro sui quali si rifrange la luce, prima eco in Campania di quella conquista della pittura protoellenistica che le fonti antiche chiamano *skiagraphia*. Nelle altre lastre, a sinistra è una coppia di fanciulle che accolgono il morto con *skyphoi* e corone e a destra un compagno del guerriero, anch'egli a cavallo, seguito dallo scudiero che regge la coda del cavallo. Sulla lastra corta opposta alla principale è lo scudiero del morto. Opera di una bottega di livello molto alto, la tomba è databile tra la fine del IV ed i primi decenni del III secolo a. C..

Testa maschile barbata da Cales
inv. 22135
La testa, databile nel III secolo a. C., è apparentata con un'altra celebre testa, trovata negli anni '50 a Triflisco, nei pressi del Tifata, e che a suo tempo sollevò qualche problema di inquadramento. Il volto circolare appiattito, la pettinatura e la barba rese a ciocchette striate geometricamente disposte intorno al viso, gli occhi con cordoni per le ciglie ed un taglio per la pupilla, la bocca ridotta ad una fessura, sono la traduzione dei modelli greci (Zeus, Ercole ?) da parte di una bottega intenzionata ad utilizzare, evidentemente per acquirenti precisamente definiti, un linguaggio locale, volutamente «primitivo». Né si può pensare ad una mera incompetenza tecnica, ché anzi la disponibilità di stampi e l'accuratezza dell'esecuzione mostrano che l'artigiano avrebbe ben potuto utilizzare modelli di figure più colte ed aderenti alle regole dell'arte classica.

Rilievo fittile di fanciulla con flabello, da Cales
inv. 20411
La figura è stata identificata come Afrodite poiché il rilievo, probabilmente votivo, faceva coppia con uno con busto ritenuto di Ares. La forma del rilievo è piuttosto rara; la figura si ispira alle figure di Afroditi ellenistiche. II secolo a. C.

Testa fittile rappresentante Ercole, da Teano
inv. 163593

Teano fu un importante centro ausone, poi occupato dalla tribù sabellica dei Sidicini ed infine romanizzata con le guerre sannitiche. Della fase preromana restano cospicue testimonianze soprattutto nei santuari sparsi sul territorio a partire dal VI secolo a.C. Da quello del fondo Loreto e da un altro importante centro di culto nel fondo Ruozzo vengono migliaia di oggetti votivi, come questa testa, indicativi del rituale religioso e del gusto, qui nella chiave più grecizzante, delle popolazioni italiche di quest'area chiave della Campania. III secolo a.C.

Anello sigillo con ritratto maschile da Santa Maria Capua Vetere
inv. 25085

Databile al I secolo a. C., questo anello, firmato dall'orafo Erakleidas, affida il proprio pregio al contrasto tra oro rosso e oro giallo e, soprattutto, alla qualità del ritratto maschile sul castone, un bel ritratto che unisce il realismo romano ai moduli della tradizione ellenistica, evidenti ad esempio nel decorativismo della capigliatura. La vicenda dell'antica città etrusca s'è definitivamente conclusa, e Capua è ormai, dopo le ripetute ondate di coloni romani, una perfetta, importante città romana.

Testimonianze dalla Magna Grecia

Per un lungo periodo di tempo, dalla fine del Settecento e fino alla creazione, dopo l'Unità, dei primi Musei nelle province maggiori dell'Italia meridionale (Taranto, Reggio Calabria etc.), il Museo napoletano ha ricevuto, in quanto centro e motore dell'attività archeologica del Regno borbonico, una cospicua parte (ahimé, molto finiva sul mercato antiquario per la gioia di collezionisti e mercanti come William Hamilton, e forma ormai parte significativa delle collezioni dei maggiori Musei europei ed americani) dei materiali che si scavavano nei territori che costituirono nell'Antichità la *Magna Graecia*. La maggior parte degli oggetti veniva al Museo per acquisto e dono, perché non molti furono in verità gli scavi promossi direttamente dal governo borbonico nelle province di terraferma; tra i nuclei maggiori va poi ricordata la *collezione Santangelo*, formata tra la fine del Settecento e la prima metà dell'Ottocento da una famiglia che ebbe un ruolo rilevantissimo nell'amministrazione borbonica, assicurata alle collezioni museali dopo l'Unità grazie all'opera di G. Fiorelli e col concorso finanziario del Comune di Napoli. La provenienza collezionistica di molti materiali e la scarsità dei centri documentati non permette di ricostruire nel Museo di Napoli un discorso organico sulle maggiori *poleis* magnogreche, perché la ricostruzione della loro storia è tutta sostanzialmente frutto della ricerca archeologica sviluppatasi dopo l'Unità d'Italia. Non minore interesse suscita tuttavia la visita dei complessi napoletani. Da un lato per la rilevanza artistica, restata assolutamente unica ed insuperata, di alcuni di essi come la grande *collezione dei vasi apuli*, provenienti da Ruvo e da Canosa, delle *oreficerie tarantine* rinvenute nelle stesse tombe, delle *terrecotte figurate*, delle *armi*, delle *pitture funerarie*, superate nel numero, ma spesso non nella qualità dai rinvenimenti posteriori, e naturalmente, delle *monete* e delle *iscrizioni*, presentate queste ultime in esposizioni specifiche. Dall'altro perché essi sono testimonianza del primo approccio scientifico alla storia della Magna Grecia, alla fine di una tradizione di studi umanistici impersonata tra il Cinquecento ed il Settecento da figure di eruditi intesi soprattutto a valorizzare, con generoso ma limitativo patriottismo locale, le illustri tradizioni antiche delle città meridionali, spesso in antitesi alle desolate condizioni di esse nei loro tempi (*magna urbs, magna solitudo*). La riscoperta del concetto di Magna Grecia, dovuta al fiammingo H. Goltz, che nel 1576 scrisse un tratta numismatico-storico di Sicilia Magna Grecia, era stata infatti seguita da una vasta produzione di opere di topografia storica, volte soprattutto a ritrovare i luoghi stessi di molte città antiche, spesso, dopo il collasso del Medioevo, perduti tra le paludi e sotto le dune sabbiose di coste malariche. Ma è soltanto con il nuovo regno di Carlo III che le nuove scoperte vengono valorizzate appieno sia per l'interesse del Re a fondare in un passato specifico e illustre le radici della gloria e del prestigio del nuovo Regno, sia per la diffusione rapida delle informazioni in tutta l'Europa colta, grazie alla continua presenza nel Regno dei tanti viaggiatori del *Grand Tour*.

Del nuovo clima è significativa espressione la pubblicazione – cui arrise giustamente una grande fortuna in tutta l'Europa – curata nel 1754 dal canonico Alessio Simmaco Mazzocchi delle *tavole di Eraclea* (vedi nella collezione epigrafica), che conteneva una trattazione generale sulla Magna Grecia, e che, nel sottolineare la specificità italiota della filosofia di Pitagora, contribuiva non poco a consolidare quel mito su una presunta antica cultura filosofica propria dell'Italia preromana, la *antiquissima Italorum sapientia* di G.B. Vico che sarà poi ripresa da Vincenzo Cuoco per mostrare alla ridestantesi identità nazionale degli Italiani «ch'essi erano una volta virtuosi, potenti, felici». Allo stesso clima culturale va ascritto il merito della «riscoperta» dei templi di Paestum, segnalati dai militari borbonici (il conte Felice Gazzola) che costruivano la nuova strada per le Calabrie. L'immediata pubblicazione dei disegni e delle prime descrizioni (Soufflot, Mayor, Paoli, Saint-Non, Piranesi), la visita del Winckelmann nel 1758, determinarono la celebrità non solo della città antica, ma aprirono all'Europa del *Tour* il mondo degli altri templi della Magna Grecia e della Sicilia, e determinarono quella «fortuna del dorico» che costituisce una delle radici del Neoclassicismo. E testimonia proprio questo aspetto uno degli oggetti più singolari conservati al Museo, un modello in sughero della c.d. basilica di Paestum, realizzato alla fine del Settecento.

Terracotta figurata
inv. Collezione Santangelo 106
Il frammento di terracotta, certamente un *ex-voto*, è pertinente ad una figura femminile realizzata a rilievo bassissimo e derivante da un tipo probabilmente sibarita, dal momento che un altro frammento identico è stato rinvenuto in quell'area. La decorazione dell'elaborata veste, con fasce figurate sovrapposte, ornate la superiore dalla scena eroica di Aiace col cadavere di Achille, le due inferiori con danza di fanciulle e fanciulli, assicura che la terracotta rappresenta una dea. Databile al periodo 625-600 a. C., caratterizzato da una persistenza dello stile dedalico, il frammento rappresenta uno dei documenti figurati più antichi ed autorevoli della Magna Grecia.

Skyphos calcidese
inv. Collezione Santangelo 120

La classe dei vasi c.d. «calcidesi» resta ancora senza definitiva assegnazione ad un centro di produzione, nonostante il cospicuo numero di vasi trovati e il dato delle numerosi iscrizioni presenti su di essi. Certamente si tratta di una produzione magnogreca di grande rilievo per l'impegno dei temi affrontati, spesso con impostazione grandiosa e grande abilità espressiva, non senza una certa libertà rispetto alle iconografie attiche.

Su un lato della tazza è il tema, amatissimo in tutto l'arcaismo greco, del ratto del tripode delfico da parte di Ercole (a destra, stempiato e coi capelli ritoccati di rosso) con cui contende un Apollo barbuto, mentre una Erinni sta dietro il tripode a simboleggiare la contesa. Alle spalle di Apollo è la sorella Artemide, alata come nelle sue rappresentazioni più antiche, mentre Hermes assiste Ercole. Su lato opposto del vaso è una scena, altrettanto frequente, di duello tra due guerrieri con armatura oplitica, alla presenza di due donne. Ca. 540 a. C.

Hydria in bronzo, forse da Locri
inv. 73144
Il vaso, che trae il suo nome dalla funzione di contenitore per acqua e come tale è spesso rappresentato nelle scene di donne alla fonte, è un'eccellente opera di metallotecnica. La qualità delle decorazioni è notevole, sia nel *gorgoneion* che conclude l'ansa a nastro, sia nelle due figurine maschili a rilievo, poste orizzontalmente e contrapposte dal lato del capo sulle anse laterali. La distribuzione dei pochi esemplari simili fa ipotizzare che si tratti di un prodotto della costa occidentale della Grecia, forse Dodona o Sicione. VI secolo a. C.

Statuetta fittile femminile, da Locri
inv. 141064
Trovata da Paolo Orsi nei suoi scavi locresi, la figurina è certamente un *ex-voto* imitante figure statuarie di grandi dimensioni. La pettinatura a riccioli sulla fronte aiuta a datarla nei primi decenni del V secolo a. C.

Figurina fittile di cofanetto con arredi sacri, da Locri
inv. 20684
La figurina, a tutto tondo, rappresenta un cofanetto per cosmesi. Sulla cassa, dalle zampe leonine e decorata da rosette, trecce seghettate, volute a onda, e munita di due sportelli a forma di porta, poggiano due cofanetti più piccoli dello stesso tipo sotto i quali vi sono due uccelli e sopra due focacce. Tra i due cofanetti tre *alabastra*, una grande *oinochoe* ed un *kalathos*. I cofanetti sono sovente nelle mani di Persefone nelle raffigurazioni della dea. V secolo a. C.

Collana in oro, da Ruvo
inv. 24883
La collana, a maglia piatta, reca pendenti a protomi sileniche, ghiande e fiori di loto in lamina rifiniti a pulviscolo. Prodotto forse di un'officina etrusca della Campania, documenta bene la ricchezza di questo centro della Peucezia nel VI secolo a. C.

Collana in oro, da Ruvo, particolare

Unguentari in vetro su sostegni in oro, da Ruvo
invv. 24876-89
Gli unguentari ad anforetta di tipo fenicio in vetro policromo fuso e i relativi sostegni cilindrici in oro con decorazioni a teste di Gorgone e crateri formano un *set* da cosmesi femminile di grandissima raffinatezza. V secolo a. C.

Cratere attico a volute del pittore dei Niobidi, da Ruvo
inv. 81673
È stato chiamato pittore dei Niobidi il maestro che nell'Atene del ventennio 470-450 a. C. seppe tradurre al massimo livello artistico nella ceramica le conquiste della grande pittura classica. Ed a quel repertorio egli attinge per decorare grandi crateri con scene delle celebri battaglie combattute dai Greci e dai loro dèi contro i nemici, Giganti, Amazzoni, Centauri, Troiani. Si suole identificare – ma senza alcuna certezza – Achille che abbatte Pentesilea nella scena centrale di Amazzononachia del lato principale del vaso; è tipico in ogni caso del periodo l'interesse per i temi etici e psicologici, resi attraverso l'intrecciarsi degli intensi sguardi.

Cratere attico a volute del pittore di Pronomos, da Ruvo
inv. 81673
Il vaso, dell'ultimo decennio del V secolo a. C., è del più grande interesse per lo studio del teatro classico e particolarmente del dramma satiresco. Nella fila superiore, intorno alla coppia divina, languidamente seduta, di Dioniso e Arianna, sono rappresentati vari personaggi, Laomedonte, Esione, Eracle ed altri, ciascuno con la propria maschera in mano, sontuosamente vestiti dei ricchi costumi di scena, e dei coturni; notevole il Papposileno abbigliato con il caratteristico costume peloso. Nella fila inferiore un auleta prova accanto ad un citarista e a personaggi di satiri. Il pittore, attico, è un allievo del pittore del Deinos e si rifà sia alla tradizione «polignotea» nella costruzione dello spazio per livelli, sia a quella del contemporaneo pittore di Meidias per il decorativismo del panneggio femminile.

Lastra dipinta di una tomba con danza di donne, da Ruvo
inv. 9357

È restata un *unicum* la decorazione di questa tomba a semicamera da Ruvo con scena di danza a mani intrecciate di lamentatrici funebri guidate da tre fanciulli. La forte suggestione deriva dal ripetersi cadenzato delle linee e dei gesti, appena variato dai sobri colori terrosi. Seconda metà del IV secolo a. C.

Tomba con «ritorno del guerriero», da Paestum
inv. 9363

Si data nell'arco cronologico 350-325 a. C. questa bella tomba con corteo di cavalieri che amplia, molto al di là del consueto tra i pittori di tombe pestani, il ben noto schema iconografico del «ritorno del guerriero». La donna è a sinistra e porge uno *skyphos* ad un cavaliere che torna dalla battaglia con una scorta di due fanti ed uno scudiero che regge la coda del cavallo. I guerrieri indossano le armi nazionali italiche (elmi con penne e creste, cinturoni) e ostentano, appese alle lance, le spoglie dei nemici sconfitti.

Orecchini con pendente piramidale, da Taranto
inv. 25234-35
Gli orecchini sono a disco e recano, come in uno scudo, la maschera gorgonica circondata da un motivo a cirri. Il pendente maggiore è a piramide rovescia con decori in filigrana; ai lati due pendenti minori a forma di ghianda. Questo tipo di orecchino fu molto famoso nel IV secolo a. C.; gli esemplari del Museo di Napoli si datano verso la fine del secolo.

Elmo a pilos, da Paestum
inv. 5691
Fu trovata a Paestum nel 1805 in una tomba presso il c.d. tempio di Cerere la ricca panoplia con corazza anatomica e due elmi, uno del tipo a *pilos,* l'altro «calcidese». Come la scena dipinta del «ritorno del guerriero», la panoplia funebre caratterizza il defunto come membro della classe aristocratica. Fine del IV secolo a. C.

Lekythos a figure rosse
di Assteas, da Paestum
inv. 81847

È firmata da Assteas (*Assteas egrapse*) ed è uno dei capisaldi per la ricostruzione della personalità del pittore questa *lekythos* ariballica con la scena del giardino delle Esperidi (una fanciulla raccoglie i pomi per Eracle mentre un'altra distrae il serpente con un'offerta di cibo). Attivo nella generazione 360-330 a. C., Assteas è uno dei più originali ceramografi della Magna Grecia ed uno dei più significativi dell'officina di Paestum.

Cratere pestano a figure rosse di Assteas, da Sant'Agata dei Goti (Saticula)
inv. 82258
Il tema di Cadmo che assale con una pietra, secondo il racconto di Euripide, il dragone che sta a guardia della fonte tebana, simboleggiata dall'anfora a terra, doveva essere uno dei più amati nell'officina di Assteas, che firma anche questo cratere, e di Python, cui si deve un cratere al Louvre, ancora da Sant'Agata dei Goti, con simile scena.

Cratere con fliaci
inv. 81925

La ceramica dipinta è la più vivace testimonianza della commedia fliacica, una forma teatrale caratteristica della Magna Grecia tra IV e III secolo a.C. I *phliakes* erano attori che vestivano uno specifico costume a calzamaglia, imbottito sul ventre e sulle natiche in modo da conferire loro un aspetto grottesco, esasperato dal fallo posticcio che pendeva tra le gambe.

Le recite si svolgevano su un rudimentale palco, con una scala per accedervi e qualche semplice tendaggio per fondo che faceva anche da camerino. Si trattava di uno spettacolo popolaresco, con temi presi dalla vita comune o parodisticamente ispirati al mito e alle tragedie (in questo cratere è la parodia di un tema eroico).

Il più famoso autore di pezzi fliacici fu Rintone, uno scrittore vissuto a Taranto nel III a. C., che raccolse e diede forma letteraria alla vasta e confusa materia della farsa fliacica popolare.

Cratere pestano a figure rosse di Python, da Sant'Agata dei Goti
inv. 81417
La scena della faccia principale presenta una versione fliacica del mito di Edipo e la sfinge. Edipo nel villoso aspetto di un Satiro con tirso interroga, in uno scenario dionisiaco di tralci d'edera, una sfinge dalle ali policrome appollaiata su un'alta rupe.

Cratere a volute apulo, da Ruvo
inv. 82126
Ha uno stile grandioso il pittore di Licurgo (trae il nome da un vaso con scena della pazzia di Licurgo conservato a Londra). In questo cratere, a destra, protetto da un argonauta, Giasone spicca dal ramo il vello d'oro, mentre a sinistra la maga Medea porge al drago che sta a guardia dell'albero (il dettaglio è molto simile nel giardino delle Esperidi del vaso di Assteas) la pozione soporifera, secondo la versione del mito poi consacrata da Apollonio Rodio.

Situla apula a figure rosse da Ruvo
inv. 81863

Il vaso, anch'esso opera del Pittore di Licurgo, descrive un episodio dell'Iliade (X, 469) sconosciuto alla ceramica attica e giunto forse sui vasi apuli per l'influenza della tragedia *Reso* di Euripide. Il re dei Traci infatti qui viene sorpreso di notte nel suo campo da Ulisse e Diomede, ucciso e privato dei suoi celebri cavalli. Il tema è stato trattato anche su un bel cratere del Pittore di Dario, dal 1984 all'Antikenmuseum di Berlino.

Cratere apulo a figure rosse («vaso dei Persiani»), da Canosa
inv. 81947

Il pittore, detto di Dario proprio da questo vaso, è l'ultimo (340-320 a. C.) dei grandi decoratori apuli di vasi. Questo monumentale cratere con maschere femminili nelle anse fu rinvenuto nel 1851 a Canosa insieme al cratere della scheda seguente, ad altri vasi, a due corazze bronzee, a un giavellotto e ad un morso equino, in uno dei grandi sepolcri ipogei, evidentemente di un cavaliere, alle porte del centro apulo.
Sul lato principale la scena, su tre registri, presenta al centro di quello mediano Dario, il re persiano (identificato dall'iscrizione) che, seduto in trono, ascolta un messaggero, tra dignitari caratterizzati dal nome *Persai.* Il registro superiore mostra le personificazioni di Ellade ed Asia al cospetto di Zeus tra varie divinità, tra cui è Apate, l'inganno. Il registro inferiore mostra invece i sudditi dell'impero persiano davanti al tesoriere del re. Il tema, derivato forse da una tragedia perduta, i *Persiani* di Frinico, è quello dell'antefatto della guerra tra Dario e i Greci, forse l'episodio dell'annuncio del tradimento di Istieo di Mileto. La costruzione della scena sembra riecheggiare quelle su più registri, di impianto teatrale e con la presenza di personaggi allegorici, usate da Apelle, il grande pittore dell'età di Alessandro il Grande; e presuppone verosimilmente rappresentazioni nella grande pittura. Quanto alla scelta del soggetto, esso non può non suonare come eco della propaganda macedone ed epirota nelle colonie greche d'Occidente al momento del grande scontro tra Macedoni e Persiani. Sul collo una scena di Amazzonomachia suona conferma del tema della lotta dei Greci contro i barbari.
Sul lato secondario, Bellerofonte sta per colpire la Chimera attorniata da Amazzoni. Sul collo una scena dionisiaca con Menadi e Sileni presso un *louterion.*

Cratere a mascheroni apulo a figure rosse (c.d. «vaso di Patroclo»), da Canosa
inv. 81954

Rinvenuto nello stesso ipogeo del vaso di Persiani, il cratere è opera dello stesso pittore di Dario ed echeggia anch'esso temi della propaganda antipersiana, identificando con questi i Troiani sconfitti dai Greci.
Sul lato principale è la scena del sacrificio dei prigionieri troiani da parte di Achille sulla pira di Patroclo (*Patroklou taphos* è scritto alla base della catasta di tronchi). Mentre Agamennone fa la libagione rituale, un prigioniero sta per ricevere il colpo di spada ed altri tre legati attendono il loro turno. Sul registro superiore Fenice e Nestore sono sotto una tenda, tra gruppi di divinità e di eroi e una fanciulla. Nel registro inferiore Automedonte trascina attaccato alla quadriga il corpo di Ettore. Sul collo, la scena di Edipo e la Sfinge in presenza di una Furia.
Sul lato secondario, sul corpo è una scena di rituale funerario presso un *naiskos* entro il quale sono a colloquio un giovane guerriero nudo (col suo servo) ed una figura femminile seduta. Sul collo una scena di tiaso dionisiaco.

Loutrophoros apula a figure rosse con Andromeda, da Canosa
inv. 82266

È del Pittore di Dario, e viene dallo stesso ipogeo dei precedenti vasi, anche questa splendida *loutrophoros* con Andromeda legata ai pali nel registro superiore tra Cassiopea e Cefeo, ed in basso la lotta tra Perseo ed il mostro marino tra figure di Nereidi cavalcanti ippocampi. Il tema di Andromeda con la figura dell'eroina legata conserva echi dell'*incipit* della tragedia euripidea. Notevole il fregio ad animali marini che separa i due registri. 340-320 a. C.

Pelike apula con morte di Adone, da Canosa

inv. Collezione Santangelo 702

Quest'altra celebre opera del Pittore di Dario mostra il bellissimo giovinetto giacente sul letto di morte, assistito al capezzale da Afrodite e Persefone, con l'implacabile Ecate a pié del letto. Il registro superiore rappresenta la contesa tra Afrodite e Persefone per il fanciullo davanti a Zeus. In basso una scena di gineceo. 340-320 a. C.

Anfora apula a figure rosse, da Ruvo
inv. 81952
Rinvenuta nello stesso ipogeo del vaso di Dario e attribuita allo stesso maestro, rappresenta su un lato la figura di un toro bianco in mezzo a una gruppo di fanciulle, forse preludio al rapimento di Europa da parte di Zeus in forma di toro. Qui, sul lato secondario, nel registro superiore al centro è una quadriga con un Erote tra Zeus in trono, a destra, e Hermes, Pan e un satiro a sinistra. Nel registro inferiore una scena di gineceo. 346-320 a.C.

Cratere nello stile di Gnathia da Oria
inv. 80987
Con la sua sagoma elegante e le membrature a rilievo, il cratere imita volutamente forme metalliche. La decorazione, nella tecnica consueta in questa classe della sovradipintura dopo la cottura, s'affida qui al tema, già preannuncio di Ellenismo delle nature morte ellenistiche, degli oggetti allusivi alle divinità: la cetra di Apollo, il cratere di Dioniso, le fiaccole di Artemide, il tutto in una cornice di tralci di vite dionisiaca.. Questa classe di vasi è certamente di origine apula, ancorché non si sia ancora identificato il centro (o i centri) di produzione. Seconda metà del IV secolo a. C.

«Fiasca del pellegrino» da Canosa

inv. 16270

Presente al Museo in ben tre esemplari (la decorazione è attestata anche su una pisside), la fiasca, a corpo circolare e due anse, ha in questo esemplare una basetta d'appoggio. Su entrambe le facce è una figura di Scilla, col torso di donna nuda, due teste di cane ai lati della cintura e, al posto delle gambe, due code di pesce o delfino terminanti in teste di drago; sotto la figura un pesce guizzante allude al mare. Resti di ingubbiatura bianca e di colore. Si tratta evidentemente di un'imitazione in materiale povero di prodotti in argento, spesso decorati da simili figure di mostri marini, come un famoso specchio bivalve tarantino. III secolo a. C.

Rhytòn a testa d'agnello

inv. Collezione Santangelo 975

La decorazione presenta una figura di Menade danzante con la testa rovesciata nell'estasi, il vorticoso movimento tortile, la veste che lascia scoperto il seno; accanto è seduto un giovane Satiro malinconico, il *pedum* abbandonato accanto a lui. La copertura con vernice giallo-lucida imitava la doratura dei preziosi esemplari metallici che in qualche caso ci sono effettivamente pervenuti.

Rhythòn di bronzo a testa di cervo, da Ercolano
inv. 69174

La provenienza pompeiana dello splendido *rhythòn* a testa di cervo non inganni. Si tratta di un oggetto ellenistico di notevole qualità, di un tipo ben noto, prodotto sia dalla toreutica sia dalle officine ceramiche della Magna Grecia a partire dal IV secolo a. C., ad imitazione di analoghi prodotti attici di V secolo a. C. L'uso di questi oggetti nel mondo romano è rara; corni lisci erano usati nei simposi, mentre altri, decorati con protomi, compaiono in scene cultuali, ad esempio nelle mani dei Lari.

La Campania romana e le sue manifestazioni artistiche: un breve profilo storico

Gran parte delle collezioni del Museo di Napoli viene dalla Campania di età romana, dalle città vesuviane, da quelle flegree, dai centri della Terra di Lavoro. Val dunque la pena di rievocare, almeno per sommi capi, le vicende che portarono le culture della Campania preromana a entrare nella compagine romana.

L'interesse dei Romani per la fertile Campania – loro tradizionale area di approvvigionamento già nell'età arcaica, come mostrano i rapporti tra la Cuma del tiranno Demarato e la Roma dei Tarquini – andò crescendo alla fine del V secolo a. C., a seguito del divieto di commercio loro imposto dai Sanniti, da poco impossessatisi della regione. Dopo la forzata pausa cui i Romani furono costretti al sud per tutta la prima metà del IV secolo a. C. dalle più urgenti guerre contro Galli, Ernici e Latini, lo scontro, inevitabile, con i Sanniti per il controllo della Campania esplose alla metà del secolo (prima guerra sannitica, 343-341 a. C.) e si concluse con la concessione della cittadinanza romana senza diritto di voto (*civitas sine suffragio*) a Capua e, poco dopo, a *Calatia* (Maddaloni, CE), *Atella* (Succivo, Orta di Atella, CE), *Suessula* (Acerra, NA), Acerra e Cuma; si determinò così una situazione marcata sul piano politico e sociale dall'allenza romana con le oligarchie locali; in particolare a Capua con il ceto militare dei cavalieri campani (*equites Campani*), soldati di ventura famosi che numerose fonti ci mostrano attivi su tutti i teatri di guerra del Mediterraneo. A controllo della strada principale verso la sua recente area d'influenza campana, Roma pose peraltro la nuova colonia di *Cales* (334 a. C.), presso Calvi Risorta (CE).

Il secondo scontro con i Sanniti, chiusosi nel 304 a. C., segnò la trasformazione del rapporto delle città dei Campani da alleanza in sudditanza, e nuove colonie latine vennero create a *Suessa* (Sessa Aurunca, CE) e *Saticula* (Sant'Agata dei Goti, BN), ad accerchiare il territorio campano. Sotto la spinta di Roma e l'influenza della sua organizzazione politica essenzialmente urbana, la seconda metà del IV secolo e buona parte del III rappresentarono, nonostante le guerre, un'epoca di straordinaria floridezza per la Campania. Le tradizionali forme di insediamento per villaggi sparsi (*pagi* e *vici*), predominanti nelle aree restate estranee alla colonizzazione greca ed etrusca, cedettero il posto alla città; fiorirono le attività artigianali, come la produzione massiccia di ceramica, sia a figure rosse sia a vernice nera imitante quella attica. Possiamo intravvedere l'orgoglio delle aristocrazie espresso dal rituale funerario, nell'adozione di ricchi corredi tombali riflettenti sovente il costume greco aristocratico del banchetto, e nella decorazione delle lastre dei sepolcri, spesso dipinte con scene figurate ispirate a modelli del mondo ellenico (cfr. *tomba di Nola, tomba di Cuma, di Afragola*).

L'orgoglio e l'intraprendenza delle nuove comunità campano-sannitiche traspare anche dall'attività di coniazione (appoggiantesi probabilmente alla zecca di *Neapolis*) di una propria moneta, con una tipologia iconografica ispirantesi alle emissioni cumane e napoletane, ma anche alle maggiori *poleis* greche allora in relazione con Napoli; così la presenza della testa di Atena elmata sulle monete dei Campani è un esplicito richiamo ad Atene, e numerosi punti di contatto si intravedono anche con le monete di Thurii, la colonia ateniese costruita sul sito di Sibari. Non va peraltro dimenticato che l'introduzione della moneta è certamente da mettere in rapporto coll'afflusso di argento proveniente dall'attività oltremare dei mercenari pagati con un soldo alla maniera greca. E fu ancora la Campania, con la zecca di *Neapolis*, a fornire ai Romani sia il modello per la loro prima moneta d'argento sia a coniare per Roma la prima moneta di bronzo, con il profilo di Apollo e un toro a testa umana con la leggenda *Rhomaion*, scritta, non a caso, in lettere greche.

La fortunata conservazione di Pompei ci consente di cogliere, meglio che in altri centri più importanti, questa crescente floridezza sviluppatasi all'ombra di Roma. La città inizia infatti uno straordinario fenomeno di ristrutturazione: è impressionante vedere come questo insediamento, che ancora fino agli inizi del III secolo a. C. doveva mostrare l'attardato aspetto di una città tardo-arcaica, con il tempio poliadico di Apollo ancora decorato da vetuste terrecotte architettoniche di foggia etrusca, si trasformi, tra III e II secolo a.C., in una grande e moderna città che non rinuncia a nessuna delle eleganze urbane ellenistiche. Cinta di nuove, maestose mura agli inizi del III secolo, la città fu completamente ridisegnata nel suo impianto secondo uno schema tripartito adottato all'incirca nello stesso periodo a *Paestum* e a Nocera (*Nuce-*

ria Alfaterna). Come a Velia, un teatro e un impianto termale (le c.d. terme Stabiane) sono le prime nuove realizzazioni che aggiornano l'aspetto della città; le terrecotte architettoniche ed una metopa di tufo col mito di Issione ci documentano una risistemazione dell'arcaico tempio di Atena al Foro triangolare; mentre recenti saggi sotto una casa alle spalle del tempio della Fortuna Augusta ci hanno restituito per il III secolo a.C. la testimonianza, insospettata in una città sannitica di quest'epoca, di un edificio pubblico da banchetto del tipo dell'*hestiatorion* greco.

Nonostante la crescente floridezza, la sperequazione evidentemente instauratasi tra classi sociali – e di cui proprio la ricchezza delle tombe della classe emergente sono una spia – acuiva tensioni che alla fine del III secolo a. C. sfociarono nella ribellione aperta contro Roma; quando un elemento esterno, l'invasione di Annibale, offrì l'occasione alle fazioni popolari di scuotere in ogni città il dominio delle oligarchie. Passarono così dalla parte di Annibale Capua, *Calatia*, *Atella*; di questo evento conserva un ricordo la monetazione campana di bronzo con, ad esempio, il simbolo dell'elefante. La riconquista romana di queste città, nel 211 a. C., fu seguita dalla punizione severa dei membri delle classi dirigenti, che si dispersero nelle altre città quando non emigrarono nell'Oriente greco. Privata di ogni autonomia politica ed amministrata da un magistrato romano, il *praefectus Capuam Cumas*, la maggiore città campana, Capua, subì la perdita del suo territorio, entrato a far parte, insieme a quello di *Calatia* e Atella, dell'*ager publicus populi Romani*, e come tale assegnato a nuovi coloni o venduto. Capua vive da questo momento in rapporto di simbiosi con la sua partner sulla costa, *Puteoli*, fondata proprio in questo momento (194 a. C.) come colonia romana sull'area della Dicearchia greca.

Questo rapporto di sottomissione totale a Roma sul piano politico non significa tuttavia che sul terreno della cultura materiale e della produzione artigianale si possa parlare *sic et simpliciter* di una «romanizzazione», anche perché sarebbe in questa fase ancora difficile definire una produzione romana con autonomi caratteri di linguaggio artistico, mentre, al contrario, sono piuttosto le più avanzate esperienze campane ad influenzare la produzione di Roma.

E tuttavia l'ingresso nell'orbita romana significò per tutte le aree della regione l'avvio di un unico grande processo – basti pensare al costituirsi, a partire dall'apertura della via Appia (312 a. C.) di una grande rete stradale e all'apertura di amplissimi circuiti di distribuzione per i beni della produzione artigianale – che, con esiti più o meno rapidi e profondi a seconda delle circostanze, porterà comunque nel giro di un secolo o poco più alla completa omogeneizzazione e alla formazione di una *koinè* romana in tutto il territorio. Questa ha da un lato i caratteri politici della tradizione latina (si pensi al significato dell'acquisizione ufficiale della lingua e delle misure latine a Cuma nel 180 a. C.), dall'altro, sul terreno dell'espressione estetica, i tratti della cultura ellenistica.

La sezione dedicata a *Neapolis* del Museo dà conto, ad esempio di quanto sopra ricordato, del fenomeno della produzione ischitana e poi neapolitana, di ceramica a vernice nera, la c.d *campana A*. Essa da un lato appare per il repertorio formale una produzione squisitamente ellenistica, ispirata alle produzioni della Grecia, a partire da quella ceramica a vernice nera «inventata» per le officine del Ceramico di Atene da Tericle di Corinto; dall'altro la sua capacità di esportazione massiccia in tutta la metà ovest del Mediterraneo tra il III ed il I secolo a. C. sarebbe impensabile senza il supporto dei grandi capitali d'investimento e le possibilità di distribuzione aperte dalle conquiste romane.

Meccanismi analoghi dobbiamo con ogni verosimiglianza supporre anche per altri fenomeni di produzione artigianale di vasta portata, e per noi purtroppo in gran parte perduti: come i tessuti, i bronzi, i ferri, i profumi di Capua nel mercato locale, la celebre *Seplasia*.

Lo stesso vale per la produzione, ricordata anche dalle fonti ed abbastanza ben documentata archeologicamente nelle collezioni del Museo, della ceramica calena, una classe di vasi a vernice nera di influenza e tradizione ellenistica mediata dall'Etruria, prodotta nella colonia latina di *Cales*, esportata (e imitata) largamente, tra la metà del III e gli inizi del II secolo a. C. ed in altri *ateliers* della regione (Venafro). Questi piccoli vasi a rilievo, firmati da artigiani latini, sono i sostituti economici dei preziosi vasi metallici, e derivano il loro repertorio formale e, soprattutto, l'immaginario figurativo di divinità ed eroi del mito greco, dalla toreutica, dalla glittica, dalla coroplastica e dalla pittura ellenistica e classica. Un'altra produzione di qualche rilievo all'incirca coeva (fine IV-primo terzo del III secolo a. C.) è quella prodotta a Teano, caratterizzata da una decorazione esuberante e varia, sia incisa che impressa che sovradipinta; ad essa si collegano le c.d. *Coppe di Aretusa* (*Arethusaschalen),* a vernice nera, recanti nel tondo il rilievo, tratto per calco, delle monete siracusane, appunto con la testa delle ninfa Aretusa, opera dell'incisore *Euainetos*.

Una classe ceramica campana, peraltro priva di pregi artistici e prodotta per uso di cucina, destinata a una più duratura fortuna, è quella della vernice rossa interna, diffusa in Italia dalla fine del III secolo a.C. all'età imperiale; in essa si son potuti di recente identificare i piatti di Cuma, le *Cumanae patinae* sovente ricordate da Apicio nel suo celebre manuale di cucina.

Se la ceramica, sopratutto quella fine da mensa, mostra, come abbiamo visto, forti caratteri di assimilazione ed omologazione culturale, la tradizione coroplastica, alla quale del resto afferiscono componenti ideologico-religiose più complesse, lascia trasparire più a lungo un'interessante diversificazione (cfr. le sezioni museali dedicate alle varie culture della Campania antica). Da un lato domina sempre più una produzione ellenizzante, standardizzata a partire dalla fine del IV secolo secondo i canoni dominanti dell'arte attica e dei modelli lisippei, esprimentisi l'una, per mediazione forse di *Neapolis*, in una produzione di massa di *tanagrine*, realizzate con matrici doppie patrimonio delle botteghe capuane, cumane, teanesi etc.; l'altra in un tipo di testa maschile con acconciatura a grosse ciocche sollevate che deriva dal ritratto di Alessandro e che troviamo ovunque, da Capua a Pontecagnano. Dall'altro lato continua, pur affievolito, quel filone per così dire «italico», legato maggiormente alle particolari tradizioni, religiose, etniche, espressive dei vari centri. A misura che il dominio romano si viene consolidando, le formule «romane» ed ellenistiche diventano predominanti fino a diventare esclusive nel II secolo a.C.. L'ellenizzazione, di matrice forse tarantina, è invece dominante per le terrecotte architettoniche dove assistiamo ad una diffusione di tipi comuni, come la testa di Atena tra i tralci, che troviamo alla metà del IV secolo a. C. a Pompei al tempio del Foro Triangolare nella versione più plastica, e poi via via più secca e schematica nelle rielaborazioni successive di Capua e Fratte di Salerno.

L'apertura del grande porto-emporio internazionale di *Puteoli*, che soppiantò Napoli agli inizi del II secolo a. C., rappresentò l'innesto di una poderosa spina dorsale in questo sistema economico e produttivo; ed è significativo che, oltre alle grandi attività commerciali, nel nuovo porto si siano rapidamente sviluppate produzioni artigianali complementari a quelle di Capua, ad esempio del ferro, dei profumi (e poi dei relativi contenitori di vetro). *Puteoli* è in questo periodo il vero centro economico della regione, il maggiore d'Italia, un tutt'uno con la capitale, Roma. Qui convenivano i *negotiatores* di tutto il mondo ellenistico per commerciarvi grano, spezie, vino, vetri, schiavi, prodotti di lusso orientali destinati al sempre più esigente mercato romano. Si comprende perciò come nel 126 a. C. il poeta romano Lucilio parli di Pozzuoli come di una «Delo minore», paragonandola cioè all'isola dell'Egeo che in quel momento rappresentava il maggior centro di traffici del Mediterraneo.

Il riflesso della ricchezza dei traffici di Pozzuoli s'avverte chiaramente anche nella Pompei del tempo, che un ricco retroterra agricolo specializzato nella viticoltura metteva in condizione di condurre commerci, sia pure ad un livello molto minore di Pozzuoli, sia a Roma sia oltremare; le merci di ritorno mostrano l'ampiezza degli scambi: miele dalla Spagna, vini dalle isole greche, bracieri da Delo, ma anche mosaici e certamente, ancorché non ci siano testimoniati materialmente, schiavi colti, papiri letterari, gusti, mode ellenistiche. La città riprogetta radicalmente, alla luce dei canoni dell'architettura ellenistica, i suoi principali luoghi pubblici. Le mura, restaurate, sono integrate da nuove porte decorate con chiavi d'arco scolpite; nell'area del Foro, ridisegnata con nuovi porticati, sorgono la Basilica, il nuovo tempio di Apollo, il tempio di Giove; il quartiere del teatro e del tempio arcaico di Atena viene magistralmente riorganizzato in un unico disegno comprendente il nuovo *propylon* e il portico del foro triangolare, il monottero detto di Epidio, la palestra sannitica, il tempio di Iside, il tempio di Esculapio; il progetto doveva certamente prevedere anche il quadriportico dietro la scena del teatro (*porticus pone scaenam*) e l'odeon (*theatrum tectum*), poi realizzati entrambi dai magistrati della prima generazione della colonia sillana.

Il fenomeno è grandioso ed investe tanto l'architettura privata quanto quella pubblica; qui basti solo ricordare che appartengono a questo periodo le maggiori case di Pompei, come quella del Fauno, e che le loro decorazioni musive contano tra i capolavori assoluti dell'arte antica.

Mosaicisti, scalpellini, coroplasti, ma senza dubbio anche pittori, architetti, scultori, orefici, bronzisti, tutti purtroppo restati anonimi per noi, dovevano costituire un piccolo esercito di colti artigiani al servizio di aristocrazie campane e romane nella corsa all'abbellimento che in quest'epoca sembra coinvolgere città e santuari, nobili italici e proprietari di ville romani. Un'eco del modo di operare di quelle botteghe di artigiani e decoratori, peregrinanti di centro in centro, si può cogliere nell'attività di un *atelier* di intagliatori di pietra, specializzato in edifici da spettacolo, che ha lasciato le sue realizzazioni scultoree nei teatri di Sarno e di Pietrabbondante (in Molise, nel cuore dell'antico Sannio pentro) e nel *theatrum tectum* di Pompei. Che lo sfondo politico-economico contro cui tutta questa fioritura si collochi sia in ogni caso romano, lo mostra il motto di benvenuto latino «*have*» scritto a mosaico all'ingresso della casa del Fauno nell'ancora sannitica Pompei.

Se la grande scultura ha poca parte nella documentazione di questo periodo, e va ricordata come eccezionale a *Sinuessa* una splendida *Afrodite*, un originale di II secolo a.C. che ornava la villa di un patrizio romano ai piedi del Massico, relativamente più frequenti sono a Pompei le piccole statuette decorative in bronzo, peraltro di fattura squisita (ad es. *il Fauno* della casa omonima, il «*Narciso*», il *Satiro con l'otre*). Particolarmente interessanti come esempio di recezione piena del gusto ellenistico sono le terrecotte architettoniche di questo periodo, come il *fregio con scene di battaglia tra due schiere di cavalieri*, dal Foro Triangolare di Pompei, datato al III secolo a. C., ispirato ad un prototipo pittorico appartente a quel tipo di pitture di scene di battaglia fiorite sotto Alessandro e i suoi immediati successori; un genere che ebbe grande fortuna in Magna Grecia e nell'Italia romanizzata, come mostrano le varie rielaborazioni fattene, dal fregio di Civitalba a uno purtroppo perduto di *Cales*, per non dire del *mosaico di Alessandro*. E lo stesso si potrebbe dire della bella serie di capitelli figurati ornanti gli stipiti degli ingressi delle case aristocratiche pompeiane.

Il processo di rinnovamento di quest'epoca, documentato così riccamente a Pompei per la vicenda del tutto particolare della sua conservazione, ha lasciato tracce meno imponenti ma non meno significative anche in altre città della Campania; come a Cuma, nella risistemazione del Foro, una piazza di m 120 x 50 fiancheggiata da *tabernae*, dominata dal tempio di Giove: un periptero di III secolo a. C., con podio, cella a tre navate, circondata da un porticato in tufo a due ordini con colonne e semicolonne corinzie su pilastri ed un ricco epistilio scolpito con un fregio d'armi della fine del II secolo a.C.; o a Pozzuoli stessa, dove se il Serapeo, il più antico d'Italia, è noto solo dalla celebre *lex parieti faciendo*, cospicui avanzi restano della prima fase del *Capitolium* sul Rione Terra, con resti di una cospicua *decorazione frontonale* in terracotta ancora non studiata.

È questo il momento del fiorire degli edifici da spettacolo; sia teatri, come quello pertinente ad un complesso di santuario a Sarno, di Nocera, di Cuma (ricordato da iscrizioni), di Teano, di *Cales*, il *theatrum exaggeratum* di Capua ricordato da un'iscrizione dei *magistri Campani* del 108 a.C.; sia anfiteatri, un tipo architettonico per il quale la Campania vanta un indiscusso primato in Italia: con la prima arena di Capua, di età graccana o poco posteriore, quella di *Puteoli*, della fine del II secolo a.C. in opera incerta di tufo, quella di Cuma, ora in corso di esplorazione, quella da poco identificata a Benevento. Questo pullulare di edifici di così grande impegno fu favorito e accompagnato dallo sviluppo di nuove esperienze della tecnologia costruttiva che con l'opera cementizia sfruttava al meglio anche la disponibilità di manodopera servile; dall'uso della malta di pozzolana, che troviamo già nel restauro, appaltato nel 168 a.C., delle mura di *Calatia*, alle prime esperienze di cupole a conci parallelepipedi, come quella attestata già alla metà del II secolo a.C. nelle terme nella parte bassa del santuario di Diana Tifatina, all'uso del reticolato, documentato dai primi decenni del I secolo a.C..

Un altro fondamentale elemento indotto dalla romanizzazione fu il fenomeno delle ville. Luogo dello spirito prima ancora che luogo fisico, la villa fu la soluzione elaborata dall'aristocrazia romana per risolvere, sia pure nel privato dell'*otium*, l'opposizione tra l'angustia del rigido costume tradizionale e il fascino di quella cultura ellenistica che era il portato ineliminabile del nuovo assetto del mondo romano. E la Campania era per i Romani, con le sue antichissime tradizioni elleniche emananti da Cuma a Poseidonia a Velia, e ancor più con l'orgogliosa attualità della cultura vivente a *Neapolis*, la più prossima ed autentica Grecia.

È stato ipotizzato con buoni argomenti che gli Scipioni e il loro circolo abbiano avuto un ruolo fondamentale nella nascita di questo atteggiamento; certamente tra i primi a frequentare i Campi Flegrei annoveriamo Cornelia, figlia dell'Africano, nella sua villa di Miseno, ed ancor prima il console del 176 a. C., Cneo Cornelio Scipione Ispallo, venuto alle acque cumane a curare le sue infermità. Ed infatti accanto al fascino intellettuale della sua cultura la Campania poteva offrire anche i vantaggi di una ricchezza prodigiosa di acque termali delle quali, secondo i dettami della medicina ellenistica, altamente si stimavano i vantaggi. E non solo nella regione flegrea: qualche anno più tardi Emilio Paolo andrà a curare i suoi acciacchi nelle acque e nel clima mite di Velia, dove risiedeva una celebre scuola di medicina che si faceva risalire allo stesso Parmenide (una terma ellenistica collegata ad un grandioso impianto architettonico a terrazze si è da poco scoperta presso la fonte Hyele, a conferma di questa notizia antica) e, molto tempo dopo, sarà ad *Atella* che il medico Marco Antonio Musa guarirà Augusto con una nuova terapia di bagni freddi di sua invenzione.

Hanno ancora il nome di ville, ma si tratta invece di impianti a carattere più decisamente produttivo – ancorché possa esservi una parte residenziale, secondo i precetti di Catone – quelli che accompagnano le deduzioni coloniarie o in genere gli insediamenti nelle aree più spiccatamente agricole: così quelle che assicuravano la produzione dei più celebri vini romani di quest'epoca, il Falerno, il Caleno; così la villa in località Posto di Francolise (CE) e le altre sulle pendici meridionali ed occidentali del Massico, nell'agro Falerno, nel territorio di *Sinuessa* ed in quello di *Cales*, o quella di Lauro di Nola (NA), caratterizzate talora dall'uso attardato della tecnica poligonale. La campagna era peraltro anche il sito di santuari, taluni risalenti all'età arcaica, ora spesso diventati centro di villaggi rurali. Un esempio è il tempietto dionisiaco di contrada Sant'Abbondio di Pompei, che ha restituito un bel frontone a rilievo con Libero e Libera, ora all'Antiquarium degli Scavi, o il santuario, di recente identificato, in località Privati di Castellammare di Stabia.

Una brusca accelerazione al processo di omogeneizzazione romana della Campania venne con la guerra sociale (91-89 a.C.) e la conseguente disfatta degli Italici. Colonie di veterani sillani si insediarono in centri di nuova costituzione (così sembra il caso di *Urbana* nell'agro Falerno) o in città preesistenti come a *Suessula*, a Pompei (ora ribattezzata *Colonia Cornelia Veneria Pompeianorum*), a Nola, ad *Abella*. La riorganizzazione territoriale fu condotta sotto lo strettissimo controllo dell'aristocrazia senatoria ed in gran parte fu opera personale dello stesso Silla, mediante i suoi luogotenenti; il destino di *Stabiae*, antico centro osco della federazione nucerina, distrutto e annullato come entità urbana autonoma, o quello dei santuari del Sannio interno, rasi al suolo dalle fondamenta, mostra quanto fu spietata la punizione inflitta agli Italici. Sul piano propriamente culturale la nuova ondata di romanizzazione fu quanto mai radicale: cambiate le leggi e le istituzioni amministrative, cambiati gli altari e i riti per le divinità, cambiati i pesi e le misure, la stessa lingua osca declinò e scomparve rapidamente. Solo Napoli e Velia, delle antiche colonie greche, poterono conservare, ed anzi esaltare, con la lingua, quelle tradizioni culturali elleniche che, del resto, svuotate di ogni contenuto politico, non comportavano alcun pericolo per Roma. Silla stesso deponeva a Napoli la toga per indossare la clamide greca; all'insegnamento

I principali centri della Campania romana

Alla pagina seguente:
Rilievo marmoreo con scene di gladiatori, da Pompei, fuori Porta Stabiana, tomba di Clovatius o di A. Clodius Flaccus

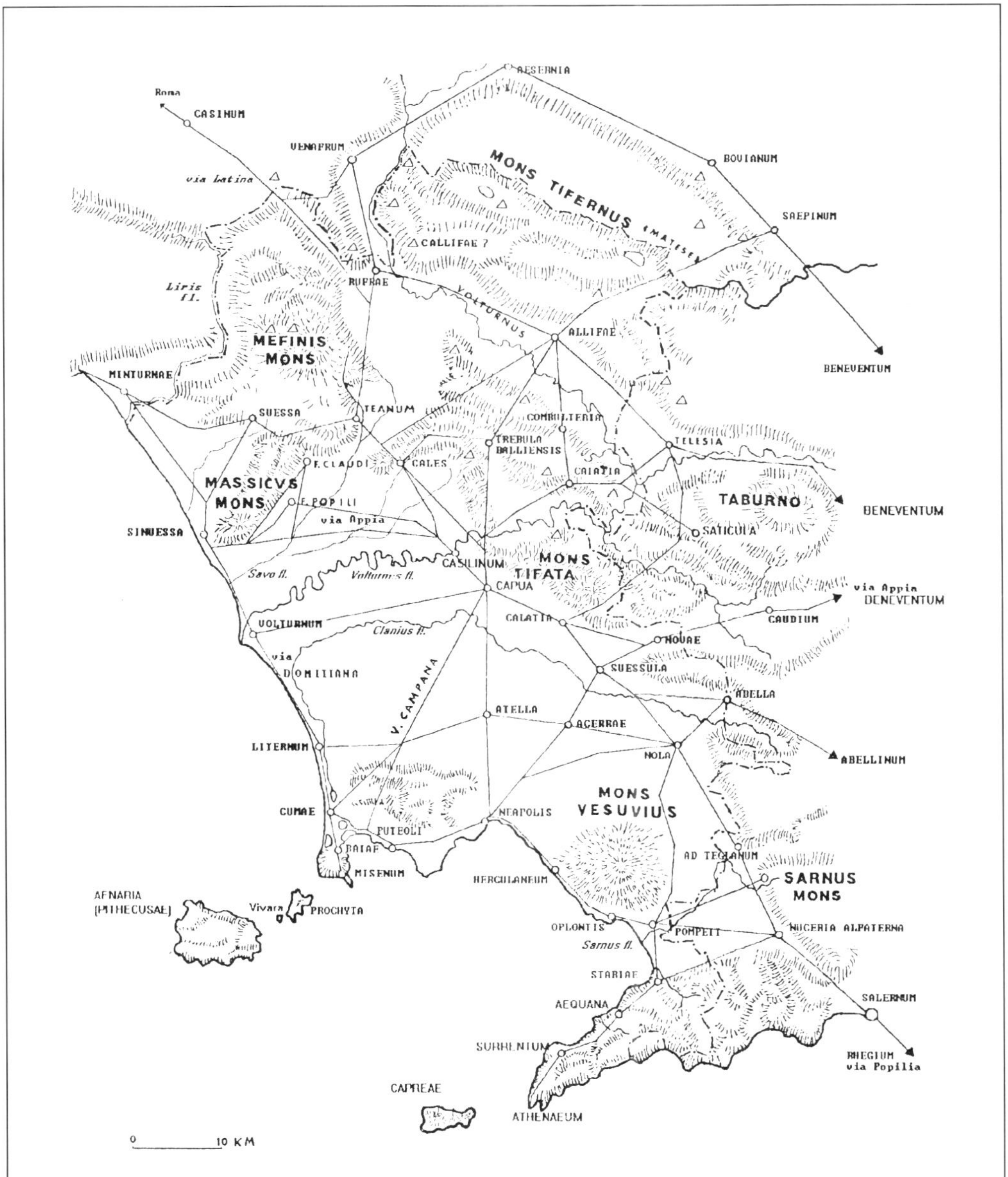

delle sue scuole di filosofia, del peripatetico Staseas, dell'accademico Dione, dell'epicureo Filodemo, accorrevano i giovani romani (si pensi a Virgilio). Iaia di Cizico, pittrice di ritratti, sembrava continuarvi la grande tradizione della pittura classica; medici e naturalisti, grammatici e retori, poeti, scrittori, registi di teatro completavano il quadro del più grande centro culturale dell'Italia del tempo.

Meglio di ogni altra città, è tuttavia ancora Pompei che ci ha conservato, ovviamente fino al 79 d. C., la possibilità di seguire l'evoluzione di una media città campana in età romana. Accanto a fenomeni di continuità con la fase presillana, come il già ricordato completamento dell'intervento sul quartiere dei Teatri, assistiamo all'avvio di nuovi progetti: taluni, come la costruzione dell'anfiteatro al margine est della città o delle nuove terme del Foro, appaiono legati alla tradizione campana degli spettacoli e del termalismo; altri, come il nuovo santuario a terrazze per la Venere protettrice della nuova colonia, richiamano tradizioni più propriamente romane e laziali.

Gran peso ha in queste opere pubbliche l'evergetismo di illustri personaggi, legati all'aristocrazia romana, la cui influenza si estende oltre la sfera della singola città: tipico è il caso di quel Caio Quinzio Valgo che compare a Pompei come magistrato promotore della costruzione del *theatrum tectum* e dell'anfiteatro; a Frigento (AV) in un'iscrizione da un *municipium* ancora anonimo appare come realizzatore del muro di fortificazione, delle porte, del foro, di una *porticus*, di una *curia*; e ad *Aeclanum* (Mirabella Eclano, AV) è ancora attivo in qualche altra impresa dello stesso tipo. Tutte le opere curate mostrano significative assonanze, rispecchiando evidentemente un repertorio di monumenti ritenuti essenziali al decoro di una città: e parimenti, nella realtà monumentale conservataci, alle terme del Foro di Pompei fanno riscontro quelle di *Cales*; all'anfiteatro di Pompei quello quasi gemello di Avella (*Abella*) e, quelli meno noti, di *Atella*, Nola, *Telesia*, *Cales*, Teano, Sessa Aurunca, *Paestum*, il teatro di Alife. Tipici dell'epoca e del suo gusto per le architetture terrazzate sono anche i criptoportici: il più grande è a Capua, nell'area del Foro, altri sono nel Rione Terra a *Puteoli*, a Sessa Aurunca, ad Alife, alla Starza di Mondragone (CE) (*pagus Sarclanus*). Notevole è inoltre l'impegno profuso nel restauro delle mura urbiche, anch'esse sentite, oltre che come necessità dei tempi, come segno di prestigio della comunità: realizzate nelle diverse tecniche strutturali in uso al tempo (incerto, reticolato, quasi reticolato), ricordiamo quelle di *Allifae*, di Atripalda (*Colonia Veneria Abellinatium*), di *Telesia*, di *Aeclanum*.

Ma lo sviluppo architettonico appare in questo periodo intensissimo soprattutto nella regione flegrea: qui sorgono le lussuose ville dell'aristocrazia romana, costruite a terrazza, *more Baiano*, per godere ad un tempo, nei quartieri più bassi, della prossimità della spiaggia, ed in quelli superiori, sulle pendici delle colline flegree, dell'incomparabile bellezza del paesaggio del golfo. Qui immaginiamo volentieri pensate, se non scritte, le prime pagine latine descriventi con commossa partecipazione un paesaggio marino, quelle del lucreziano *De rerum natura*: «*dulce, mari magno turbantibus aequora ventis*...».

Qui, del resto, la natura vulcanica della regione forniva con i suoi crateri, attivi o spenti, spunto alle invenzioni (o meglio al perfezionamento) funzionali alla crescente *luxuria* dell'aristocrazia romana: per due di questi ritrovati è diventato celebre il nome di *Caius Sergius Orata*, cavaliere e lodato inventore dei bacini per ostricultura (cozze erano già rappresentate sulle monete di Cuma greca) e piscicultura (*vivaria*), un impiego dei più adatti per ambienti come il Lucrino o il Fusaro o per vasche appositamente costruite sulla costa, e dei *balinea pensilia*, cioè le terme con le *suspensurae*, forse alimentate da fumarole vulcaniche. E, profittando di una tale generosità della natura, a Baia sorgono ora le prime grandi terme del complesso oggi in luce, quelle dette della Sosandra, con sviluppo a terrazze scenograficamente disposte (portico inferiore, teatro-ninfeo intermedio, residenza superiore) tipico di questa fase.

Poco purtroppo ci resta dell'altro grande centro di sviluppo della regione: Capua, beneficiante di grande prosperità grazie ai legami strettissimi coll'emporio puteolano e alla posizione chiave nella rete stradale della Campania (che valorizzava al massimo l'antica tradizione delle sue botteghe artigiane specializzate: famosi

erano soprattutto i suoi bronzi, la «*Campana supellex*»).Tra gli episodi significativi del tempo ricordiamo a Sant'Angelo in Formis, sede dell'antico e importantissimo culto di Diana Tifatina, la ricostruzione, a cura dei *magistri* – come ricordano le iscrizioni dedicatorie sul pavimento in mosaico restato in uso della chiesa cristiana – del tempio e delle colonne con i fondi del tesoro. Un elemento sostanzialmente nuovo nel paesaggio architettonico della Campania, portato della romanizzazione, era il monumento funerario. La città ellenistica aveva invero occasionalmente conosciuto, soprattutto a Napoli e in qualche altro centro (Capua, Atella, Atripalda), il tipo della tomba ipogeica, con esiti anche di grande interesse nella decorazione pittorica, a stucchi e nel corredo di rilievi scultorei. Ma nonostante questi precedenti, si può dire che la vera trasformazione dell'aspetto delle necropoli della Campania, con la monumentalizzazione delle strade extraurbane grazie al sistematico impianto di grandi e piccoli monumenti sepolcrali, ornati di sculture e rilievi, sia proprio dovuto all'arrivo dei coloni romani con la loro specifica ideologia gentilizia. E in rapporto a queste manifestazioni, la scultura ci ha conservato singolari esempi dell'ultimo trasparire di quel linguaggio italico, peraltro ormai soccombente: tra la fine della repubblica e i primi decenni dell'impero possiamo ricordare le numerose sculture a mezzo busto inserite nelle edicole ellenizzanti di Capua, profondamente incise come lavori in legno e adoperanti lo stesso linguaggio un po' stanco delle ultime «madri di Capua», anch'esse datate a quest'epoca; o il vivace realismo dei rilievi con scene di bottega, illustranti il mestiere del defunto; o, dalle necropoli di Pompei, singolari segnacoli a metà tra il segnacolo aniconico e il ritratto. Ma, al di là di queste manifestazioni, è ormai il linguaggio dell'ellenismo rivissuto dai Romani a dominare, pur nelle caratterizzazioni locali, l'arte funeraria. Un artigianato artistico specializzato va formandosi in ogni centro; e assistiamo da un lato al diffondersi omogeneo, soprattutto nella pianura e sulla costa, dei più diffusi tipi di ascendenza ellenistica, già adottati dalla *nobilitas* romana: a basamento circolare (a Capua ricordiamo le «Carceri Vecchie» della fine della repubblica, a Pompei la tomba di Eumachia, degli inizi dell'impero), a dado con leoni funerari, a *naiskos*; a facciata di casa, a triclinio, ma anche semplici recinti; dall'altro, soprattutto nelle aree interne, all'articolarsi di sottotipi locali, verosimilmente in rapporto con i flussi migratori dei coloni: tombe con decorazione a triglifi e metope figurate, cippi antropomorfi ed edicole funerarie con figure inserite, con diffusione prevalente nelle aree interne (oltre a Capua, Benevento, *Abellinum*, ma anche Pompei), raffigurazioni di porte di città (*Abellinum*, *Aeclanum*, Capua).
Alla tradizione greca, ma più nettamente differenziandosi dal quadro della coeva produzione campana, si rifà Napoli: allorché, nel riutilizzare parte degli ipogei ellenistici, produce nel corso del I secolo d. C. una serie di *rilievi funerari*, in marmo e in terracotta, che derivano strettamente, unici in Italia, dalle esperienze greche, in particolare dai rilievi tardoellenistici di *Rhenea* e romani di *Paros*, *Naxos*, *Syros* etc.; inquadrati in cornici architettoniche, i personaggi appaiono costantemente nel gesto della stretta di mano del congedo, tipico dell'ideologia funeraria greca, come greci sono del resto la lingua ed il formulario delle iscrizioni col caratteristico *chrestè chaire* («ottimo, addio»).
Seguiremo a suo tempo, per le città vesuviane, lo sviluppo dell'edilizia domestica; qui basti ricordare come su di essa agisca il modello culturale delle grandi ville d'*otium* di cui pullula la costa napoletana. Dal momento in cui si costituì intorno alla figura del *princeps* una corte imperiale, e da quando questa prese l'abitudine di soggiornare più o meno a lungo a Baia, nei palazzi che a mano a mano gli imperatori vi eressero o acquisirono dai privati, il sogno di una villa baiana dovette essere riservato solo alla più potente aristocrazia della capitale. La continuità della villeggiatura imperiale a Baia è testimoniata dalle visite di Augusto, Tiberio, Claudio, Nerone, Domiziano, Adriano, Settimio Severo, Alessandro Severo, e dalle proprietà private vi ebbero Marco Aurelio e Antonino Pio. Non si è ancora identificato con certezza il palazzo imperiale. All'estremità est del golfo di Baia, nella zona di Punta Epitaffio, la recente scoperta di un ninfeotriclinio sommerso dal bradisismo, decorato da statue, uno straordinario insieme della metà ca. del I secolo, ha fatto qui supporre il *praetorium* di Claudio. Il complesso comprende infatti oltre alle sculture di Ulisse e Baio, facenti parte di una scena dell'accecamento di Polifemo (lo stesso tema ritorna nell'antro di Sperlonga nella villa tiberiana) collocate nella nicchia di fronte all'ingresso, due statue di Dioniso e statue di personaggi della famiglia imperiale (il complesso è al Museo dei Campi Flegrei nel Castello di Baia).
Ma la vita di villa della corte imperiale e del suo *entourage* non si limitava a Baia; ancora alla proprietà imperiale faceva infatti capo, pervenutavi con l'eredità del ricchissimo cavaliere beneventano Publio Vedio Pollione, la villa napoletana del *Pausilypon*, che ha dato il nome alla collina di Posillipo: un immenso complesso di cui sono finora in luce un teatro con una piscina per spettacoli acquatici (un *unicum* per quest'epoca), un *odeion*, e sale termali; da esso son venute al Museo di Napoli raffinate sculture come il gruppo della *Nereide su pistrice* e la *statua di negro*; inoltre una grande villa imperiale era a Sorrento, frequentata ancora nel II secolo (una testimonianza della scultura sorrentina è al Museo la *statua di pugile* firmata dallo scultore di Afrodisia Koblanos); per non dire delle ville di Pompei o di Nola, dove Augusto stesso morì. Ma la più celebre delle ville imperiali del golfo era la villa, o meglio il complesso di ville, con cui Tiberio attrezzò l'isola di Capri; in realtà l'isola, divenuta con Augusto interamente di proprietà imperiale, era tutta una villa, con i diversi complessi, di *Villa Jovis*, di Palazzo a Mare, di Damecuta, della Grotta Azzur-

ra, assommanti tutte le possibili ricercatezze e le diverse caratteristiche dell'architettura di villa del tempo. L'altissima qualità architettonica e dell'arredo decorativo traspare anche dai brandelli che sono sopravvissuti, preziosi pavimenti in marmi colorati come quello trasportato nella Reggia di Capodimonte, qualche scultura decorativa, le statue a tema marino della Grotta Azzurra, trasformata in uno straordinario ninfeo del soprastante complesso delle Gradelle annesso forse alla villa di Damecuta. Non c'è dubbio che in questo grandioso esempio di un intero ambiente naturale come un'isola impiegato per l'architettura di villa vada ricercato il modello delle più tarde esperienze neroniane di Subiaco e della *Domus Aurea*, della villa di Domiziano a Castelgandolfo o della villa Adriana presso Tivoli.

Naturalmente a monte di tutto questo v'era il nuovo assetto politico del principato. La fine delle guerre civili, con la battaglia di Azio e l'imporsi del nuovo regime augusteo, aveva segnato per tutta l'Italia l'inizio di una fase di assestamento, stabilizzazione e ripresa degli organismi urbani; in Campania, consolidato ormai anche istituzionalmente il rapporto diretto con Roma con la costituzione dell'unica *Regio I* (*Latium et Campania*) nel nuovo ordinamento augusteo dell'Italia, le premesse poste negli ultimi due secoli trovarono pieno sviluppo. In tutta la regione si dispiegò un vasto programma di opere pubbliche, con la creazione o il potenziamento di infrastrutture di carattere militare e civile. La rete stradale regionale fu potenziata: evidenti tracce restano soprattutto nei grandi trafori dell'area flegrea: la grotta del monte di Cuma, tra il Foro di Cuma ed il porto, quella dell'Averno, tra il lago d'Averno e Cuma, quella «della Sibilla» tra il Lucrino e l'Averno, la grotta di Seiano, in funzione della villa *Pausilypon*, e la *crypta Neapolitana*, aperta sotto la collina di Posillipo per abbreviare la strada tra Napoli e i Campi Flegrei.

Abortito – non senza lasciare tracce tuttora rilevanti nel paesaggio costiero – il grandioso progetto neroniano di un canale artificiale tra il porto di *Puteoli* ed il Tevere (la *fossa Neronis*), la ripresa ed il completamento del sistema furono rappresentati, nell'età di Domiziano, dall'apertura della via detta appunto *Domitiana* (95 d. C.) da *Puteoli* a *Sinuessa*, con tracciato completamente litoraneo in un ambiente poco favorevole a causa delle paludi, a Cuma (Arco Felice); e, sotto Traiano, dall'apertura dell'*Appia Traiana*, una variante dell'Appia da Benevento per Brindisi. Grande importanza ebbe anche, per tutta la regione vesuviana e flegrea la costruzione, in età augustea, dell'acquedotto del Serino; fatto per alimentare il porto militare di Miseno, restaurato da Costantino, esso rappresenta una delle maggiori imprese del suo genere per la portata, per i circa 100 chilometri di lunghezza, e per le notevoli opere d'ingegneria impiegate: gli ampi tratti di viadotto, le profonde gallerie con cui attraversava i monti di Forino e della Laura e, non ultime, le grandiose cisterne che ne costituiscono gli sbocchi terminali nell'area flegrea: la spettacolare *piscina Mirabilis* di Bacoli, quella detta «cento Camerelle» e le «piscine» di Pozzuoli (Cardito, Lusciano, etc) ora integrate dalla scoperta di un complesso *castellum aquae*. Numerose diramazioni lungo il percorso alimentavano inoltre le maggiori città limitrofe, come Nola, *Atella*, Acerra, Pompei e la stessa Napoli, dove alcune arcate, i «Ponti Rossi», costituiscono da sempre uno dei riferimenti tradizionali del paesaggio cittadino.

E ancora una volta a Pompei possiamo compiutamente cogliere le trasformazioni indotte dall'arrivo dell'acquedotto in una città: in luogo delle vecchie cisterne per l'acqua piovana e dei pozzi freatici, una rete capillare di distribuzione in tutti i quartieri, nuove fontane pubbliche, un pullulare di lavanderie, una miriade di fontane che cambiano il volto delle abitazioni private con statue-fontana, vasi-fontana, ninfei a mosaico, triclini acquatici: elementi tutti mutuati dall'ambito decorativo e dal modo di vivere della villa urbana, ed in termini sociali, della *nobilitas*, al cui modello di vita nuove classi sociali quali le borghesie municipali e il ceto avanzante dei liberti venivano avvicinandosi. Né, naturalmente, il potenziamento della rete idrica, che a *Puteoli* era integrato dall'acquedotto campano, era limitato alla sola area napoletano-flegrea: ché altri acquedotti conosciamo ad *Abellinum* e *Beneventum*, a Capua, alimentato dalle acque del Tifata, a Cava dei Tirreni e a Pontecagnano, presso il sito di *Picentia*.

Il cuore della Campania romana resta anche in età imperiale la regione flegrea. Sopratutto perché qui, a Pozzuoli e a Miseno, erano i maggiori porti, quello commerciale e quello militare, di Roma. Benché affiancato, a partire dall'età di Claudio, da Ostia che poi gli subentrerà quasi totalmente nella funzione di porto di Roma, il porto di Pozzuoli col nuovo grande molo di età augustea (c.d. molo caligoliano), ad arcate su piloni gettati sul fondo del mare (*opus pilarum*), rappresentò ancora fino al III secolo d. C. un emporio di grandissima importanza mediterranea, e ricevette perciò le maggiori attenzioni dell'amministrazione imperiale. La costa fino a Baia (la *ripa Puteolana*) andò progressivamente riempiendosi di edifici, per lo più di natura commerciale accanto ad altri di natura celebrativa, il tutto in un sontuoso ed articolatissimo *continuum* di edifici che già gli antichi ritenevano spettacolo straordinario e di cui ci resta un qualche ricordo nelle raffigurazioni schematiche del paesaggio urbano che ornano una serie di flaconi tardoantichi (fine III- IV secolo) di vetro, veri e propri *souvenirs* con iscrizioni beneauguranti.

Quanto alla base della flotta militare, le cui funzioni erano state originariamente assolte dal porto della colonia puteolana del 194 a. C., le vicende della guerra contro Sesto Pompeo avevano reso necessarie nuove e più efficienti attrezzature; Agrippa, che comandava la flotta di Ottaviano, ideò per essa un nuovo, esclusivo porto: il *portus Julius*, in due bacini naturali, antichi laghi vulcanici, posti sulla costa tra Pozzuoli e Baia. Il lago d'Averno, spogliato dei boschi che ricoprivano le pareti del cratere (sì che da allora perse l'aura di religioso mistero che aveva fino ad allora avvolto l'antico ingresso all'Ade), fu collegato con un canale appositamente tagliato all'avamporto del lago di Lucrino, e questo al mare aperto; è probabile che l'ingegnere di un tal progetto sia stato quello stesso Lucio Cocceio *architectus* che realizzò il traforo stradale tra il lago d'Averno e Cuma e che a Pozzuoli, probabilmente in connessione con la deduzione di una nuova colonia augustea, aveva costruito il tempio marmoreo detto di Augusto, in realtà il *Capitolium*. L'edificio, uno pseudoperiptero di ordine corinzio giuntoci perfettamente conservato nell'odierna cattedrale di San Procolo al Rione Terra, costituisce un mirabile esempio del classicismo augusteo nel nitore un po' accademico delle linee e fin nei dettagli della decorazione vegetale delle antefisse marmoree.

La vita del *portus Julius* fu però molto breve, forse per la tendenza all'insabbiamento del Lucrino; appena dopo Azio, fu necessario spostare la flotta in un nuovo porto e questa volta la scelta cadde su Miseno: ancora un bacino doppio (Mare Morto e porto di Miseno) congiunti da un largo canale attraversato da una strada con un ponte mobile. Sede da allora della flotta pretoria misenate, Miseno ricevette una colonia militare di cui resta, oltre al teatro, parte di alcuni edifici nell'area del foro, tra cui il sacello degli Augustali, il cui ricco apparato decorativo di marmi e iscrizioni è ora allestito nel Museo dei Campi Flegrei al Castello di Baia.

Tutte le città flegree, del resto, ricevettero incrementi notevolissimi nella prima età imperiale, anche in grazia del recupero, che è fondamentale elemento della politica augustea, delle tradizioni e dei culti più antichi del passato di Roma, nei quali proprio l'area flegrea, dall'antro della Sibilla all'ingresso agli Inferi, aveva avuto una parte di grande rilievo; ora tra l'altro codificata e celebrata nel nuovo poema nazionale, l'Eneide virgiliana, espressamente voluto da Augusto. Certamente i monumenti flegrei di quei miti e di quei culti, dal tempio di Apollo cumano da dove venivano a Roma i libri sibillini, al tempio di Demetra cumana da dove anticamente i Romani facevano venire le sacerdotesse del culto di Cerere a Roma, furono restaurati in questo momento; e lo stesso clima si intravede anche dietro monumenti simili in altre città del golfo di Napoli, come il tempio dei Dioscuri a Napoli (poi chiesa di San Paolo Maggiore), o il restaurato tempio di Apollo a Pompei per il quale furono istituiti nuovi *ludi Apollinares*. Un interessantissimo documento scultoreo di questa atmosfera religiosa è la base marmorea di Sorrento (ivi, nel Museo Correale), con figure a rilievo di divinità in corteo, espressione perfetta dell'ideologia e delle tendenze artistiche classicistiche del momento. Né è forse un caso che da Cuma venga quella statua di *Diomede* (al Museo di Napoli), copia di un originale greco di V secolo a. C. attribuito a Cresila, raffigurato in una celebre gesta dell'epopea troiana, il ratto del Palladio.

Gli effetti dei tempi nuovi si risentono anche in una serie di edifici o sacelli di culto imperiale, o solo genericamente religiosi, che ora vengono a rinnovare profondamente l'architettura pubblica delle città della Campania: come avremo modo di vedere in dettaglio, per Pompei ed Ercolano.

Il panorama dell'architettura e delle altre manifestazioni artistiche religiose nella Campania romana s'arricchisce inoltre di quelle testimonianze di culti stranieri i quali, sia che approdassero a Pozzuoli sia che venissero per via di terra da Brindisi insieme ai prodotti del commercio, incontravano la Campania nel loro tragitto verso Roma. S'è già ricordata la *lex parieti faciendo* del 105 a.C., l'iscrizione puteolana che ricorda un tempio di Serapide. Restato ignoto il tempio di Iside puteolano, il suo gemello di Pompei ci permette tuttavia di farci, come vedremo, un'idea abbastanza precisa delle caratteristiche di un luogo di culto isiaco in età imperiale.

È perciò da dolersi che solo pochi, ancorché insigni, frustuli, obelischi e varie sculture, ci restino del restauro del tempio d'Iside che qualche diecina di anni dopo, nell'88 d. C., Domiziano fece eseguire a Benevento in un santuario già fiorente dalla metà del I secolo a. C. Dell'Iseo di Napoli non abbiamo altre testimonianze se non un'iscrizione greca e la famosa statua del Nilo, rinvenuta nel quartiere detto nel Medioevo degli Alessandrini, ma altri documenti da Acerra, da Carinola, da Capua testimoniano del diffondersi del culto anche negli altri centri della regione

Del resto una rapida indagine a questo fine ci permetterebbe di recuperare, soprattutto nell'area flegrea, nel mondo cosmopolita dei mercanti puteolani (recenti scoperte di graffiti ne hanno rintracciato i nomi nelle wadi nubiane sulle piste carovaniere per il mar Rosso) e dei *classiarii* misenati, le testimonianze dei culti più esotici, dalla *Magna Mater*, la frigia Cibele che a Baia prende il nome di *Magna Mater Baiana*, a Mâ, altra dea frigia identificata con Bellona, alla *Dea Syria* (*Atargatis* di Ierapoli), ai vari Baal delle città siriane (*Juppiter Heliopolitanus*, il *Damascenus*, il *Dolichenus*), alla punica *Caelestis* per la quale un'iscrizione ricorda un tempio (*thalame*) a Pozzuoli, fino all'arabo nabateo *Dusares*, testimoniato da un altare con betili rinvenuto sotto il mare e da alcune iscrizioni puteolane, e col quale è stato di recente identificato un busto colossale marmoreo della fine del II secolo ai Musei Vaticani, già ritenuto del dio Hadad e proveniente dai Campi Flegrei; mentre a relazioni con mondi ancor più remoti allude la statuetta eburnea, trovata a Pompei, della dea indù Lakshmi.

Ma è il culto di Mitra, il dio persiano che contese a lungo la supremazia al Cristianesimo, che ci ha lasciato nella regione alcuni monumenti di grande rilievo: soprattutto il mitreo di Capua, della fine del II secolo, luogo di culto sotterraneo in forma di galleria coperta a volta e decorata da pitture religiose con l'immagine del dio uccisore del toro nella grotta sacra, attorniato dagli esseri del suo mito. La stessa scena, evidentemente da altri mitrei, è rappresentata in rilievi da Capri e da Napoli.

Per rispondere alle esigenze celebrative della dinastia si diffonde anche nelle città campane la moda degli archi onorari. L'integrale conservazione delle città vesuviane ci dà conto dei vari archi in laterizio rivestiti di lastre di marmo e sormontati da statue a Pompei, e di quello a quattro fornici rivestito di stucchi e decorato da gruppi scultorei bronzei a Ercolano, ma il tipo è soprattutto illustrato dall'arco di Traiano a Benevento, il monumento di scultura ufficiale più importante della Campania e tra i maggiori dell'arte romana. Di un altro arco nella stessa città, detto del Sacramento, resta solo la nuda struttura edilizia. Di altri monumenti commemorativi o onorari nelle varie città della Campania restano solo frammenti, appena sufficienti comunque ad attestarne l'esistenza. Così per l'arco onorario di Capua sull'Appia, nel tratto verso *Casilinum*, una struttura di II secolo a tre fornici conservata solo in pochi elementi della semplice struttura architettonica e che potrebbe essere in relazione, come quello di Benevento, con la risistemazione traianea della strada.

Da ricordare in questa classe di monumenti è inoltre un rilievo di età augustea dall'area del Foro di Salerno; o la *base marmorea da Puteoli* col ricordo delle città d'Asia afflitte dal terremoto; o quella, di età antonina, dalla stessa Pozzuoli con personificazione delle provincie (mentre nulla resta purtroppo degli archi trionfali con ricca decorazione scultorea di tema marino, che decoravano le estremità del molo della stessa città); o la base circolare marmorea dal foro di *Abellinum*; o i rilievi con fregio d'armi, di II secolo d. C., da Sorrento (ivi, Museo Correale); o il *torso marmoreo loricato* rinvenuto a Napoli, a Fuorigrotta, parte di un monumento ufficiale di età antonina, collocato in prossimità della *via per cryptam* per Pozzuoli.

Né, a tal proposito, va qui dimenticata la densa folla di statue di imperatori e di principi che decoravano le piazze e i monumenti pubblici, e spesso le stesse case private, come segno di devozione e lealismo politico, in tutte le città della Campania, e di cui numerosi esempi restano in tutti i musei della regione. Per non dire delle statue dei privati cittadini: tutti, dal seviro Augustale di più fresca nomina al più titolato consolare, ambivano, e spesso ottenevano, una (o più) immagine che si sperava eterna garanzia della propria più o meno larga fama: una quantità inverosimile di statue, busti, immagini clipeate, statue equestri, in marmo o in bronzo, nel foro, nel teatro, nell'anfiteatro, nelle terme, nei santuari, sulla tomba.

Come accade a Roma, ad esprimere la munificenza del *princeps* o delle classi dirigenti municipali che interpretavano su scala locale le direttive del nuovo regime, le città di tutta la regione si arricchiscono di nuovi edifici pubblici, soprattutto di quelli più popolari, le terme, gli anfiteatri, i teatri. A Pompei ben cinque terme pubbliche attestano la grande popolarità di questi impianti anche in una città di medie dimensioni; le ultime in ordine di tempo, le cosiddette Terme Centrali, costruite sullo spazio di quattro insule distrutte dal terremoto del 62 d. C., mostrano che si era ormai imboccata anche in Campania la strada dei grandi impianti di tipo urbano. Se i bagni più antichi erano ancora collocati in pieno centro, ai margini del foro, la folla e il disordine che sempre più essi richiamavano, e al tempo stesso la necessità di grandi aree libere per impianti sempre più colossali, spingeva ora sovente i magistrati ad ubicare le nuove terme fuori delle mura, sia pure a spese della fascia del pomerio: così per quelle di Pompei fuori Porta Marina e per quelle suburbane di Ercolano; ma anche a Capua e a Napoli.

A Pozzuoli ci restano i grandiosi ruderi adrianei delle terme di Nettuno, delle terme del Foro (Bagno Ortodonico) e di quelle di via Ragnisco, e a Cuma le terme del Foro di età domizianea. Ma è soprattutto a Baia che le costruzioni termali fanno le loro prove più ardite e precoci, sperimentando quasi le soluzioni poi adottate a Roma, nelle grandi aule a pianta circolare o poligonale coperte da svelte cupole (i «trugli» della tradizione medioevale, i «templi» di quella umanistica), che destano ancora oggi meraviglia per la loro imponenza e restano tuttora da indagare nella loro esatta funzione all'interno dei complessi termali.

La moda delle terme non conoscerà in Campania pause in età imperiale: il clima mite, l'abbondanza di acque, richiameranno costantemente visitatori; e talvolta il termalismo ispirerà recuperi di tradizione classicistica che a Ischia, sul suolo dell'antica *Pithecusae*, può perfino avere un sapore di genuinità: così nel santuario delle Ninfe Nitrodi, le dee locali delle acque salutari, onorate con offerte di rilievi scultorei di ascendenza greca.

Se a Roma il teatro era stato a lungo sentito come un elemento allogeno, in Campania esso affondava le sue radici nella tradizione più antica della regione, sia in quella greca sia in quella italica che aveva sviluppato peculiari forme teatrali come la *fabula Atellana*. Non stupisce perciò che il precoce sviluppo di teatri che abbiamo visto nella regione sia continuato e, se possibile, accelerato in età imperiale. Non conosciamo il teatro più antico di Napoli, che forse dobbiamo supporre nell'area ove poi in età giulio-claudia si costruirà l'edificio in cui si esibiranno Claudio e Nerone. Come a Pompei, accanto al teatro napoletano sorgeva un *odeion*, un *theatrum tectum* per dirla alla latina, del quale poco resta; e dobbiamo qui ricordare che gli agoni musicali furono sempre una componente essenziale dei ludi napoletani, ivi comprese le grandi manifestazioni quadriennali istituite da Augusto e dette *Isolympie* (cioè pari in dignità alle Olimpiadi). Di grande interesse per lo studio del tipo architettonico in età augustea e per l'eccellente stato di conservazione in cui ci è giunto (si tratta del primo scavo vesuviano nel Settecento), è il teatro di Ercolano, rinvenuto intatto sotto la coltre dell'eruzione vesuviana con tutta la decorazione scultorea della scena, e in primo luogo le molte statue dei munifici costruttori, i *Nonii Balbi*; poco resta invece del teatro augusteo di Miseno, e non molto neanche di quelli di Literno e di Capua, questo rifatto in età tiberiana; mentre, più a nord, sono ancora poco esplorati quelli di Sessa Aurunca, con un'importante fase di tardo II-III secolo e di Treglia (*Trebula Balliensis*). Alla fine del II secolo data il teatro di Benevento, inaugurato nel 126 d. C., piuttosto ben conservato nelle arcate esterne e nella scena, mentre ad età severiana appartiene il rifacimento, lussuosissimo per le decorazioni marmoree e scultoree della scena, del grande teatro di Teano.

Ma, assieme alle aule termali, è soprattutto nella costruzione degli anfiteatri campani di età imperiale che la piranesiana impressione di «magnificenza degli antichi Romani» continua a colpire, dopo gli umanisti, anche noi. E del resto, nello sviluppo assunto nell'età imperiale, a misura che lo spettacolo gladiatorio sostituisce ormai decisamente il teatro come momento di aggregazione ludica della comunità urbana, l'evoluzione del tipo dell'edificio verso forme sempre più elaborate e imponenti gli conferisce una presenza ormai dominante nell'organizzazione monumentale cittadina.

Si può discutere se il secondo anfiteatro di *Puteoli* dati ad età neroniana o flavia, e cioè se preceda o segua la grande impresa del Colosseo. Certo è comunque che le due gigantesche costruzioni, erette in ogni caso nello stesso giro di anni, mostrano entrambe da un lato la piena maturità raggiunta dall'ingegneria romana alle prese con gli enormi problemi di calcolo, di struttura, di trasporti, di idraulica, di organizzazione dei cantieri.

Il gigantismo ritorna ancora nel secondo anfiteatro di Capua, costruito tra la fine del I e gli inizi del II secolo, restaurato da Adriano e dedicato da Antonino Pio, superato in grandezza solo dal Colosseo. Costruito parte in blocchi di pietra, parte in laterizio, articolato su quattro ordini dorici via via più svelti, l'edificio era decorato da una massa imponente di sculture e rilievi, come *l'Afrodite* o *l'Afrodite e Psiche* o *l'Adone* del Museo Nazionale di Napoli, o le chiavi d'arco figurate a teste di divinità che serviranno come modello agli scultori di Federico II di Svevia che decoreranno la Porta eretta per volere dell'imperatore al ponte del Volturno. Ma oltre che questi giganti architettonici la passione per le arene, dalla più remota antichità instillata nell'animo delle popolazioni campane, ispirava anche più modesti monumenti, testimonianza di artigianato popolareggiante come le decorazioni di stucchi, marmi e pitture nelle tombe di Pompei, o sculture di sapore popolare, come il gladiatore con Priapo in tufo dal triclinio presso l'Anfiteatro di Pompei, o le semplici raffigurazioni in figurine fittili o sui dischi delle lucerne a stampo, fino alle più semplici testimonianza di vita come i graffiti e le acclamazioni sparse per ogni dove nelle città vesuviane.

Nella politica augustea di recupero della gioventù alle antiche tradizioni patrie e nel contesto, al tempo stesso, di un classicismo che aveva peraltro saldi appigli nella stessa tradizione culturale della Campania, si inquadra il fenomeno, tipico della prima età imperiale, della costruzione *ex novo* di grandi palestre. Le città vesuviane ci hanno conservato gli esempi più significativi di questo tipo di edificio, con grandi spazi aperti forniti di *natationes* e attorniati da ampi porticati. Ma il gusto classicistico che presiedeva a questo recupero del mondo ellenico della palestra si esprimeva soprattutto nelle città greche con i grandi nuovi agoni, le Isolimpie a Napoli e gli *Eusebeia* a Pozzuoli, in onore di Adriano. Ad essi, e alla presenza di una notevole componente sociale greco-orientale, corrisponde la presenza in queste città di stadi, un tipo architettonico eccezionale per l'Italia, documentato a Napoli sopratutto dalle numerose iscrizioni agonistiche e a Pozzuoli dai resti del monumento. Nello stesso contesto dovevano rientrare l'ippodromo e il circo di Napoli di cui restano solo le attestazioni delle fonti.

La riorganizzazione delle funzioni nelle città romane si esprime anche nella precoce diffusione di un tipo architettonico di origine greca, il *macellum*, un edificio a corte porticata destinato ad ospitare il mercato dei commestibili, spesso prima tenuto in via più o meno precaria nel foro e negli altri spiazzi. Se in quello di Pompei, posto nell'angolo nord-est del foro, possiamo cogliere meglio che altrove il rapporto dell'edificio con il tessuto urbanistico, il monumento più insigne di questo tipo in Campania è il c.d. Serapeo di Pozzuoli. Collocato lungo la *ripa*, a ridosso del porto, il *macellum* puteolano era un edificio notevole per dimensioni (m 58 x 75), estremamente sontuoso per l'arredo di marmi e di sculture esotiche, tra cui una copia del *Serapide* di Briasside, che gli hanno procurato la falsa identificazione col Serapeo, varie statue di imperatori ed insigni personaggi della città e dell'Impero, sculture neoattiche come il celebre gruppo, di età tiberiana, di *Oreste ed Elettra*. Un altro edificio di questo genere s'è esplorato ed è oggi visitabile a Napoli, sotto il convento di San Lorenzo Maggiore, nell'area centrale della città.

Rimandiamo al capitolo sull'architettura domestica illustrata dalle città vesuviane l'esame della pittura e dei mosaici. Nelle città fuori dell'orbita vesuviana, delle arti figurative restano soprattutto testimonianze in stucchi. Citiamo invece nell'area flegrea i resti dei soffitti di due stanze nelle terme di Sosandra a Baia del 40-50 d. C. ca., e soprattutto a Pozzuoli, da un lato il soffitto a cassettoni dell'anfiteatro flavio, che richiama analoghi esempi nel Colosseo, e dall'altro i notevoli esempi di decorazioni di colombari per le quali del resto la stessa materia, che non teme l'umidità, appariva perfettamente idonea.

Tra questi gli esempi più significativi, anche per la buona conservazione, appaiono due colombari gemelli di età vespasianea nel fondo Caiazzo sulla via Campana, che, pur in uno stile corsivo fino al popolaresco, mostrano nell'articolata partitura architettonica una compiuta adesione al repertorio dell'iconografia funeraria romana con il ratto di Proserpina, Ercole in riposo, ed il consueto immaginario di figure femminili offerenti, danzatrici col *kalathiskos*, animali marini, Eroti, *Psychai*, nonché ghirlande, festoni, candelabri, etc.. Lo stesso repertorio che troviamo ancora in due mausolei presso San Vito, sulla stessa via Campana: uno, molto rovinato, con le stesse partizioni dei complessi precedenti; l'altro, forse di poco più antico, presenta nell'abside del piano inferiore le consuete coppie dionisiache volanti, e nei catini scene di tiaso marino e la gesta di Ercole contro l'Idra, dal trasparente valore funerario. Una moda, questa degli stucchi, che si prolunga nel medio periodo imperiale sia nelle terme (a Baia è notevole un soffitto dalle terme della Sosandra, di età domizianea, con maschere satiresche in medaglione ed un altro, databile al 170-180 d.C., con Nereide su pantera marina in atto di reggere un piatto di frutta), sia nei colombari (a Pozzuoli, in una tomba di via delle Vigne, del 130 d.C. ca., con figure volanti, Vittorie portatrici di candelabri, animali marini, centauri, tiaso marino con Eroti, una nicchia con una conchiglia sorretta da Tritoni inginocchiati); infine, come genere più prezioso della pittura, nella decorazione delle ville, come indicano dei frammenti di età tardo adrianea dal *Pausilypon*, tra cui una figura di satiro nel gesto dell'*aposkopein*.

Quanto alla documentazione relativa alle decorazioni a mosaico, essa è ancora, dopo la scomparsa delle città vesuviane, in certo qual modo sufficiente a seguirne lo sviluppo, che peraltro appare del tutto coerente alle tendenze generali dell'evoluzione di questa tecnica nel resto dell'Italia romana. Segnaliamo qui solo lo straordinario fiorire di mosaici termali nel II secolo, con temi di divinità marine, Afroditi marine, Nereidi e Tritoni nel tipico stile in bianco e nero, purtroppo non documentati nel Museo, ma ben presenti negli scavi della regione, da quelli della villa di Minori, a quelli delle terme di Agnano, di via Terracina a Fuorigrotta, a quello, disperso, di una villa a Boscoreale, a quello di Torre San Limato a *Sinuessa*, a quello con caccia alla lepre ed un *Helios* radiato nel livello inferiore del complesso di Venere a Baia. Ma non vanno dimenticati alcuni straordinari mosaici policromi come il frammento con coro di fanciulli, di II secolo avanzato, da Sant'Angelo in Formis, conservato al Museo Provinciale di Capua e, del IV secolo, un mosaico con scena di caccia, dello stesso tipo di quelli di Piazza Armerina, rinvenuto alle pendici del Lucrino, purtroppo perduto.

Dal canto suo, invece, la storia della più fragile decorazione pittorica parietale in Campania, dopo il 79 d. C., è tutta perduta ove si eccettui qualche parete di II secolo di Baia che mostra l'estrema degradazione degli schemi architettonici di IV stile. Più significativa appare invece una pittura funeraria dell'entroterra napoletano, un *colombario di Caivano*, di età tardo adrianea, che mostra essenzialmente uno schema a fasce gialle formanti riquadri ornati di calici stilizzati; ma notevole è soprattuto la decorazione della lunetta, con un delicato paesaggio marino a fondo bianco, e la volta con partizioni geometriche decorate da girali e festoni.

Ma non va nemmeno dimenticata, per completezza, ancorché forse in parte di invenzione retorica, la descrizione che della pinacoteca di una villa suburbana napoletana, tutti quadri mitologici in larga parte condividenti gli stessi temi del repertorio pompeiano, darà alla fine del II-inizi III secolo il brillante sofista Filostrato di Lemno.

Un altro aspetto dell'artigianato artistico che subì profonde variaziani in età imperiale è quello funerario. In alcune aree della Campania, soprattutto i Campi Flegrei, strettamente legati a Roma, l'adesione ai nuovi modelli culturali e alle nuove tipologie architettoniche è immediata. L'estrema penuria di spazio in queste zone sovrappopolate, e, di riflesso, il grave costo del sepolcro tendono a limitare sempre più l'uso della tomba individuale o familiare di tipo repubblicano. Dalla metà del I secolo viene così diffondendosi il tipo del colombario, spesso destinato ad accogliere le urne di un collegio funerario, un edificio in gran parte sotterraneo con le pareti sistematicamente occupate da dense file di loculi a nicchia (*loci*), spesso decorato da una o più edicole e da una spesso raffinata decorazione in stucco. A partire dalla metà del II secolo, quando si diffuse, accanto alla precedente pratica incineratoria, l'uso dell'inumazione, ai piedi delle pareti vengono spesso aperte nel pavimento le fosse (*formae*) necessarie al nuovo rito. Naturalmente per i ceti più umili le tombe erano costituite da semplici fosse terragne, protette solo da due tegole a spiovente, o da anfore.

Le vie extraurbane di Pozzuoli ci hanno conservato un numero notevole sia di mausolei di tipo repubblicano, sia di colombari: i complessi più rilevanti sono nella necropoli di via Celle, con un gruppo di edifici dalla metà del I secolo a.C. alla metà del II d. C., nella necropoli del Fondo di Fraia, dove è un celebre mausoleo in laterizio a due piani, con tamburo cilindrico su basamento quadrato; sia infine a Quarto, dove ricorderemo un altrettanto caratteristico mausoleo a cuspide piramidale. L'uso dell'inumazione comportò l'introduzione dell'uso dei sarcofagi; tra i molti esempi che le necropoli campane ci hanno restituito, ricordiamo, al Museo di Napoli, un bell'esemplare da *Atella*, di II secolo, con la scena del ritrovamento di Achille a Sciro; quello da località Toiano a Pozzuoli presso la via Domitiana, del tipo microasiatico a *kline*, databile alla metà del III secolo, mentre al IV secolo si data un esemplare, ancora puteolano, di bottega locale, col mito di Prometeo (vedi scheda) creatore dell'uomo cui Eros conduce l'anima, simboleggiata da Psiche. Appena più antico, della fine del III secolo, è, da Auletta, ai confini della regione, un celebre esemplare che combina l'iconografia dell'Arianna abbandonata e dormiente con la scena degli Eroti vendemmianti.

La tendenza che così chiaramente si riscontra nella pittura e nelle altre arti figurative, ad impadronirsi dei modelli colti per diffonderli grazie all'economicità della materia e dell'esecuzione in serie, è caratteristica di ogni produzione artigianale di questo tipo; e tuttavia quelle del mondo romano di età imperiale, per l'omogeneità delle produzioni e l'enorme estensione e capillarità della distribuzione, meritano di essere segnalate come i maggiori esempi di questo fenomeno nel mondo pre-industriale. Ricordiamo ad esempio le anonime fabbriche di ceramica di Pompei fuori Porta Ercolano o quella di lucerne e boccaletti (*fritilli*) presso la Porta di Nocera, producenti oggetti di serie privi di marchi, assolutamente anonimi e difficilmente distinguibili da quelle di altre fabbriche.

È difficile, in assenza di indagini sistematiche, orientarsi nelle enormi quantità di oggetti di artigianato artistico che, prime tra tutte in Campania, le città vesuviane ci hanno restituito e che arricchiscono le collezioni del Museo Nazionale di Napoli. Resta tuttora arduo distinguere ad esempio nelle migliaia di bronzi quelli delle produzioni capuane celebrate dalle fonti (*Campana supellex*) – ma si ricordi tra gli altri indizi di una simile produzione anche locale a Pompei un rilievo marmoreo con l'insegna della bottega di un fabbricante di vasi metallici da Pompei (Museo Nazionale, inv. 6575) -, o nelle ricche serie dei vasi di vetri quelli del *vicus vitrarius* puteolano, o le botteghe d'origine dell'abbondante vasellame d'argento e dei numerosi monili in oro, argento e gemme.

Nel settore delle ceramiche, si son potute finora riconoscere come puteolani, cumani, napoletani o vesuviani, dagli scarichi di fornace, da esemplari malcotti e dai bolli, alcuni gruppi di *vasi a vernice rossa* o di *ceramica invetriata*, oggetti di serie a poco prezzo prodotti per il consumo – peraltro anche transmarino – da parte delle classi meno abbienti, ma non c'è dubbio che la maggior parte di questo lavoro di esame resti ancora da fare. Si tratta in ogni caso di oggetti che, provenendo da due medie cittadine provinciali, valgono da un lato ad indicarci la capillare diffusione di questi beni, e gli esemplari più fini, ma soprattutto i vasi di bronzo e argento di Pompei, possono dall'altro darci un'idea di cosa dovessero essere le suppellettili delle case patrizie di Napoli, di Capua o di *Puteoli*, per non dire naturalmente delle ville baiane o capresi.

Notevole per la decorazione, in età imperiale più avanzata, la già ricordata produzione di fiaschette-*souvenirs* di vetro inciso con scene della *ripa Puteolana*, una classe di oggetti certamente assegnabili, date le rappresentazioni, ad un'officina flegrea, ma che fa anche pensare che queste stesse fabbriche puteolane possano aver prodotto almeno parte di quei vetri incisi che si sono scoperti nelle aree della Campania interna e del Sannio come il *bicchiere di Sepino* (CB), i vetri di Campochiaro (CB), un mercato posto in qualche modo nel retroterra influenzato dalla *via Campana*.

Quanto alle altre forme di produzione artistica, non c'è dubbio che intorno al palazzo imperiale di Baia e alle ville dell'aristocrazia gravitassero officine, forse molte anche di provenienza urbana, di pittori, di stuccatori, di scultori, di mosaicisti. Una messe cospicua di sculture ci è venuta in particolare da Baia e da Cuma ed è significativo il rinvenimento, in un locale delle Terme di Baia, di numerosi frammenti di *calchi in gesso* di importanti opere classiche, necessari strumenti di una bottega di scultore specializzato nella riproduzione dei grandi capolavori della classicità. Allo stesso modo, a Pozzuoli una statua di *Pudicitia* non finita ritrovata in mare documenta, con altre opere rifinite o solo sbozzate dalla stessa zona, l'esistenza di un'altra bottega; infine, di uno scultore locale conosciamo anche la firma, *Karos Puteolanus*, apposta su una delle due copie dell'*Hera Borghese* trovate nel mare di Baia, mentre un mosaicista che si firmava T. Senius Felix civis Puteolanus è noto da un mosaico di Lillebonne, alla foce della Senna. Rinvenimenti simili non sono stati infrequenti del resto neppure a Pompei (ricordiamo il *torso di Giove* dal *Capitolium*, una statuetta di Fortuna non finita da *Oplontis*), e mostrano che in una regione come la Campania, in cui la domanda era molto forte, dovevano essere molti gli *ateliers*, ovviamente di vario livello, che la soddisfacevano.

Già dalla metà del II secolo s'era andata profilando, nel resto dell'Italia come in Campania, e qui tanto più chiaramente quanto più rilevante era stato il precedente fiorire, l'inizio della grande crisi. Essa comportò sul versante economico l'abbandono di quei modelli di agricoltura specializzata che l'avevano connotata nei secoli finali della repubblica e nella prima età imperiale; col progressivo decadere di *Puteoli* e del sistema delle città vicine, vennero inoltre meno anche gli aspetti di quell'economia urbana, l'artigianato, il commercio, che interagivano ed erano sostenuti dai cospicui redditi dell'agricoltura industrializzata.

Sul versante della produzione artigianale e artistica, la crisi delle aristocrazie municipali, ormai incapaci di sostenere quel ruolo di munifici benefattori che tanta parte aveva avuto nello sviluppo delle città campane di età romana, coincide con le crescenti difficoltà finanziarie del potere centrale, ormai presente solo in situazioni di emergenza come il restauro dell'acquedotto del Serino o delle mura di fronte alla minaccia dei barbari, e segna l'arresto quasi totale della produzione. Già nel III secolo è rara la costruzione di nuovi edifici pubblici: anche se occasionalmente in età severiana non mancano indizi di una certa vivacità, come il tempietto di via Terracciano a Pozzuoli o il rinnovamento del teatro di Teano, comincia ora l'epoca del grande spoglio e riutilizzo dei materiali artistici delle età precedenti, sculture, rilievi, epigrafi; ed in quest'attività, piuttosto che in nuove ricerche espressive, sembra venirsi specializzando l'artigianato locale che era stato prima dipendente dalla committenza pubblica.

Le città decadono e si spopolano: l'archeologia mostra che gran parte dei quartieri di abitazione è abbandonata già alla fine del II secolo e che in ogni caso sono eccezionali gli interventi di restauro sulle case dopo quest'epoca. Meglio degli altri centri sembrano resistere alla crisi le città maggiori in buona posizione per i traffici residui. Così Capua, divenuta con Costantino *caput Campaniae* e sede del *consularis Campaniae*, favorita dal perdurante flusso di commerci sull'Appia; Salerno, sede, con Reggio Calabria, dei *correctores Lucaniae et Bruttiorum*. Soprattutto Napoli sembra resistere abbastanza bene, accentuando la sua capacità di relazione con un entroterra agricolo ora diventato di nuovo, come era stato già in età arcaica, produttore soprattutto di cereali per un'economia di sussistenza, mentre la presenza di colonie di Siriani ed Ebrei sembra conservarle sprazzi di vivace cosmopolitismo; le tradizioni culturali della città che ha conservato la lingua greca sopravvivono orgogliose, ed è significativo che aggirandosi in una regione ormai piena di città deserte Plotino voglia ancora qui, o nei dintorni, creare la sua *Platonopolis*, la città dei filosofi, o che un altro intellettuale del mondo tardo antico, Simmaco, riviva nelle ville baiane il suo vagheggiamento letterario per il mondo classico. E tuttavia l'archeologia testimonia che tra III e IV secolo anche a Napoli l'area abitata della città va progressivamente riducendosi nonostante la testimonianza, un po' troppo ottimistica di Cassiodoro, nella seconda metà del V secolo: «*urbs ornata multitudine civium, abundans marinis terrenisque deliciis*». Il processo di sgretolamento della città antica, pur con le ovvie differenze quantitative e cronologiche locali, è comunque generale in tutta la regione; e le distruzioni di V e VI secolo, da Alarico (nel 410: Eboli, Nola, Cimitile, *Abella*) a Genserico (455: Capua, Nola, *Abella*), ai Goti (490 e 542: Benevento; 554: Capua, *Compsa*, Paestum) e fino ai Bizantini (662: *Aeclanum*) non fanno che chiudere, luogo per luogo, un processo ormai da tempo avviato ad ineluttabile conclusione.

Vero è tuttavia che la fine della città classica non significa sempre e meccanicamente fine della città o dell'insediamento umano in un'area: la nuova forza generatrice, in Campania come nel resto dell'Italia, è rappresentata dal Cristianesimo, e da esso verrà l'impulso alle sole nuove espressioni artistiche dell'epoca: dalle nuove chiese paleocristiane a Napoli (si ricordi la basilica costantiniana di Santa Restituta col contiguo battistero di San Giovanni in Fonte, il più antico dell'Occidente, che conserva ancora gli splendidi mosaici della volta, di V secolo), alle basiliche di Cuma, impiantate nel V secolo sugli antichi templi dell'acropoli, ai monumentali complessi catacombali e cemeteriali di Napoli e Cimitile, dalla cospicua decorazione pittorica e musiva, alla ricca documentazione di Capua. Ma questa è ormai già un'altra storia per un altro Museo.

L'arredo dei monumenti pubblici di alcune città romane in Campania: Pompei, Ercolano, Pozzuoli, Capua

Un tema di particolare importanza che le ricche collezioni del Museo di Napoli consentono di approfondire è, come già accennato, quello della decorazione degli edifici pubblici delle città romane. La fortunata conservazione di monumenti come il Teatro di Ercolano, rinvenuto dai primi scavi intatto con tutta la decorazione scultorea, o del Sacello degli Augustali di Ercolano, anch'esso straordinariamente conservato nella decorazione dipinta ed ora confrontabile con il complesso dell'altro sacello degli Augustali di Miseno, fa di questa regione, ricca di notevolissime città quanto di grandi catastrofi seppellitrici o inabissatrici, un sito privilegiato per studiare, almeno fino al I secolo d. C., quell'importante aspetto della cultura dell'Impero romano che fu l'assetto dei *loca publica*, un carattere significativo perché deteminante quell'immagine che consapevolmente il regime imperiale voleva dare di sé ai propri cittadini e, nelle città commerciali, anche agli stranieri. E, come sappiamo, l'attenzione per l'immagine, la propaganda per suo tramite, è stata una delle eredità che il mondo occidentale ha derivato dalla cultura latina.

Pompei ha conservato certamente meglio di ogni altra città antica, esclusa Roma, l'articolazione dei suoi spazi pubblici, a cominciare dallo stesso tessuto viario. Purtroppo le spoliazioni avvenute dopo l'eruzione del 79 d. C. e, in parte, lo stato di decadimento in cui versava la città dopo il terremoto del 62 d. C., ci hanno privato di gran parte della decorazione, soprattutto scultorea, dei principali edifici pubblici. Siamo tuttavia compensati in parte della perdita dalla migliore conservazione delle architetture, in cui restano almeno le basi delle statue asportate, e dal fortunato ritrovamento nella gran massa di pitture di documenti eccezionali ai nostri fini, come le pitture della casa di Giulia Felice con scene della vita del Foro, o i rilievi del larario di Cecilio Giocondo illustranti l'aspetto del Foro durante il terremoto del 62. Va inoltre ricordato come alcuni edifici pompeiani, salvati in parte dalla spoliazione, ci consentano di farci un'idea sufficiente da un lato del livello artistico corrente in città, dall'altro dei criteri che guidavano la committenza pubblica nella scelta delle statue.

Eliminata ormai ogni forma di individualità municipale e ogni ricordo dell'antica autonomia per un'assimilazione totale nel sistema romano, il criterio corrente appare soprattutto la più smaccata esibizione di lealismo verso la dinastia regnante, non solo nella nell'imitazione dei nuovi edifici realizzati a Roma per impulso imperiale e nella continua proposizione dei ritratti del *princeps* e della sua famiglia, ma anche nell'adozione, nel ritratto tanto privato quanto pubblico dei Pompeiani (e degli Ercolanesi), delle fogge di abbigliamento, di pettinatura, di atteggiamento in voga nel *milieu* della corte imperiale.

Il fenomeno è generale in tutta l'Italia e nel mondo romano. Le strette relazioni che le nuove aristocrazie, sia urbane sia municipali (i *domi nobiles*), formatesi all'ombra delle guerre civili, intrattennero col nuovo regime, produssero in tutte le città, grandi e piccole, una corsa alla costruzione o al rinnovamento di monumenti pubblici, che, emulando quelli romani, esprimessero visibilmente la solidarietà di tutti i sudditi con la dinastia ed insieme la felicità di un'epoca che i poeti di corte celebravano come una rinnovata età dell'oro. Un materiale, il marmo, adoperato per secoli in Grecia tanto da diventare quasi il simbolo dell'arte e della cultura classica, vituperato a Roma dai lodatori del costume avito allorché la *nobilitas* romana aveva cominciato ad impiegarlo a profusione nelle sue dimore, ascende ora a simbolo della nuova moralità architettonica augustea; lo stesso Augusto, parco nella sua *privata luxuria*, come mostra la *Vita* di Svetonio, dava invece l'esempio di una lodata *publica magnificentia* lasciando in eredità ai posteri una capitale di marmo, finalmente degna, anche architettonicamente, del suo primato nella storia del mondo.

In questo senso vanno anche gli esempi di Pompei. Così l'edificio di Eumachia, da cui viene la statua di questa eminente pompeiana di origine greca, imita coevi celebri episodi romani fin dalla titolatura dell'epigrafe dedicatoria, con la menzione della *Concordia* e della *Pietas Augusta*; per non dire della stessa pianta dell'edificio, che troviamo identica nel Foro di Cuma o in quello di Ercolano, o del ciclo di statue di *summi viri* e degli *elogia* che nel calcidico d'ingresso celebravano, sull'illustre modello del Foro di Augusto a Roma, con il fondatore della dinastia giulio-claudia, i suoi mitici antenati, Enea, Romolo, Cesare. Completava questa rilettura pompeiana dell'immaginario augusteo il portale, decorato da rilievi marmorei di gran qualità, a girali di acanto popolati di animaletti ed insetti, che certamente richiamavano alla

mente degli osservatori antichi celebri modelli urbani, a cominciare dai rilievi dell'*Ara Pacis*, ed evocanti gratificanti idee sul ritorno dell'età dell'oro che il nuovo regime si vantava di aver segnato. E quanto questo immaginario fosse diffuso, appare da un altro analogo blocco di portale, certamente da un altro edificio del Foro di Pompei.
O il tempio di culto imperiale noto col nome del tempio di Vespasiano, dove la rappresentazione della scena dell'*inauguratio* del tempio sulla faccia dell'altare ricalca da presso i modelli urbani. O l'arredo del *macellum*, col calcidico a colonne marmoree arricchito da una galleria di due file contrapposte di statue: anche qui probabilmente *summi viri* locali, dell'ambito della *gens* alla cui munificenza privata senza dubbio si dovette, secondo i dettami del nuovo *mos* augusteo, il rinnovamento dell'edificio.
Al culto dell'imperatore era poi dedicato il sacello sulla parete di fondo della corte porticata al centro dell'edificio; nel tempietto un'edicola mostrava sul fondo, su una base, la statua di un imperatore della quale ci è pervenuta solo una mano con un globo; mentre nelle nicchie aperte sulle pareti laterali, due per parte, erano quattro statue onorarie; di queste, una maschile e una femminile, ci sono pervenute: già ritenute raffiguranti *Marcello* ed *Ottavia*, si tratta invece probabilmente di personaggi locali di età neroniana, probabilmente i membri della munifica *gens* che aveva finanziato il rifacimento dell'edificio. Le assonanze con l'iconografia imperiale sono tuttavia evidenti e non casuali: la donna è rappresentata quale sacerdotessa come le principesse imperiali, il giovane, forse già defunto, nel tipo «eroico» dell'atleta nudo, col mantello avvolto intorno ai fianchi.
Particolarmente interessante anche il complesso delle sculture e delle epigrafi del tempio della *Fortuna Augusta*: un culto istituito per celebrare la miracolosa capacità del *princeps* di apportare prosperità allo Stato e, al tempo stesso, per fornire ai gruppi sociali emergenti non tradizionali, come i liberti o gli stessi schiavi delle famiglie dominanti, esclusi dalle magistrature e dai sacerdozi maggiori, un'occasione per affermare la loro ambizione con una manifestazione di consenso verso il regime che generosamente dava queste opportunità. Così una delle iscrizioni trovate nel tempio ci fornisce i nomi dei primi *Ministri Fortunae Augustae*: Agatemero, servo di Vettio, Soave servo di Cesia Prima, Poto servo di Numitore, Anterote, servo di Lacutulano; la data consolare del 3 d. C. che segna l'istituzione del sacerdozio è verosimilmente anche quella dell'inaugurazione del tempio. L'edificio mostra, in piccolo, i caratteri tipici degli *aurea templa* augustei: marmoreo nelle parti più in vista, corinzio, con accentuato sviluppo della parte frontale, con nicchie sulle pareti laterali della cella per costituire, come nel sacello del *macellum*, una galleria di *honorati* locali a far da ala alla statua della *Fortuna*, probabilmente rappresentata nello schema canonico con il timone. Due di queste sono state rinvenute durante lo scavo del tempio, una *statua femminile* dal volto rifatto, nella consueta attitudine della *pietas*, col capo velato, ed una maschile, togata, forse del munifico dedicante, *Marco Tullio*.
Ma Pompei ci ha conservato anche qualche voce dissenziente da questo coro inneggiante alla cultura di regime. Così quel verso parodistico dell'*incipit* dell'Eneide letto su una parete della città: *Fullones ululamque cano, non arma virumque* (io canto i fulloni e la civetta, non le armi e l'eroe).
È andato purtroppo perduto l'arredo del maggior tempio pompeiano, di Venere, una divinità fondamentale nel sistema religioso augusteo in quanto madre di Enea, ma restano le basi per una statua equestre ed una pedestre; sono inoltre documentati due ritratti, per cui si è ipotizzata un'identificazione con Marcello e Caio Cesare, mentre alcune iscrizioni rinvenute in uno scarico ai piedi del santuario attestano una statua di Eumachia ed una di un Nonio Balbo, della *gens* di Ercolano famosa per la costruzione del teatro, per non dire della famosa *lucerna d'oro* ivi trovata (vedi scheda).
Ben più modesta dedica, al paragone, è quella fatta al tempio di Apollo da due *duoviri* di età augustea, che fecero costruire a loro spese un orologio solare marmoreo posto su una colonna ionica in cipollino, un dono che vale tuttavia a mostrarci il riflesso di quel clima «solare» inaugurato dalla gigantesca meridiana di Augusto al Campo Marzio (*horologium Augusti*).
Un'iscrizione ci da un'idea delle grandi feste pubbliche religiose ora rinnovate a Pompei, come i *ludi Apollinares*; in essa un nobile locale, Aulo Clodio, ricorda di aver offerto durante i suoi vari duovirati, in questi ludi, spettacoli nel Foro e nell'Anfiteatro, comprendenti parata (*pompam*), corride con tori, toreri e aiutanti (*tauros, taurocentas, succursores*), combattimenti con cinghiali e orsi, varie coppie di gladiatori, schermidori, pugilatori a gruppi e singoli, rappresentazioni con buffoni di ogni sorta ed ogni genere di pantomimi, tra cui un Pilade evidentemente famoso, oltre a varie migliaia di sesterzi in pubblica elargizione.
Un altro clima, più colorato ed esotico, ma non meno investito dall'ufficialità di regime, anche se più sottilmente, si respirava nei santuari, anch'essi ormai di dignità pubblica, delle divinità straniere, come Iside a Pompei o la *Magna Mater* a Ercolano. Anche qui ritratti posti in *loco publico*, oltre alle consuete dediche di privati di statue e oggetti rituali di carattere religioso; in particolare l'Iseo di Pompei rappresenta l'esempio del rifacimento di un intero santuario a spese di un privato, il piccolo Numerio Popidio Celsino, cui il padre Ampliato cercava di far varcare con questo costoso atto di munificenza la rigida cortina che separava il ceto dei liberti, cui apparteneva, dagli *ingenui*.
Luoghi pubblici provvisti di grande decoro e particolarmente ricercati per esibizione di pubblica munificenza erano i luoghi di spettacolo. Se l'anfiteatro di Pompei ci è pervenuto relativamente spoglio, con le sole basi delle statue dei *Cuspii Pansae*, rispetto ad esempi di edifici

ben più ricchi come le arene di Capua e Pozzuoli, molto meglio documentata è la situazione del teatro.
Questo era dovunque uno dei luoghi privilegiati per la pubblica esposizione della *munificentia* e degli onori che ai cittadini illustri ne derivavano. La concessione del *bisellium*, lo scranno d'onore nel teatro, è tra le più comuni onorificenze del tempo; ma la collocazione di statue nelle nicchie della *scaenae frons*, dove tutta la città le avrebbe avute costantemente sotto gli occhi, quasi costretta a ricordare i benefici dell'onorato, doveva essere una delle massime ambizioni di un cittadino in carriera. Ben si comprende perciò come il restauro dei teatro (o il loro totale rifacimento, come a Napoli o ad Ercolano) costituisse uno dei compiti che più volentieri le facoltose famiglie delle aristocrazie municipali si sobbarcavano in questo periodo. A Pompei il compito di rimodernare l'antico teatro ellenistico fu assunto dalla più importante famiglia dell'età augustea, quella degli *Holconii*; una serie di iscrizioni, sparse per l'edificio, furono apposte ad esaltare a beneficio dei contemporanei e dei posteri il contributo, *sua pecunia*, dei due fratelli Marco Rufo e Marco Celere alla costruzione di *cryptam*, *tribunalia*, *theatrum*, lavori per abbellire l'edificio e rendere disponibili per i ceti meno abbienti qualche centinaio di posti in più. Come onore supplementare, oltre alla rituale statua e alle varie iscrizioni, a M. Holconio Rufo fu eretta una *sella curulis* stabile in bronzo in mezzo al teatro, sul gradino più basso della *media cavea*, in una posizione che è significativamente al di sopra dei ranghi degli altri nobili nell'*ima cavea* e forse contiene un'allusione ad un atteggiarsi da «popolare» del notabile pompeiano.
È tipico di queste imprese di regime anche il ricorso ad architetti di grido, che ora firmano i loro monumenti (Vitruvio era uno di questi); al Cocceio dei Campi Flegrei fa eco a Pompei, su un registro naturalmente minore, *M. Artorius M.l. Primus* che firma i lavori degli *Holconii* al teatro e che troviamo nella stessa città anche nel coevo restauro del tempio di Venere.
Il monumento che ha documentato in maniera pressoché perfetta questi fenomeni, in grazia della sua integrale conservazione all'atto dello scavo, è il Teatro di Ercolano. Esso, opera dell'architetto *Numisius*, ricordato da un'iscrizione in uno dei fornici d'ingresso, era riccamente rivestito di marmi ed adorno di statue erette in onore dei cittadini illustri; così sulla *summa cavea* erano i grandi bronzi di *L. Mammius Maximus*, augustale di epoca claudia, parente del fondatore o del restauratore dell'edificio e di *L. Annius Maximus*, duoviro quinquennale; nella cavea erano sei grandi statue equestri in bronzo dorato (i loro frammenti vennero fusi nel Settecento per farne medaglioni del re), mentre altre statue per Appio Claudio Pulcro e Marco Nonio Balbo erano sui *tribunalia*.
L'altro grande edificio pubblico rinvenuto pressoché completamente integro all'atto dello scavo è la Basilica di Ercolano. Identificata sul *decumanus maximus*, era stata eretta da Marco Nonio Balbo, che oltre alla basilica afferma in un'iscrizione di aver costruito, più verosimilmente restaurato, le porte ed il muro della città. Nonio era un illustre nocerino, giunto fino al rango di governatore di Creta e della Cirenaica; nell'edificio erano statue marmoree e bronzee per lui, per il suo omonimo genitore e per la madre Viciria Archade, oltre che per vari personaggi della famiglia imperiale. Ma notevole nell'edificio era anche la decorazione pittorica. Furono staccati da qui, dalle absidi e dalle nicchie minori, i celebri quadri di *Ercole e Telefo, Teseo liberatore, Achille e Chirone, Marsia e Olimpo*.
Tra i monumenti pubblici più emblematici del nuovo aspetto delle città romane sono gli archi onorari, moltiplicati nel Foro ed in ogni punto eminente della città a levare al cielo la figura dell'imperatore (e dei suoi leali sudditi). Così la posizione di rilievo assoluto dagli *Holconii* nella Pompei augustea traspare dall'apprestamento dell'arco onorario quadrifronte posto nel crocicchio più centrale e frequentato di Pompei, all'incrocio tra la via dell'Abbondanza e quella di Stabia, davanti all'ingresso principale delle terme Stabiane. Qui, ai piedi dell'arco che sosteneva certamente una statua del *princeps*, eretto forse a cura dello stesso Rufo, fu addossata la sua stessa statua, in abito militare.
Ma, al confronto, ben più magnifico podio per statue imperali erano i due archi eretti ai due lati del tempio, uno tuttora conservatosi con la sua struttura laterizia a sinistra della facciata del tempio di Giove, l'altro, simmetrico, eliminato *ab antiquo* fin dalle fondazioni talché solo l'anomalo assetto delle lastre rincollatevi della pavimentazione del Foro ne indica la presenza: è verosimile che questo fosse l'arco di Nerone (poi rimosso, forse per la *damnatio memoriae* che si impose a tutti i monumenti neroniani) e che l'altro fosse di un altro imperatore. Il modello primo, evidente, di questa sistemazione architempio è il tempio del divo Giulio sul lato est del Foro romano con il contiguo arco di Augusto. Un terzo arco onorario ornava l'ingresso nordest del Foro, con due nicchie per statue nella faccia verso il foro e due bacini di fontana in quella verso nord; mentre un quarto, l'arco di Caligola, così detto per il rinvenimento della statua equestre in bronzo erroneamente identificata come di questo imperatore, fu eretto all'inizio della via di Mercurio, quasi a sottolineare visivamente l'estensione che del Foro si era realizzata tra l'*insula* a nordest della piazza e le terme del Foro.
Le città vesuviane costituiscono peraltro un eccellente discrimine per l'assetto di un'intera categoria di edifici, come le terme. Infatti in città di provincia come Pompei o Ercolano, già ben fornite di terme, s'impone tardi il nuovo modello delle grandi terme imperiali, occasione per l'esibizione di innumerevoli opere d'arte, come nel Museo di Napoli mostra la stessa collezione Farnese col complesso, peraltro molto più tardo, delle Terme di Caracalla. Ma non meno sfavorevole è il confronto con le terme flegree, sia di Baia, da cui vengono sculture come la *Sosandra* o l'*Hermes*, e dove il complesso dei gessi mo-

stra in attività un'officina scultorea che attinge i massimi modelli del classcismo; sia di terme minori, come quelle di Agnano, dove l'arredo scultoreo è tuttavia ben più ricco che la modesta erma di Mercurio delle Terme Stabiane di Pompei e il braciere di bronzo donato alle due principali terme di Pompei in età sillana da *M. Nigidius Vaccula*. Per non dire di quell'importante aspetto dell'arredo architettonico delle terme che sono i mosaici, e che proprio negli impianti flegrei (Baia, Agnano) ci danno nel corso del II secolo d. C. importanti monumenti figurati.

Pur notevolmente meno ricca di quella delle città vesuviane, la documentazione dei Campi Flegrei appare così altrettanto rilevante, perché costituisce un riflesso più immediato delle tendenze e dei grandi avvenimenti dell'Urbe (si veda ad es. la *base da Pozzuoli*). Purtroppo la perdita della documentazione flegrea è stata immensa: gran parte degli edifici e dei loro marmi sono finiti nelle calcare o sotto gli edifici moderni e solo le raffigurazioni dei vetri incisi rendono una pur sommaria idea del fasto con cui si presentava ai naviganti in arrivo la *ripa Puteolana*, orlata di templi ed edifici marmorei, archi decorati da sculture. Se una buona idea del livello della scultura ufficiale ci viene ad esempio dalle *teste colossali del tempio del Foro di Cuma*, il sacello degli Augustali di Miseno, scampato alle calcare perché seppellito da una frana, e di recente allestito nel nuovo Museo Archeologico dei Campi Flegrei nel Castello di Baia, è venuto negli ultimi anni a illustrarci l'apparato decorativo di un edificio analogo a quello di Vespasiano a Pompei un secolo dopo l'eruzione delle città vesuviane.

Eretto in età augustea, il santuario fu varie volte restaurato ed arricchito di sculture dedicate dai membri del collegio sacerdotale degli Augustali, in gara di munificenza e di prestigio tra loro. Alle statue di culto di Tito e Vespasiano nel tipo nudo degli eroi greci, erette nella cella in età flavia, si aggiunse nell'area esterna quella equestre bronzea di Domiziano, poi mutata in un Nerva. Poco dopo la metà del II secolo d. C., al tempo di Marco Aurelio, si data il completo restauro della facciata del tempio, rifatta *ex novo* con un colonnato in marmo cipollino. Il frontone, in marmo lunense, è decorato dai busti dei due coniugi dedicanti inscritti in una corona di quercia e sorretta da due Vittorie, un pomposo gesto autocelebrativo che ben ci rappresenta il gusto e l'ambiente culturale, intriso di lealismo dinastico, della cittadina militare.

Ma la crisi incombeva. Tramontate le età d'oro e d'argento dell'Impero, nei Campi Flegrei come a Roma, il III secolo segnò l'ingresso in un'epoca ferrea, e sempre più rare divennero le dediche di monumenti pubblici, per i restauri nei quali sempre più spesso si reimpiegano marmi delle età precedenti. Un ulteriore spoglio fu indotto dai momenti di iconoclastia della trionfante Cristianità, come appare dal recente rinvenimento delle sculture decapitate dell'Iseo di Cuma.

Plastico di Pompei

Realizzato a più riprese dal 1861 come coronamento del progetto di G. Fiorelli di riorganizzazione degli scavi di Pompei, il grande plastico in legno, sughero e carta, in scala 1:100, con accurate riproduzioni ad acquerello delle pareti dipinte può ancora, pur non essendo aggiornato all'attuale estensione degli scavi, fungere da centro e utile guida dell'esposizione dei materiali da Pompei e dalle città vesuviane nel Museo. La città ci appare infatti come da un aereo, con le sue strade, le *tabernae*, le case, le piazze e gli edifici pubblici.

c.d.Giove Meilichio da Pompei
inv. 22574
La scultura fittile, rinvenuta nel Settecento nel tempietto sulla via di Stabia nel quartiere dei Teatri, rappresenta in realtà, come aveva già affermato Winckelmann, un Asclepio. L'identificazione con Giove Meilichio fu proposta dal Nissen sulla base della interpretazione del tempio come la *kaila Iuvieis Meilichieis* citata nell'*iscrizione osca di Porta di Stabia*. In verità l'iscrizione si riferisce certamente ad un santuario extraurbano, un ambito cui molto meglio si confà il culto di una divinità dell'oltretomba come il Giove «dolce come il miele», di antica origine greca. Rigettata l'identificazione di Meilichio, non fa alcuna difficoltà quella di Esculapio, dio della medicina e salvifico come la vicina Iside (vedi scheda a p. 262). III-II secolo a. C.

Statua fittile di dea, da Pompei
inv. 22575
Nel tempietto detto di Zeus Meilichios, insieme alla statua precedente e ad un bustino di terracotta raffigurante Atena, fu trovata anche questa grande statua di divinità femminile, dai tratti piuttosto generici (è un tipo molto diffuso in età tardoellenistica) e certamente in origine non accoppiata alla figura di Asclepio, che è più basso di quasi una testa. Ritenuta una Giunone, nulla osterebbe ad identificarla con un'Igea, la paredra del dio della medicina. I secolo a.C.

Busto marmoreo di Giove da Pompei
inv. 6266
Era un acrolito (vedi scheda successiva) la statua di culto posta nel *Capitolium* di Pompei, identificata con una bella testa marmorea che si ispira al tipo databile al IV secolo a. C. detto di Otricoli, che introdusse nell'iconografia del dio un nuovo volto benigno di trasfigurata dolcezza, gli occhi affondati e un po' umidi sotto l'ombra oscura della chioma a spessi riccioli. Il *Capitolium* era, come quasi tutti gli edifici pubblici, in stato di abbandono al momento dell'eruzione. In esso furono trovate altri frammenti di statue, calzari colossali, un torso rilavorato sul retro, forse provenienti da statue ufficiali già poste nel Foro.

Busti e teste marmorei di Giove, Giunone, Atena, da Cuma
inv. 6267, s.n., 150082
Il busto e le teste colossali di Giove, Giunone e Atena da Cuma erano originariamente posti nella cella del *Capitolium* della città, nel Foro dove formavano appunto la triade capitolina, oggetto del maggior culto della città in età romana. Si tratta di statue acrolite: avevano cioè le sole estremità in vista, teste, mani, piedi, realizzate in marmo, mentre la stoffa delle vesti su uno scheletro di legno copriva il resto del corpo. L'ispirazione alle grandi statue criselefantine greche (lo Zeus di Olimpia, l'Atena del Partenone) è evidente e rientra nella tradizione classicistica dell'arte romana.

Apollo da Pompei
inv. 5629
Trovata in vari frammenti scaricati nell'area occidentale della città, la statua dell'Apollo saettante è stata assegnata al santuario di Apollo soprattutto per il rinvenimento del busto di Artemide, parimenti impugnante l'arco. Il confronto delle teste, con l'identica resa dei riccioli, non lascia dubbi che abbiamo a che fare con due sculture uscite dalla stessa bottega e costituenti un solo gruppo, probabilmente derivato da un modello greco in cui i due arcieri divini uccidevano a colpi di freccia i Niobidi. Il rinvenimento di un altro braccio femminile con arco fa pensare che esistessero nel santuario altre statue di Artemide. Si è anche pensato, sulla base di un graffito letto sulla base dell'Apollo col nome *Mumi*, che essa derivasse dal celebre bottino di Corinto dopo la presa di L. Mummio (146 a. C.) e che fosse forse pervenuta a Pompei come dono ai *socii* campani, così come in altre città dove dediche del conquistatore della Grecia sono ben attestate epigraficamente (*Trebula Mutuesca*, Curi, Norcia, Parma, *Fabrateria Nova*, *Italica* in Spagna).

Statua marmorea di Diomede, da Cuma
inv. 144978

È generalmente attribuita allo scultore Cresila la creazione, verso il 430 a. C., di questa figura di Diomede. L'eroe, mitico viaggiatore nelle terre d'Occidente dopo la presa di Troia, doveva reggere nelle mani una statuetta del Palladio, la raffigurazione di Atena che era stata pegno divino dell'inviolabilità di Troia e che l'eroe aveva rapito insieme con Ulisse, propiziando così la presa della città. Molte città in Italia rivendicavano nobili origini «troiane» proprio in grazia del possesso del Palladio che Diomede avrebbe portato con sé nella penisola. La copia cumana, trovata nella cripta sotto l'Acropoli, reca sotto la base un'iscrizione greca menzionante un Caio Claudio Pollione Frugiano, forse il dedicatario della statua.

Base marmorea delle città d'Asia, da Pozzuoli
inv. 6780

La base, che sosteneva in antico una statua di Tiberio eretta negli ultimi mesi del 30 d.C., è la copia ridotta di un analogo monumento posto a Roma in segno di gratitudine dalle quattordici città dell'Asia (Sardi, Magnesia, Philadelphia, Tmolos, Kyme, Mostene, Aegae, Hierokaisareia, Temnos, Kibyra, Miryna, Efeso, Apollonidea e Ircania), che erano state beneficate dall'imperatore dopo i vari terremoti che le avevano afflitte tra il 17 ed il 29 d. C. Le città sono rappresentate da figure simboliche scolpite a rilievo tutt'intorno alla base, che costituiscono anche l'interessante testimonianza iconografica di celebri sculture antiche ricordate dalle fonti letterarie e divenute l'emblema parlante delle città in cui erano erette (così per Efeso è l'Amazzone della famosa gara, cfr. p. 296).

Lucerna in oro, da Pompei, tempio di Venere inv. 25000
Rinvenuta nel 1863 nell'area del tempio del più importante santuario della città, la lucerna bilicne d'oro, lavorata a *repoussé* con motivi a foglie di loto ed alto riflettore decorato con lo stesso tema, è un *unicum* assoluto. Come documentano testimonianze epigrafiche e letterarie, oggetti d'oro erano offerti ai principali santuari fin dall'età classica; come la lucerna d'oro, che, ci informa Pausania, ardeva giorno e notte nell'Eretteo, il santuario di Atena Poliàs sull'acropoli di Atene, anche in questo caso si tratta certamente di un eccezionale dono votivo al santuario. La lucerna è del resto, come insegna la poesia erotica o la favola di Amore e Psiche, un tipico oggetto di Venere.
Da pochi anni un paio di graffiti, rinvenuti nella casa di Giulio Polibio, son venuti a mostrare che questa lucerna pompeiana è quasi certamente uno dei doni degli Augusti Nerone e Poppea alla città e al santuario, forse all'epoca del famoso soggiorno napoletano del 64 d.C. Il primo graffito, infatti, redatto in un latino popolaresco, con enfasi racconta: «appena Cesare venne al tempio di Venere santissima, quando, o Augusto, i tuoi piedi celesti ti portarono dentro, vi furono migliaia di libbre d'oro», mentre il secondo presenta i doni dell'Augusta. La forma della lucerna ben si conviene ad una cronologia neroniana.

Statua di Doriforo, da Pompei, palestra sannitica
inv. 6011

La tradizione riferisce che la scultura in bronzo eseguita negli anni intorno al 440 a. C. dal grande Policleto di Argo nota come «portatore di lancia» (*doryphoros*), e raffigurante probabilmente Achille, fu nota nell'antichità anche come *Kanon*, cioè «canone», perché rappresentava di per se stessa la legge metrica e musicale della costruzione dei corpi, con rapporti numerici tra le dimensioni delle varie membra. In realtà in questa che è la migliore replica pervenutaci della statua, è chiaro soprattutto il principio di costruzione della figura. Lo schema chiastico (cioè nella figura della lettera X, il *chi* greco) elaborato dal maestro determina il movimento principale della figura, con la gamba destra stante ed il braccio opposto sinistro flesso, ed inversamente con la gamba destra piegata ed il braccio destro disteso; ma il fascino è nei più lievi movimenti della testa, del torso, che danno vita alla figura, che restò il più compiuto tentativo di rappresentazione dell'ideale di armonia dell'uomo greco, *kalòs kai agathòs* (bello di corpo e valente di intelletto).

È particolarmente significativa la presenza di questa copia di età primo imperiale nella palestra sannitica di Pompei, dove ricordava ai giovani aristocratici della città campana la loro comune appartenenza al mondo classico e agli ideali della cultura ellenica, di cui i Romani si sentivano eredi.

Statua di palestrita, da Sorrento
inv. 119971
Fu rinvenuta nel 1899 tra i resti di una palestra questa bella statua in marmo di pugilatore – si notino i cesti, un'armatura di coregge armate di borchie metalliche, alle mani. La corona d'olivo sul capo lo denota come vincitore, mentre l'erma di Ercole accanto alla gamba destra simboleggia il mondo del ginnasio, degli *athla*. La statua, databile nella prima metà del I secolo d. C., è firmata, sulla fronte della base, da Koblanos di Afrodisia in Caria (*Aphrodiseus Koblanos eirgasato*); qui, stimolata dalla richiesta romana di opere d'arte nonché dalla presenza di cave di eccellente marmo, fiorì, a partire dall'età augustea e fino alla fine dell'Impero d'Occidente, una celebre scuola di scultura attestata da circa trentacinque firme di Afrodisiei, quasi tutte su statue rinvenute in Italia.

Statua marmorea di Afrodite «pudica», da Ercolano
inv. 6283
Attraverso una rielaborazione ellenistica di II secolo a. C. (la c.d. Venere Capitolina), la copia romana ci rimanda in qualche modo ad un'opera celebre dell'arte antica, l'Afrodite Cnidia di Prassitele. Per primo infatti Prassitele denudò il corpo della dea al bagno, già mostrato in trasparenza nei panneggi «bagnati» dalla generazione di scultori dopo Fidia, e ne fece l'oggetto del suo capolavoro. Acquistata dagli abitanti di Cnido, dopo che i primi committenti, di Cos, avevano preferito un'Afrodite vestita dello stesso maestro, la statua fu esposta in un tempietto rotondo attraverso i cui intercolumni poteva essere ammirata da tutti i lati. L'Ellenismo accentuò il tema della «pudicizia» sollevando la mano della dea a coprire, in realtà a sottolineare maliziosamente, il seno, o variando il ritmo della figura, aggiungendo una veste cadente. La figura, intesa nel suo valore ornamentale, passò quindi alla cultura romana che, come in questa statua da Ercolano, l'adoperò spessissimo come decorazione di edifici pubblici (ad esempio le Terme) o di giardini di case e ville.

Statua femminile in bronzo, da Ercolano, Teatro inv. 5589
Lo schema della figura, col capo coperto dal mantello (*palla*) nell'attitudine sacerdotale della statua seguente, ritorna in altre statue dallo stesso Teatro e in quella di Eumachia da Pompei. Il modello doveva essere una statua di Livia come *Salus* o *Pietas*. La statua è datata in età tiberiana per lo stile del ritratto e la resa del panneggio, molto vicino alla Eumachia sopra ricordata.

Statua bronzea di Tiberio, da Ercolano
inv. 5615
Fu rinvenuto nel 1741 nei pressi del Teatro questo splendido bronzo che raffigura l'imperatore come pontefice massimo, col capo velato in atto di sacrificare, secondo il tipo creato al tempo di Augusto ed il cui migliore esemplare è costituito dall'Augusto di via Labicana. In esso, rinunciando alle interpretazioni «eroiche» della figura del principe come dinasta ellenistico, che pure erano presenti nella tarda repubblica, l'ideologia del principato esprime a pieno quei valori della *pietas*, di adesione alle tradizioni religiose della repubblica, che Augusto aveva più volte sottolineato e fatto esaltare dai suoi poeti. La statua è una delle più felici da Ercolano.

Testa di cavallo, da Ercolano, Teatro
inv. 115391
Fu soprattutto in occasione del rinvenimento, nel 1739, di queste grandi sculture equestri in bronzo, che il metodo archeologico che s'andava sperimentando nell'impresa ercolanese rivelò i suoi limiti. I pezzi di questi cavalli furono infatti estratti a pezzi, spesso confusi, e alcuni di essi, giudicati «rottami inutili» finirono nel crogiolo del fonditore per fare ritratti del Re e della Regina. La testa, su cui sono evidenti i resti di una doratura a foglia d'oro come su molti grandi bronzi antichi, appartiene ad una statua di notevole qualità tecnica ed artistica che testimonia dell'eccellente livello della decorazione di una pur piccola città quale era Ercolano.

Quadro con Achille e Chirone, da Ercolano, c.d. Basilica
inv. 9109
Il centauro Chirone fu il maestro dell'eroe tessalo Achille. Il tema della pedagogia mitica torna nell'altro quadro che faceva da *pendant* a questo, con Marsia e l'allievo di musica Olimpo. L'eroe fanciullo tiene nella destra la lira che il centauro gli insegna ad accordare con fare premuroso. Le figure sono concepite come statue classiche contro uno sfondo architettonico a podio ornato di metope con bucrani e rosette. L'originale di questo quadro, del quale conosciamo altre copie a Pompei, era certamente una famosa scultura, probabilmente di origine greca, che Plinio il Vecchio ricorda esposta a Roma nei *Saepta Iulia*. L'immagine ebbe gran fortuna, attraverso le *Antichità di Ercolano*, nel Settecento e fu ripresa in porcellane e placchette d'avorio.

Quadro con Ercole e Telefo, da Ercolano, c.d. Basilica
inv. 9108

Si è proposto di identificare con un celebre dipinto di Apelle, l'«Ercole che si volta» ricordato da Plinio e ben noto in Italia perché esposto nel tempio di Diana sull'Aventino, l'originale di questo quadro famoso raffigurante il ritrovamento da parte di Ercole – la figura poderosa dell'eroe ricorda evidentemente il tipo lisippeo dell'Ercole Farnese (vedi a p. 333) – del figlioletto Telefo allattato da una cerva. La scena si svolge alla presenza di una solenne figura di Arcadia, confrontabile con un'analoga figura del fregio dell'ara di Pergamo, di un Satirello, simboleggiante il carattere pastorale del paese, e di una figura alata che impersona il monte Parthenion dove Telefo nacque, e che chiude a sud l'Arcadia. Tra il bimbo e il padre è l'aquila di Zeus, padre di Ercole e dunque nonno di Telefo. Il quadro era probabilmente un omaggio a Telefo, padre del noto poeta e filologo Fileta, che costituì un centro di cultura letteraria a Coo, l'isola in cui si stabilì Apelle. Era probabilmente già nell'originale la straordinaria natura morta con canestro e frutta.

Statua di marmo di Marco
Holconio Rufo, da Pompei
inv. 6233

Di officina urbana, la statua, posta ai piedi dell'arco eretto al quadrivio via di Stabia-via dell'Abbondanza, rappresenta quello che fu in assoluto il cittadino più importante di Pompei (ricordiamo tuttavia, anche per dare un metro di paragone, che nessun Pompeiano entrò mai, per quel che sappiamo, nei ranghi dei cavalieri…). È preso a modello il tipo iconografico del Marte Ultore del tempio del Foro di Augusto a Roma, e l'abito militare allude alla carica di *tribunus militum a populo* del quale l'imperatore l'aveva insignito, un grado militare puramente fittizio ma che dava ad Holconio l'ambito privilegio di sedere, in occasione delle sue visite a Roma, nel teatro in un posto di riguardo, secondo solo a quello dei cavalieri. L'iscrizione sotto la statua (*CIL*, X, 830) ricordava ai Pompeiani il *cursus honorum* di Holconio: oltre al tribunato militare, era stato *sacerdos Caesaris Augusti* (il primo a Pompei), cinque volte duoviro *iure dicundo*, due volte duoviro quinquennale, ed aveva infine ottenuto il più alto onore municipale, il titolo di *patronus coloniae*.

Fregio dipinto con scena di vita nel Foro, da Pompei, praedia di Giulia Felice (II, 4, 3)
inv. 9068

Il fregio ci dà con stile corsivo, ma efficace e non incolto, una vivace immagine contemporanea dell'aspetto del Foro di una città romana del I secolo d. C. Un gruppo di persone, tre adulti e un ragazzo, sono intenti a leggere un avviso pubblico scritto su una lunga tabella appesa alle basi di tre statue equestri innalzate davanti al porticato, ornato di corone, che circonda la piazza. Altri tratti di questo fregio «fotografano» varie scene della vita della piazza, il commercio minuto di attrezzi metallici, pentole, cibi cotti, la punizione di uno scolaro.

Quadro con la rissa nell'anfiteatro di Pompei, da Pompei, casa I, 3, 23
inv. 112222

Il padrone della casa pompeiana dove il quadro è stato rinvenuto aveva chiesto ad un pittore di modesti mezzi, un pittore da larari e da insegne, di ricordargli su una parete il celebre episodio della rissa tra Nucerini e Pompeiani avvenuta in occasione dei giochi nel 59 d. C. L'episodio, pur modesto ed imputabile forse ad odî di campanile tra Pompei e la sua più potente vicina, era evidentemente sentito come 'storia' nella tranquilla città del I secolo; di fatto esso provocò la sospensione dell'arena pompeiana per 10 anni e lo scioglimento di alcune associazioni illegali. La rappresentazione dell'avvenimento è vivace ed abbastanza fedele; nella veduta a volo d'uccello vediamo l'anfiteatro, in secondo piano le mura, a sinistra la palestra.

Elmo gladiatorio da Pompei,
c.d. Caserma dei Gladiatori
inv. 5673
La ricca decorazione a rilievo su quest'elmo celeberrimo rappresenta la notte della presa di Troia (*Ilioupersis*), con i gruppi di Neottolemo che uccide Priamo, Aiace e Cassandra, e naturalmente la fuga di Enea con Ascanio ed il vecchio Anchise. Ed in verità era proprio quest'ultimo il motivo principale del favore romano accordato al tema che costituiva l'antefatto necessario alla nascita di Roma. L'elmo è quello del *Thraex*, il Trace. I gladiatori di questa nazione giunsero nelle arene romane dopo la cattura di molti di loro che avevano combattuto nell'esercito di Mitridate. Le altre armi del Trace sono uno scudo, gli schinieri, una difesa per il braccio (*manica*) ed una daga ricurva (*sica*). Dai graffiti pompeiani sappiamo che i Traci combattevano tra loro, contro i *myrmillones* e soprattutto contro gli *oplomachi*.

Statua marmorea di Afrodite, da Santa Maria Capua Vetere
inv. 6017
Faceva parte della decorazione di età adrianea del portico sulla *summa cavea* dell'anfiteatro di Capua questa statua che ha dato il suo nome ad un celebre tipo di Afrodite ellenistica, nel vezzoso gesto di specchiarsi nello scudo di Ares e di poggiare il piede sul suo elmo (vedi il quadro pompeiano). In età romana il tipo fu spesso adattato a figura di Vittoria che scrive sullo scudo la menzione della vittoria (Vittoria di Brescia), con l'aggiunta delle ali e dello stilo nella mano destra.

Iside, da Napoli
inv. 6372
La statua, databile al II secolo d. C., certamente di destinazione cultuale, documenta insieme ad altre testimonianze, come la celebre statua del Nilo nell'omonima piazzetta o la dedica di M. Opsio Navio a Iside, la presenza a Napoli del culto pubblico, probabilmente introdotto in città all'epoca in cui giunse a *Puteoli*, se non addirittura prima, la divinità alessandrina. La presenza del santuario egiziano caratterizzava talmente il quartiere da avergli dato il nome di *regio Nilensis*.

Cerimonia isiaca, da Ercolano
inv. 8924

Si tratta di una pittura famosissima per la rappresentazione di una scena di culto in un santuario isiaco. In primo piano un sacerdote, con la testa rasata e la tipica veste bianca di lino lunga fino ai piedi, suscita con un ventaglio la fiamma su un caratteristico «altare a corni» davanti al quale sono due ibis sacri alla dea; officiano altri quattro sacerdoti, due per lato, mentre uno a destra, negro, è seduto in atto di suonare il flauto. Nel secondo piano, la corte del santuario: un altro sacerdote guida colla bacchetta il coro di fedeli distribuiti in due ali davanti alla gradinata del tempio in cima alla quale, su una piattaforma fiancheggiata da due sfingi su uno sfondo di palme e vegetazione esotica, emerge dalla porta del tempio il gran sacerdote, annunciato dai sistri di un sacerdote e di una sacerdotessa, per fare l'ostensione del vaso d'oro con l'acqua sacra.

Sarcofago col mito di Prometeo, da Pozzuoli

inv. 6705

È datato al IV secolo d. C. questo bel sarcofago, di un'officina romana cui sono stati attribuiti altri due sarcofagi a Roma, con la rappresentazione del mito di Prometeo che crea il primo uomo. Trovato agli inizi dell'Ottocento in un mausoleo completo del suo arredo, mostra al centro l'eroe che, seduto, contempla pensoso il corpo di creta che ha plasmato e a cui si accinge a dar la vita, impersonata da Psiche, spinta da Eroti. Assistono le divinità supreme, Giove, Giunone, Nettuno, Mercurio cui Giunone dà, sollecita, il danaro con cui riscattare da Plutone la vita dell'uomo. Il sarcofago, un monumento del tutto privato, è una preziosa testimonianza della ricchezza culturale di cui ancora nella tarda antichità, pur decaduta, rispetto al suo passato splendore, continuava a godere *Puteoli*.

Un caso esemplare: Iseo di Pompei

Un esempio di arredo di santuario che la buona documentazione di scavo ha permesso di ricostituire nel Museo e che rappresenta bene l'assetto di un edificio sacro di una città romana, sia pure di quel particolare carattere che ebbero i culti orientali, è *il tempio d'Iside a Pompei*. Esso fu esplorato tra il 1764 ed il 1766, nella prima generazione degli scavi di Pompei. Destò emozione vivissima tra i dotti del tempo il rinvenimento di questo santuario egiziano, ricco di pitture dai colori freschissimi nel rifacimento promosso dall'*isiacus* Numerio Popidio Celsino e dal padre Ampliato, di oggetti sacri, di opere d'arte alludenti al culto della dea venuta dall'Egitto in Italia la cui fama s'era protratta attraverso il Medioevo fino all'età moderna.
Nel recente riallestimento, l'esposizione del complesso ha riproposto il contesto del santuario così come apparve agli scavatori; si è altresì cercato di evocare, anche attraverso i disegni del tempo ed i «rami» incisi per l'edizione da parte dell'Accademia ercolanese, la fortuna moderna del complesso.

Testa marmorea di Iside, ingresso del c.d. ekklesiasterion
inv. 6290
La bella testa, attribuita alla prima metà del I secolo d. C. (ca. 40-50 d. C.), apparteneva ad un acrolito, una scultura fatta di un sostegno di legno rivestito di stoffa, alla quale erano applicate parti in marmo per le membra esposte. In una mano reggeva il tipico strumento musicale del culto isiaco, il sistro. La dea deriva qui la sua iconografia da quella di Afrodite e solo l'attributo che recava sulla testa, forse una piuma, ne dichiarava esplicitamente l'identità.

Sistro, ingresso del c.d. ekklesiasterion
inv. 409 AE

Il sistro era un sonaglio tipico del culto isiaco; sacerdoti e fedeli lo agitavano in occasione delle cerimonie producendo quel frastuono che tanto disturbava i tradizionalisti romani. I molti strumenti in bronzo e in argento trovati a Pompei indicano, insieme con altri elementi significativi (larari dipinti, statuette, lucerne etc.) la vasta penetrazione del culto nella società della piccola città campana, favorita peraltro dalla prossimità al vicino porto cosmopolita di Pozzuoli.

Quadro di Io a Canopo
dal c.d. ekklesiasterion
inv. 9558

Scavato il 18 novembre 1764 alla presenza del re Ferdinando IV, il quadro rappresenta un tema piuttosto raro (un'altra sola replica viene da Pompei): l'arrivo della ninfa Io, perseguitata da Hera per il suo amore con Zeus, in Egitto dove viene accolta dalla dea Iside nel suo santuario di Canopo nel Delta. Qui Io generò Epafo, capostipite delle stirpi regali di Egitto e Argo attraverso i fratelli Egitto e Danao; un tema chiaramente elaborato nell'ambiente alessandrino della corte dei Tolomei per venire incontro al bisogno di legittimazione del loro potere col radicarlo in antiche origini eraclidi-argive che valessero per entrambi gli elementi etnici del nuovo regno, l' egizio e il macedone. Ed all'ambito alessandrino del III secolo a. C. bisognerà ascrivere anche il prototipo di questo quadro. Vi è raffigurato il momento in cui una divinità fluviale deposita Io sulle rocce di Canopo; la ninfa, dalla carnagione candida, è presa per mano da Iside, acconciata con boccoli calamistrati, e munita di attributi parlanti: il cobra in mano e il coccodrillo sotto i piedi. L'altare a corni e i sacerdoti della dea connotano il luogo come santuario.

Erma bronzea di Caio Norbano Sorice, porticato
inv. 4991
L'iscrizione sul pilastrino in marmo cipollino dell'erma («[erma] di Caio Norbano Sorice, attore delle seconde parti, *magister* del *pagus Augustus Felix suburbanus.* Luogo dato per decreto dei decurioni») assicura sull'identità del personaggio. Si tratta probabilmente del discendente di un altro, ben più famoso attore, *Norbanus Sorex*, che fu amico di Silla all'epoca del suo ritiro a Pozzuoli e ne ricevette ampi favori, ai quali va probabilmente fatta risalire la presenza dei suoi discendenti nella colonia sillana di Pompei. Ancora fortemente influenzato dalla tradizione ellenistica, il bel ritratto si data probabilmente alla fine del I secolo a. C., nel periodo 30-20 a. C. Un'altra erma di *Sorex* era a Pompei nell'edificio di Eumachia ed un'altra è stata trovata nel santuario laziale di Diana a Nemi, dov'era un Iseo che forse l'attore frequentava, come quello di Pompei, per partecipare a rappresentazioni sacre.

Le città sepolte dal Vesuvio: l'edilizia privata La decorazione della struttura architettonica: la pittura, i mosaici, gli stucchi

Case come ville

Tra i molti casi di studio che l'eruzione del Vesuvio del 79 d. C. ha fornito alla posterità seppellendo le città di Pompei ed Ercolano, i siti di *Stabiae* ed *Oplontis,* quello dell'architettura domestica è uno dei più interessanti. Le centinaia di case, le decine e decine di ville esplorate forniscono un quadro pressoché completo del modo di risiedere sul territorio in città ed in campagna, in collina e sul mare, da ricchi e da poveri; e ciò con un'abbondanza di informazioni sui modelli architettonici, sulle mode decorative, sui materiali da costruzione, sull'uso degli spazi, che fa di questi siti archeologici i luoghi privilegiati per lo studio della casa romana.
Non secondario elemento di interesse è poi la possibilità di studiare la casa nel suo sviluppo per oltre due secoli, dal II secolo a. C. al I secolo d. C., guardando ai diversi atteggiamenti culturali ed economici operanti nel tempo sull'architettura. È una storia che riusciamo a cogliere appieno solo dalla fine del II secolo a. C. Certo abbiamo esempi di case più antiche, fin dal periodo etrusco della città (VI secolo a. C.) e della piena età sannitica (casa del Chirurgo a Pompei), ma le informazioni per questo periodo sono scarse e forse oggi minori di altri siti. Ma a partire dalla fine del II secolo a. C., la documentazione si fa più abbondante e significativa. Il fatto è che molte importanti case furono costruite in questo periodo d'oro delle città vesuviane, e parecchie di esse furono deliberatamente conservate quasi intatte fino alla fine della storia delle città, come testimonianza di una gloria diventata irripetibile.
La tradizionale casa familiare italica era la *domus*, impostata intorno ad un atrio uno dei cui nomi (*tuscanicum*) ricordava lontani ascendenti, confermati dall'archeologia, nella cultura etrusca. Passato senza sostanziali mutamenti attraverso il periodo della prima dominazione sannitica, ma di recente arricchito a contatto delle culture del mondo ellenistico del nuovo elemento del peristilio, questo tipo conosce ora (III-II secolo a.C.) nelle case dell'aristocrazia sannitica di Pompei (case di Pansa, del Labirinto, del Fauno, etc.) e di Ercolano (casa Sannitica) uno sviluppo mai più eguagliato per dimensioni e raffinatezza. Nella disposizione planimetrica si moltiplicano, accanto alle stanze tradizionali, i nuovi spazi della tradizione greca ed orientale: peristili, esedre, quartieri per gli ospiti (*hospitalia*), ginecei; nell'apparato decorativo si trovano intonaci dipinti ad imitazione di strutture in preziosi marmi policromi (è il cosiddetto primo stile), le prime suppellettili marmoree importate, le terrecotte figurate, e soprattutto i mosaici (i grandi vermiculati, come gli straordinari mosaici della casa del Fauno, ma anche i signini con tessere, le brecce, i *lithostrota*), ma anche oggetti tipici del mondo e della cultura scientifica ellenistici, come gli orologi solari, che compaiono tanto negli edifici pubblici quanto nelle case private.
Con la conquista romana il tipo della *domus* urbana aristocratica ad atrio sembra rinunciare alle grandi estensioni planimetriche della fase precedente per cercare, in concorrenza con le prossime ville baiane, l'*amoenitas* del paesaggio goduto da porticati e belvederi in posizioni panoramiche (come le case sulle mura della *Regio* VIII e dell'*insula Occidentalis* di Pompei o quelle sulle mura di Ercolano) e il *commodum*, finora sconosciuto, delle terme private. Chi non aveva la disponibilità di punti panoramici cercava di dilatare le vedute interne, acquistando le case contigue per realizzarvi nuovi peristili o vaste aree di giardino (casa di Arianna, casa del Citarista a Pompei); il modello del palazzo ellenistico continuava ad esercitare tutto il suo fascino, come mostra il moltiplicarsi, in questa fase, dei locali di rappresentanza colonnati aperti sui peristili, vere architetture nell'architettura con fascinosi nomi orientali: *oeci Aegyptii*, *Cyziceni*, *Corinthi* (sale egiziane, di Cizico, di Corinto). Com'è stato giustamente sottolineato, più ancora che i palazzi di Roma, dove pure sono stati ritrovati (ad esempio negli *horti Sallustiani*) i corrispondenti reali architettonici delle colonne bronzee avviluppate di viticci gemmati, ma dove il severo *mos* dei padri agiva come un rigido freno, era nelle ville, nella *voluptas aedificandi* che le faceva sorgere via via sempre più sontuose, che questo modello di vita da dinasta ellenistico trovava la sua più piena attuazione. E certo è gran perdita, anche da questo punto di vista, che ci resti solo la pura menzione delle ville baiane di Mario e Lucullo, Silla, Pompeo, Cesare, Ortensio, Cicerone, Clodia, Licinio Crasso, Pisone, Marziale, per citare i nomi più famosi dei grandi della repubblica che non si sottrassero al piacere e alla prestigiosa necessità di possedere un *Cumanum* o un *Puteolanum*.
Di queste ville oggi nulla resta se non gli accenni entu-

siastici dei contemporanei all'amenità dei loro belvederi, ai porticati, ai giardini studiatissimi, alle innumerevoli sculture, ai marmi preziosi, ai padiglioni, ai ninfei, agli auditori per concerti e spettacoli, ai moli, ai porticcioli donde si staccavano le eleganti barchette per le galanti passeggiate nel Golfo, alle peschiere-vivaio per l'allevamento dei pesci e dei molluschi più gustosi, frenesia del tempo (*Tritones* o *piscinarii* erano detti, con ironia e scherno questi maniaci), e, naturalmente... ai prezzi esorbitanti pagati per tali ville.

L'eruzione del Vesuvio ci ha conservato alcune di queste ville a Ercolano, nei dintorni di Pompei, a Stabia, dove, dopo la distruzione dell'antica città osca, tutto il territorio fu destinato a questo tipo di insediamenti. L'esempio più famoso è certo quello della villa ercolanese dei Papiri, attribuita ai Pisoni o ad altre *gentes* dell'aristocrazia romana; la villa, scavata per cunicoli alla metà del Settecento, sorgeva su un colle ad ovest della cittadina vesuviana e si allungava in grandi porticati per passeggio (*ambulationes*) e belvederi sul panorama del golfo di Napoli: celebri sono oggi la ricca collezione di sculture ellenistiche raccoltevi dal proprietario e i papiri, soprattutto di filosofia epicurea, dalla biblioteca; ma l'architettura stessa doveva essere, come mostra anche la ricostruzione fatta a Malibu per il Getty Museum, degna di Baia. Così come la villa scavata a Torre Annunziata (in antico il sito, nel territorio di Pompei, aveva il nome di *Oplontis*) ed attribuita, a partire dalla prima età imperiale, alla *gens* dei *Poppaei*: il suo primo impianto, della metà o poco prima del I secolo a. C., ostenta una grandiosa semplicità, con volumi geometrici organicamente accostati, ed impreziositi dal rifulgere delle splendide pitture di II stile. Degna di nota è la presenza, in queste ed altre ville della zona vesuviana, ad *Oplontis* come nella pompeiana villa dei Misteri o nella villa di Fannio Sinistore a Boscoreale, di un quartiere produttivo: il carattere originario della villa, quale centro di una tenuta agricola, sembra qui non essersi completamente perso.

Con il benessere derivante dalla *pax augustea*, il sogno di ogni abitante dell'Impero, un sogno ormai permesso non più solo agli aristocratici ma anche ai semplici liberti, diventò, come mostra Orazio con la sua sospirata *villula*, o anche i quadretti con vedute di ville che si trovano a diecine nelle pitture di Pompei, il possesso di una villa. Ovviamente, di fronte alla grandiosità di concezione delle ville imperiali capresi o baiane o del *Pausilypon*, impallidiscono le case sulle mura dei Pompeiani e finanche le pur sontuose ville dei ricchi romani che, attirati dal richiamo della «società di villa» e della corte imperiale, oltre che dalla bellezza della natura e dei paesaggi, accorrono ad occupare ormai ogni angolo della costa. Alcune di queste, coinvolte dallo stesso destino di distruzione delle città vesuviane, ci mostrano lo spirito di emulazione che portava i loro proprietari a procurarsi statue di bronzo e di marmo, piscine; vedremo tra breve la più celebre di esse, la Villa dei Papiri di Ercolano.

A partire dall'età augustea, le nuove esigenze di lusso e l'influsso del modello della villa che così prepotentemente abbiamo visto manifestarsi sulle coste campane del golfo di Napoli, provocano, senza peraltro modificare sostanzialmente lo schema tradizionale della *domus*, trasformazioni ed ampliamenti anche nella struttura delle case di città: gli ambienti altissimi delle case più antiche cedono a spazi più definiti: le alte aperture rastremate delle porte vengono ridotte, i soffitti abbassati con finte volte a cannucciate. I triclini si moltiplicano in più impianti adoperati a seconda della loro ubicazione e della stagione (*triclinium vernum*, *aestivum*, *autumnale* o *hibernum*); si moltiplicano i bagni privati con l'introduzione della nuova tecnologia dell'ipocausto su *suspensurae*. In sostituzione o ad integrazione del peristilio, viene ora potenziato il giardino modulato come parco, spazio architettonico con alberi, aiuole, viali, esedre, fontane, ruscelletti, affidato a schiavi professionisti (*topiarii*): famoso l'esempio della casa pompeiana detta di Loreio Tiburtino, con lo straordinario apparato di due canali-euripi disposti a T ed ombreggiati da pergole, attraversati da ponticelli, inquadrati fra tempietti, biclini, fontane, arricchiti da pitture e sculture decorative.

Naturalmente lo sviluppo di un tale modello di architettura domestica era possibile solo in città come Pompei, che avevano ancora spazio disponibile: altrove, ad esempio ad Ercolano, e a maggior ragione, dobbiamo presumere, nella densa conurbazione delle città flegree, la rarefazione degli spazi causava il ricorso a modelli edilizi più concentrati, e, nei quartieri più poveri, allo sviluppo di case d'affitto ad appartamenti su più piani costruiti nella leggera tecnica del graticciato di legno e muratura (*craticium*), come la casa a graticcio di Ercolano, prodromo di quel modello di casa a blocchi rappresentato dall'*insula* di tipo ostiense.

La pittura

Con la fine della repubblica alle fantasie architettoniche e prospettiche del II stile pompeiano, che erano venute amplificandosi e involvendosi in giochi prospettici sempre più complicati ed artificiosi, al punto da suscitare la critica di Vitruvio (VII, 5, 3-4) contro cose «che non esistono, né possono esistere», succede per reazione un gusto nuovo e del tutto opposto, il c.d. III stile o «stile ornamentale»: una parete senza profondità, decorata a zone unite di colori intensi ed eleganti (rosso, bianco, nero), scompartite secondo uno schema tripartito da esili candelabri o sottili viticci lineari.

Espressione in pittura del classicismo augusteo, traduzione in colore dei principî antispaziali che troviamo rappresentati nell'*Ara Pacis*, questo stile diventa miniaturistico, prezioso, e i residui elementi architettonici sono annullati nella loro essenza spaziale dall'ornamentazione: le colonnine slanciate sono avvolte di nastri ed ornati, se non addirittura costituite esse stesse di ghirlande di fiori; cornici e timpani sono coronati di minuscole e graziose statue, eleganti e aeree costruzioni sono come cesellate in ornamenti finissimi. E tuttavia, per quanto pos-

sa sembrarci difficile da credere, questo stile fu sentito come proprio da un tempo che, dopo gli eccessi della fine della repubblica, proclamava come ideali il disprezzo della *luxuria* ed il recupero della *dignitas* del severo *mos maiorum*.
Un elemento da tener presente a questo proposito è tuttavia il fatto che centro dell'interesse della parete di III stile è soprattutto il quadro, di soggetto narrativo-mitologico: copia o rielaborazione di celebri originali della pittura greca classica, reso con cromatismo freddo e raffinato (celeste, bianco, acquamarina, bianco). Oltre a quello principale al centro della zona mediana, il pittore poteva lasciare spazio a quadretti minori nella predella, sopra lo zoccolo, o nel fregio superiore. Il quadro è sentito come l'elemento principale; nella mentalità antica, che a differenza della nostra non aveva il culto dell'originale e faceva sì che un sovrano come Attalo III di Pergamo fosse fiero della sua pinacoteca costituita anche da copie appositamente eseguite, il proprietario di una casa con belle copie di opere di pittura greca esibiva un surrogato non disprezzabile di una pinacoteca e dava con ciò prova della sua cultura.
Lo stesso recupero, quasi filologico, dello stile classico e fino alle soglie dello stile severo, appare nei dipinti romani della villa della Farnesina o nei i quadretti neoattici su marmo da Ercolano. Ricordiamo anche, nelle case più ricche, l'uso di rilievi marmorei, in qualche raro caso originali greci (ad esempio il rilievo attico di IV a.C. con *Afrodite e fedeli* dalla casa di Pompei V, 3, 10), più spesso rielaborazioni delle botteghe neoattiche: tale è ad esempio il bel rilievo con scene del mito di Telefo dalla casa omonima ad Ercolano, o quello, ancora da Ercolano, con *Oreste a Delfi,* o il rilievo con *Orfeo ed Euridice* dalla villa marittima in contrada Sora a Torre del Greco.
La stessa tendenza classicheggiante si nota del resto anche in altre classi di materiali, non solo pregiati come le sculture ma anche poveri come la coroplastica: oltre a conferire pregio e dignità alla copia, essa tendeva in realtà a confermare i valori tradizionali, una posizione tipica di molti classicismi, e a divenire «veicolo di certezze». Con le loro storie di esaltazione di eroi e punizione di empi, questi quadri tendono a strutturarsi in cicli tematici, a dare una rappresentazione dell'ordine morale dell'universo. In perfetta sintonia con l'atmosfera antieroica del tempo – si pensi alla *mediocritas* oraziana –, il tono è tuttavia medio: a preferenza dei temi epici si batte piuttosto il tasto dell'idillico o del romanzesco-sentimentale, tra le Bucoliche virgiliane e gli *Amores* ovidiani, per far paragoni in letteratura; un indizio della capacità di penetrazione di questi temi anche negli strati sociali inferiori è dato ad esempio da figurine fittili, peraltro di mediocre livello, come il gruppo di Perseo e Andromeda stanti su una roccia ai cui piedi è il mostro ucciso, o il gruppo di *Perone e Micona*.
Un altro tipico aspetto di questo stile è l'»egittomania», come si definisce il gusto, del resto tipico del tempo, per il mondo dell'Egitto faraonico, sentito come culla di grande e millenaria civiltà, un mondo di antica saggezza e straordinario fasto, di cui Roma tendeva a porsi in qualche modo quale erede, come indicano ad esempio le importazioni dei grandi obelischi. Già in precedenza da Alessandria erano passate in Italia mode artistiche e culturali, per non parlare della stessa introduzione del culto di Iside; in pittura i temi di giardino, i fregi parodistici, le cacce con fiere, i paesaggi idillico-sacrali, i paesaggi nilotici; e tuttavia stupisce la riproduzione, oscillante tra il senso dell'ingenuo-meraviglioso e dell'antiquario, dei costumi faraonici, degli dèi in forme animali, degli oggetti del culto, finanche dei geroglifici, non capiti nella loro vera natura, ma visti piuttosto come segni misteriosi e sacri. Naturalmente si tratta di un gusto che va ben al di là delle città vesuviane, come mostrano ad esempio le scarse, e perciò preziose, reliquie di pitture delle terme di Baia.
Questo stile ci ha lasciato complessi di grande qualità, sia nelle ville extraurbane, sia nelle case di città. Tra i primi va annoverata la villa di Boscotrecase, appartenuta ad Agrippa Postumo, smembrata purtroppo tra New York e Napoli, famosa per l'altissimo livello dei quadretti idillico-sacrali, ed alcune stanze della villa dei Misteri e di quella di *Oplontis*. Tra le seconde, a Pompei la c.d. Villa Imperiale, la casa di M. Lucrezio Frontone (famosi il triclinio con l'*Uccisione di Neottolemo, Amori di Marte e Venere,* il tablino col *Trionfo di Dioniso,* gli *Amori di Marte e Venere*, paesaggi di ville, e nature morte), quella dei Quadretti Teatrali (scene teatrali), quella dei *Ceii*, del *sacerdos Amandus* (*Caduta di Icaro, Liberazione di Andromeda, Ercole nel giardino delle Esperidi, Polifemo e Galatea*), la casa del Frutteto (splendidi cubicoli con pitture di giardino con sculture egizie, oggi emulate da quelle del ninfeo della casa delle nozze di Alessandro nell'*insula occidentalis*), degli Amorini Dorati (*Achille, Patroclo e Briseide, Teti nell'officina di Vulcano, Giasone davanti a Pelia)*, del Citarista (*Menade dormiente, Marte e Venere, giudizio di Paride*), dell'Amor Punito (quadro omonimo), di Cecilio Giocondo (quadro con *Ifigenia in Tauride*), del Centauro (*Ercole e Nesso*), del Granduca di Toscana (*Supplizio di Dirce*), di Giasone (*Pan e le Muse, Europa sul toro, Giasone e Pelia, Paride ed Elena, Medea*), di Giulio Polibio (*Supplizio di Dirce*) ed altre ancora.
A partire dall'epoca di Claudio viene di moda un nuovo stile, il c.d. quarto stile, che per essere stato in auge all'epoca dell'eruzione del Vesuvio è quello che ci ha lasciato il maggior numero di esempi, spesso in eccellente stato di conservazione perché eseguiti dopo il terremoto che nel 62 d. C. devastò la regione. Sottovalutato a lungo, come espressione di un gusto puramente decorativo, forse proprio per la sua notevole documentazione – si annoverano nella zona vesuviana oltre sessanta complessi di una certa ampiezza – esso esprime tuttavia bene le tendenze artistiche del gusto romano in quell'epoca.
Esso tende a rimettere in auge gli scenari architettonici,

ora tuttavia interpretati in senso fortemente fantastico e privi del rigore costruttivo del II stile, spesso compressi e ridotti a pure quinte divisorie delle zone di colore in cui resta scompartita la parete; esso inoltre conserva la voga del quadro mitologico, e con essa, imitando le gallerie di quadri delle grandi raccolte pubbliche e private, la pittura parietale, un artigianato non nobile per definizione, assume la funzione di grandioso veicolo di diffusione dell'immaginario della pittura e della cultura greca in tutti gli strati sociali, al di là del momento letterario e contemplativo dell'*otium* della *nobilitas*. Allentata la logica dei cicli, i quadri tendono ora infatti a presentarsi in maniera meno allusiva, e al tempo stesso il loro stile tende a dare un'interpretazione diremmo locale degli eroi e delle eroine greche, come mostrano chiaramente le Afroditi dalle pesanti pettinature a riccioli di moda in quel tempo. La qualità di questa produzione è nella maggior parte dei casi di scarsa levatura, destinata ad una clientela largamente alfabetizzata e desiderosa di un ambiente decoroso di vita, ma non interessata o non in grado di commissionare opere che, sia pur decorative, avessero un loro preciso significato. Soprattutto riscuotono gran favore i temi delle Metamorfosi di Ovidio, le trasformazioni degli eroi e delle eroine toccate dalla divinità, un immaginario inesauribile che con i suoi personaggi da romanzo dava ai Pompeiani la sensazione di giungere facilmente a quella che appariva l'essenza della cultura greca: Narciso, Dafne, Endimione si ripetono così sulle pareti in innumerevoli repliche, senza grande levatura artistica, ma dandoci un interessante caso di studio antico di veicolazione di modelli culturali in ampi strati della popolazione.

Una spia interessante dell'influenza della società sui temi rappresentati è ad esempio l'evoluzione dell'uso della natura morta: dapprima adoperata come attributo dell'architettura nelle rappresentazioni dei santuari nel II stile, e cioè secondo il suo originario valore ellenistico di doni votivi o doni ospitali (*xenia*), a partire dal III stile essa tende a comporsi in quadretti autonomi, talvolta anche di grandissimo valore artistico, come la bella serie dalla casa di Giulia Felice, rielaboranti gli originali schemi ellenistici; e proprio nel IV stile in questa tradizione apparentemente cristallizzata tendono ad inserirsi nuovi motivi non generici, ma realistici, noti all'esperienza e vicini al gusto dei committenti, come alcune forme di vasi tipicamente locali, o, ancor più significativamente, le nature morte con le capse per i documenti, i dittici dei contratti e i mucchietti di monete, quasi un commento in immagini a quelle scritte in mosaico inneggianti al guadagno (*salve lucrum*) che talvolta Pompei ci ha conservato.

Nel gran numero degli schemi decorativi adottati da questo stile, tutti peraltro rientranti nel modello generale della parete tripartita, un gruppo importante è costituito dalle pareti imitanti *scaenae frontes*: vere scene teatrali con i personaggi sulla scena: così la casa di Apollo, con il mito di Apollo e Marsia, così le pareti della casa di Pinario Ceriale, così infine le architetture della Palestra della *Regio* VIII. Più eterogeneo è il gruppo con prospetti architettonici meno imponenti, ma non meno complicati, in cui sono inseriti quadri. Il complesso più significativo di questo gruppo è la pompeiana casa dei *Vettii* che dispiega, forse lungo l'arco di due fasi decorative, tutto il repertorio del tempo: fastose, minute e complicate architetture sulle quali prevalgono gli elementi inseriti (figure, quadretti, e quadri), architetture di più reali proporzioni, quasi da secondo stile, in buon equilibrio con i grandi quadri esposti sui fondali colorati; grandi zone cromatiche appena distinte da fantastici elementi architettonici servono da pretesto a fregi con un minuto popolo di Eroti e *Psychai* impegnati nelle fatiche degli uomini, quadri di natura morta giganteschi, fino ai quadretti con le scenette erotiche (*figurae Veneris*) in uno stanzino appartato. Non manca infine un gruppo di pareti a pannelli piatti che appare tuttavia molto eterogeneo, dalle povere zone accostate di colore della *Regio* I di Pompei, ai felici esiti decorativi che si raggiungono con effetti di tappeto soprattutto a Ercolano.

Nei complessi che travalicano la mediocrità si può agevolmente cogliere lo spirito artistico del tempo, l'attuarsi di un'emancipazione dal classicismo per una visione più coloristica, più pittorica, più «barocca» per così dire, che si traduce nei colori pastosi, nella tendenza alla resa impressionistica, compendiaria, nei violenti contrasti di luce, nell'accentuata drammaticità dei gesti dei personaggi. Quest'interpretazione anticlassica va tenuta presente nel giudicare del valore di documenti della pittura greca di molti dei quadri che di questa fase ci sono conservati, opere peraltro di grande levatura: come il quadro con *Achille e Briseide* o quello con la *Ierogamia di Zeus ed Hera* dalla casa del Poeta Tragico; l'*Ulisse e Penelope* dal *macellum*; l'*Achille a Sciro, Teti nell'officina di Efesto* e *Teti con le armi di Achille* dalla casa IX,5,2; *Perseo e Andromeda* e *Medea* dalla casa dei Dioscuri; o i grandiosi quadri del triclinio della casa di M. Lucrezio, soprattutto l'*Ercole ed Onfale*; o il gustoso idillio del *Nido di Amorini* della casa dei Diadumeni; o il simile *Olimpo e ninfa* della casa del Menandro; o la trilogia della «*sala d'Issione*» nella casa dei Vetti, *Dedalo e Pasifae, Dioniso e Arianna, il supplizio di Issione;* o i grandi quadri della Basilica di Ercolano, *Teseo uccisore del Minotauro, Achille e Chirone, Ercole e Telefo fanciullo, Marsia e Olimpo, Zeus nelle nubi, Medea*. Né va dimenticato quell'esempio di fregio continuo che ci ha conservato l'*oecus* tricliniare della casa c.d. di Loreio Tiburtino con i cicli dell'Eracleide e dell'Iliade.

Grande sviluppo assumono ora anche le pitture di giardino, sia negli elaborati e un po' disordinati *paradeisoi*, affollati di figure di animali un po' grevi, sia nella loro versione più ridotta, rappresentata dagli zoccoli fioriti o dai quadretti con minuscoli giardini, succedaneo in millesimo dei grandi parchi delle ville dell'aristocrazia. In entrambe le versioni trapela il desiderio, fors'anche inconsapevole, degli strati sociali inferiori di partecipare alle colte manifestazioni dell'*otium* dei *nobiles*, e tra queste a quell'*ars topiaria* che celebrava allora i suoi trionfi. Tra le espressioni più significative ricordiamo l'esempio della grande villa di *Oplontis*, dove le pitture di giardino, pur di qualità non molto diversa da quelle pompeiane, sono tuttavia impiegate in straordinaria coerenza con l'architettura, nella realizzazione di una serie di giardinetti interni mirabilmente alternati con stanze di soggiorno allineate lungo la *natatio*, in un'integrazione raffinatissima di natura reale e natura ricreata dall'arte.

Se hanno scarso valore artistico, notevole interesse documentario hanno invece le pitture che si suol definire «popolari», un termine complessivo che designa le rappresentazioni realizzate a fini prevalentemente utilitaristici, fuori della tradizione degli «stili» i cui modi espressivi tuttavia almeno in parte riecheggiano. Tali sono le pitture funerarie, come quelle della tomba di Vestorio Prisco, con scene di un combattimento gladiatorio, di un paesaggio montuoso e di un giardino, della mensa con il suo vasellame d'argento, e dello stesso magistrato in atto di amministrare la giustizia; quest'ultima ci ricorda il desiderio di Trimalcione di avere sulla tomba la propria immagine seduta in tribunale. O anche le pitture dei larari, con vivaci immagini di divinità, talora ritualizzate come i Lari ed il Genio della Casa dei *Vettii* o il *Dioniso-grappolo* della casa del Centenario, talora fortemente espressive e realistiche come la *Processione dei falegnami*.

Altre pitture raccontano con stile corsivo, quasi echeggiando le voci dei graffiti letti sui muri della città, la vita del Foro, presso i cui porticati la gente si raccoglie a chiacchierare, a leggere gli avvisi, o a disegnare; il fornaio, il venditore di stoffe, di scarpe, di vasellame, di arnesi di metallo, di cibi, svolgono i loro commerci tra le colonne della piazza. Altre raffigurazioni ancora fanno da insegne di bottega e raccontano l'opera dei feltrai, dei conciatori, dei lavandai e dei tintori che strizzano i panni e li stendono a fumigare o ad asciugare; vivacissimi i quadretti di osteria con le figure degli avventori spiritatamente agitate nel gioco dei dadi. Fino alla registrazione, cronachistica eppur resa con una sua grandiosità nell'ampia veduta a volo d'uccello, della *Rissa nell'Anfiteatro tra Nucerini e Pompeiani*, con il vivace agitarsi e correre dei contendenti dentro e fuori l'arena, e le chiare notazioni del paesaggio urbano, dalla palestra, alle mura, al velario dell'anfiteatro. È lo stesso linguaggio che, in altra tecnica, ma su un monumento della stessa classe come un larario, quello della casa di Cecilio Giocondo, anima i due rilievi marmorei con le scene del terremoto del 62 d. C., una rappresentazione incurante delle leggi della composizione e della prospettiva, ma vivacissima nelle realistiche e sapide annotazioni degli animali imbizzariti, degli edifici che crollano.

I mosaici

Strettamente legato allo sviluppo della decorazione pittorica è in questa prima età imperiale quello della decorazione musiva. Nei mosaici geometrici dapprima, in sincrono con le tendenze miniaturistiche del III stile, le tessere si rimpiccioliscono; compaiono nuovi motivi come le reti di poligoni, esagoni, ottagoni, dodecagoni allacciati etc., motivi circolari inscriventi o iscritti ad altri elementi, un filone che riecheggia chiaramente le partiture dei soffitti. Alcune case hanno vaste superfici mosaicate; tra le altre ricordiamo a Pompei la casa di Paquio Proculo, in cui il pavimento dell'atrio riprende il tema di un cassettonato entro i cui campi sono inserite varie figure policrome di genere e e mitologiche. All'epoca del IV stile, le case con grandi aree pavimentate a mosaico si moltiplicano, ma le decorazioni tendono a disporsi in schemi a campi più allentati, in cui, abbandonata la struttura del cassettonato, prevale l'abbondanza esuberante degli ornamenti; famosa, tra le altre, la casa dell'Atrio a mosaico di Ercolano.

Le composizioni figurate, rare nel periodo del III stile, continuano ad essere adoperate prevalentemente per decorare luoghi specifici della casa; nei vestiboli sono famose, del periodo del III stile, le immagini di cani da guardia che richiamano alla mente, come le coeve pitture dallo stesso tema, il passo del *Satyricon* in cui Ascilto è colto da spavento dinanzi ad una simile figura nella casa di Trimalcione. Successivamente prevalgono, oltre al cane catenario, altre figure di animali, l'orso ferito della casa omonima, il cinghiale ferito policromo, il cinghiale assalito e ferito dai cani (che ripropone il tema del gruppo bronzeo che decorava il giardino della casa del Citarista), il leone policromo.

Continuano anche i mosaici di bagni con i consueti temi di lottatori (Pompei, Palestra VIII, 2,21) e di fauna marina, come il polpo del tepidario della casa del Centenario, ma anche con un'accentuazione dei motivi mitologici, come quella figura di Tritone che, riprodotta due volte nelle Terme del Foro di Ercolano, segna, anche stilisticamente per le lumeggiature bianche che agitano la *silhouette* nera, un'anticipazione delle più tarde esperenze dei mosaici termali di II secolo. Eccezionale il piccolo *emblema*, riutilizzato in pavimento di età flavia, ma certamente più antico, della fine del I secolo a. C., con il *Ritratto di una giovane donna ingioiellata*, dal pavimento di un cubicolo della casa VI, 15, 14, che richiama altrettanto famosi ritratti dipinti pompeiani come il *Paquio Proculo e la moglie* o il *Ritratto di fanciulla*.

Continua inoltre la passione per le *crustae*, ora costituite da piastrelle di marmi colorati dalle cave imperiali delle provincie; si diffonde sotto Claudio (Plinio, *N.H.*, XXXV, 1) la moda dell'*opus sectile*, sia in forma di tappeti di marmi colorati a disegno geometrico (a volte, nei casi più modesti, anche disordinatamente sparsi alla rinfusa) inseriti in pavimenti in tassellato o anche semplicemente in nuovi (o vecchi rinnovati) pavimenti in cocciopesto; sia in pavimenti di intere stanze dagli schemi e dai colori accuratamente elaborati, alcuni addirittura con l'uso di vetri colorati (come quello nel triclinio della casa dell'Efebo); sia, infine, in alcuni rari esempi pompeiani di scene figurate, usate peraltro per lo più per la decorazione di pareti, come le due lastre con scena dionisiaca ad intarsio (una variante del *sectile*) dalla casa dei Capitelli Figurati con *Menade e Satiro* in giallo antico, fior di pesco, paesina verde e palombino; o la più modesta *Afrodite che si slaccia il sandalo* dal triclinio della casa I,2,10; o il fregio a tralci vegetali in numidico e porfido dalla casa VIII, 2,16.

Ma la gran moda del tempo in questo settore sono i mosaici parietali, adoperati per impreziosire colonne, volte e altre membrature architettoniche (come nell'omonima villa delle Colonne a mosaico o nelle cupole baiane), ma soprattutto per rivestire i ninfei e le fontane che, come s'è detto, l'introduzione dell'acqua corrente in gran parte della Campania permetteva anche ai proprietari delle case di città. Rifacendosi agli schemi delle pitture contemporanee, a Pompei, Ercolano, e certamente in tutte le città della Campania, si moltiplicano nei giardini queste edicole, derivate da modelli macedoni e alessandrini, rivestite di mosaici di conchiglie, scaglie di marmo, calcare poroso e lava spugnosa a far da effetto-grotta; e soprattutto tessere di vetro, ricavate da vasi rotti, o appostamente predisposte, spesso in pasta vitrea o in fritta egizia: quel *caeruleum* per cui era famoso il Vestorio puteolano amico di Cicerone; così da un lato si impiegava un materiale impermeabile e resistente all'acqua, dall'altro si ricercava l'effetto prezioso del riflesso nell'acqua dei colori che non a caso sono dei più vivaci, azzurro e verdemare per i fondi, giallo, rosso, bianco, verde per i motivi ornamentali. Un'eco di questo gusto è nei versi di Stazio allorché descrive ammirato il bagno di Claudio Etrusco, un personaggio della corte di Nerone: «splendono le volte e i frontoni di vetro policromo» (*effulgent camerae, vario fastigia vitro*...). I temi sono ovviamente quelli acquatici, dai semplici pesci alle più complesse immagini di ville marittime, di Afrodite in conchiglia, di un tiaso marino, di Posidone Istmio. Al mosaico è integrata la pittura, sia entro la stessa fontana, con quadretti a temi marini e nilotici, sia a creare sulle pareti contigue un'ambientazione appropriata, con composizioni di giardino, di natura selvaggia attraversata da belve in caccia (casa dell'Orso a Pompei), ma anche di paesaggi marini con vedute di città (Pompei, casa della Fontana Piccola).

Gli stucchi

Del periodo del III stile abbiamo solo pochi esempi di stucchi; essenzialmente la decorazione del *tepidarium* della casa del Labirinto a Pompei, di età tiberiana, con oggetti simbolo della vita della palestra (anfore, rami di palma, corone, un cerchio etc.) e Vittorie nelle lunette, e nella volta un sistema a pannelli con figure inserite (teste di Medusa, grifi, Vittorie su *thimiateria*). La documentazione si fa abbondantissima invece per il periodo del IV stile: lo stucco è ora impiegato con grande libertà sia sulle volte, sia sulle pareti, da solo o in combinazione con la pittura, bianco o policromo. Gli schemi adoperati sono quelli delle architetture fantastiche di IV stile che trovano in questa materia rilievo plastico ed accrescono l'illusione di profondità; i soffitti impiegano per lo più modelli centripeti, con un medaglione centrale e cassettoni disposti intorno a convergere concentricamente. I motivi figurati tendono ora ad essere isolati sul fondo dei campi o dei medaglioni, e spesso un solo motivo, ad esempio un Erote o una figura armata, affida alla varietà delle movenze e dei gesti il suo valore decorativo; non mancano tuttavia né i grandi quadri figurati (ad esempio nella palestra delle terme Stabiane o nelle terme della villa del Petraro a Stabia) o le grandi figure isolate (gli atleti del peristilio della villa di San Marco a Stabia o i pugilatori del Petraro), né, all'opposto, le figurine minute collocate su fondi colorati, ad evidente imitazione dei cammei di sardonica (ad esempio la figurina alata con cigno e delfino su un fregio a fondo blu nella stanza *E* della casa dei Vettii).

Tra i complessi pompeiani ricordiamo qui brevemente la decorazione della Villa Imperiale, di grande delicatezza, ed al tempo stesso di grande vivacità figurativa e cromatica; ed ancora le Terme Stabiane sia nella volta del vestibolo dell'*apoditerium* maschile, a medaglioni ed ottagoni, sia nella grande parete della palestra, sia negli interessanti resti con scena di porto e di nave nel *calidarium* maschile; le Terme del Foro, le Terme Suburbane e varie terme private quali quelle, di recente recuperate, della casa delle nozze di Alessandro nell'*insula Occidentalis*; ed ancora altri complessi come il Tempio di Iside, interessante per i temi egittizzanti rappresentati, il delicato fregio iliaco con il riscatto del cadavere di Ettore nell'omonima casa dal Sacello Iliaco, numerose tombe come quella di Vestorio Prisco. A Ercolano ricordiamo invece la decorazione dell'arco quadrifronte sul decumano massimo e delle Terme Suburbane; inoltre da una villa suburbana presso Portici viene un notevole complesso di medaglioni di soffitto con centauri e baccanti in movimento.

L'eruzione del 79 d. C. suggellò per sempre questa ricchissima documentazione di pitture, mosaici, stucchi sotto le ceneri. Se oggi l'entusiasmo della prima scoperta non ci fa ritenere più come nel Settecento le pitture di Pompei «belle come di mano delle Grazie» e vedere in esse capolavori superiori anche a quelli del divino Raffaello, dei Carracci, di Guido Reni, la lunga riflessione critica sviluppatasi in questi secoli ci aiuta forse a coglierne meglio il valore reale di eccezionale, irripetibile documento della storia del gusto e dell'arte romana.

La fattucchiera, mosaico da Pompei, villa c.d. di Cicerone
inv. 9987

È firmato, come un altro quadretto dalla stessa villa, da Dioskourides di Samo, questo eccezionale mosaico della più pura tradizione ellenistica – si è di recente riproposto di rialzare al III secolo a.C. la usuale datazione alla fine del II – raffigurante una scena della commedia *Synaristoi* di Aristofane o forse di una *pièce* della Commedia Nuova. Intorno ad un tavolo circolare sono sedute, munite di maschere, tre donne, due giovani ed una megera. La presenza di vasi sul tavolo ha suggerito che si tratti di una preparazione di filtri d'amore da parte della vecchia fattucchiera; a destra assiste una servetta. Il mosaico traduce in pietra una pittura dalla policromia tenue, coi colori cangianti l'uno nell'altro, dotata di un notevole senso di spazialità ben suggerita in basso dai gradini ed in alto dalle quinte di diverso colore.

Marina con pesci, mosaico da Pompei, casa VIII, 2, 16
inv. 120177

La tradizione delle scene di pesci nuotanti sul fondo del mare deriva dalle rappresentazioni sui piatti attici ed italioti a figure rosse, ma fu senza dubbio arricchita dalla precisione scientifica con cui la scienza ellenistica si dedicò, sulla scia della scuola aristotelica, alla classificazione e certamente anche alla rappresentazione figurata delle diverse specie di animali. Di questa esperienza i mosaci pompeiani di I stile con pesci (un altro famoso esemplare viene dalla casa del Fauno, ma molti da altri siti sono in vari musei), della fine del II secolo a. C., sono la migliore eco. Si tratta senza dubbio di raffinati prodotti da laboratorio, eseguiti nella difficile e minuziosa tecnica del *vermiculatum*, capace di tradurre con migliaia di finissime tessere le policrome sfumature della fauna marina del Mediterraneo. Pesci e molluschi sono piuttosto ben riconoscibili; intorno alla scena centrale di lotta tra polpo e aragosta, si dispongono una murena, un calamaro, un gambero, un'anguilla, un branzino, una razza, una triglia, un labride, una conchiglia di *murex*.

Gatto e anatre, mosaico
da Pompei, Casa del Fauno (VI, 12, 2)
inv. 9993

La presenza di varie repliche musive, pur di qualità inferiore, sparse per il mondo romano (Roma, Ampurias, Orange), di una pittura nel colombario Doria Pamphili, di una statuetta al Museo del Cairo dal Delta, testimonia che il tema del gatto che azzanna l'uccello deriva certamente da un illustre originale di età ellenistica, probabilmente alessandrino. Allo stesso ambiente nilotico allude il tema delle anatre qui combinato con una natura morta di pesci ed uccelli.

Mosaico di Alessandro,
da Pompei, Casa del Fauno (VI, 12, 2)
inv. 10020

Questo mosaico (m 5,82 x 3,13), il più celebre pervenutoci dall'antichità, fu trovato il 24 ottobre 1831 nella casa del Fauno, dov'era posto a decorazione di un salone (*exedra*) con fronte colonnata prospettante sul peristilio centrale della casa. Impressionante per la sua monumentalità, il mosaico deriva certamente, come indica anche il registro ancora piuttosto limitato di colori, da una pittura antica opera di un grande maestro del primo periodo ellenistico: si è pensato a Philoxenos di Eretria, di cui è ricordata da Plinio il Vecchio (*N. H.* 35, 110) una battaglia tra Alessandro e Dario. La scena rappresentata è infatti quella di una battaglia tra Alessandro il Grande, a sinistra, alla testa della sua cavalleria, e Dario III (a destra, sul suo carro in fuga), l'ultimo «re dei re» persiano che il Macedone sconfisse e detronizzò. L'ampiezza di concezione della composizione non ha precedenti, con le masse di uomini e cavalli mosse da un

movimento travolgente sottolineato dal contrapporsi delle lunghe lance contro il cielo chiaro. Spicca, unica nota di paesaggio, l'albero secco che ancora quindici secoli dopo tornerà nei racconti che ascolterà nelle steppe asiatiche Marco Polo.

Il quadro dovette godere di grande fama nell'antichità; un'urnetta etrusca a rilievo da Perugia mostra un brano della stessa scena e un'eco torna ancora in un coppa di ceramica romana a rilievo dell'officina di *Gaius Popilius*.

La tecnica del mosaico pompeiano, un capolavoro non meno del quadro originale, è quella, finissima, dell'*opus vermiculatum*; è composto di circa un milione di tessere, in un centimetro quadrato ve ne sono da 15 a 30. «Il presente ed il futuro – scriveva Goethe nel 1832 – non potranno giungere a dar giusto commento di una tale meraviglia dell'arte e dovremo sempre ritornare, dopo aver spiegato e studiato, alla semplice, pura meraviglia». Ca.100 a. C.

Satiro e ninfa, mosaico da Pompei, Casa del Fauno (VI, 12, 2)
inv. 27707
Una replica identica trovata a Thmuis nei pressi di Alessandria permette forse di assegnare all'ambiente alessandrino anche questo mosaico.
Come nel quadretto dipinto di Satiro ed Ermafrodito o nel Polifemo e Galatea (vedi schede), anche in questo il tema erotico si fa pretesto per una composizione giocata sul contrasto tra la ferinità del Satiro e la morbida femminilità della Ninfa. Notevole la resa coloristica delle masse muscolari su cui gioca la luce.

Megalografia con principe e filosofo, da Boscoreale, villa di P. Fannio Sinistore
s.n., inv. 906

Per l'identità dei personaggi principali di questo fregio, certamente un filosofo ellenistico ed un giovane principe macedone (ha sul capo il tipico berretto di feltro, la *kausia*, è armato della celebre lunga lancia, la *sarisa*, ed accanto a lui è lo scudo stellato), si sono avanzate diverse ipotesi. S'è pensato ad Antigono Gonata, Antigono Doson, Pirro, Demetrio Poliorcete per il principe, a Menedemo, Arato per il pedagogo e naturalmente altrettante interpretazioni si sono succedute per le altre figure del fregio. Certamente si tratta della replica di un fregio esistito in qualche palazzo di dinasta macedone, un tema assimilato dall'arte romana dopo che la conquista della Macedonia e degli altri stati ellenistici fecero dei Romani l'erede dell'impero creato da Alessandro. Resta difficile risalire ai motivi che spinsero il proprietario di questa villa di II stile (ca. 60-40 a.C.), – diremmo un nuovo colono romano venuto con Silla piuttosto che un pompeiano – a commissionare un tale fregio.

Portale di santuario da Boscoreale, villa di P. Fannio Sinistore

s.n.

Con la sua rappresentazione architettonica, la parete è una delle più tipiche del II stile pompeiano e ben ne illustra la definizione di stile dell'«illusionismo prospettico». La scenografia rappresenta il *propylon* di un edificio con portico colonnato interno, appena visibile attraverso delle quinte svelate da tendaggi abbassati sopra le mezze pareti del portale. L'elemento centrale della composizione, inquadrata da due colonne ioniche, è una solenne porta con battenti a pannelli, sovrapporta dipinto con una scena di caccia che ricorda da vicino la decorazione delle tombe macedoni (ad esempio la tomba II di Vergina), e fastigio con cornici a volute sul quale pende un lampadario con un Erote, allusione forse alla dea del santuario, Afrodite. Molto interessanti sono anche le mensole figurate con statuette dionisiache che chiudono la mezza parete del portale sulla quale stanno due maschere tragiche e, in alto a sinistra, il fregio con Centauromachia. La parete illustra bene le possibilità ornamentali del II stile sia nell'insieme della scenografia sia nei dettagli; oltre alle maschere, si consideri ad esempio la ricchezza dei candelabri con Vittorie ed Eroti, oggetti reali e nello stesso tempo decorazioni che sembra anticipino il più tipico tema del III stile.

Architettura con tholos e nature morte, da Pompei, casa VI, insula occidentalis 41
inv. 8594

Nell'usuale tripartizione architettonica, la parete di II stile, staccata già nel Settecento, databile a circa la metà del I secolo a. C. o poco prima, rappresenta l'ingresso ad un santuario. Ai lati sono due ali munite di bocche di fontana zampillanti in bacini; quindi il vero e proprio *propylon* formato da un portale colonnato aperto sull'interno del santuario al cui centro è una *tholos*; la struttura della porta è fiancheggiata da mezze pareti alle quali stanno appesi pesci e uccelli, certamente *ex-voto* di cacciatori e pescatori, come in tanti epigrammi ellenistici dell'Antologia Palatina; sopra le pareti, due maschere teatrali della Commedia Nuova ateniese. Al Museo è esposto un altro frammento dalla stessa stanza (inv. 9847) che reca appesa alla parete una lepre.

Architettura con monocromo verde, da una villa presso la Scuderia Reale di Portici
inv. 8593
Questo importante frammento, rinvenuto nella prima fase degli scavi ercolanesi, documenta la fase di passaggio dal II stile, di cui conserva ancora la monumentalità architettonica e il senso della prospettiva, al III stile, annunciantesi soprattutto negli ornati che tendono ormai all'arabesco, nel nuovo gusto delle colonne emergenti dalle corolle, nella gamma dei colori. Il quadro di paesaggio a monocromo, qui con figure di viandanti ed eseguito in verde, compariva già nel II stile, ad esempio della villa di Oplontis. Penultimo decennio del I secolo a. C.

Frammento di architetture con satiri
inv. 9878
Il frammento, proveniente da Ercolano, è un tipico esempio di decorazione di III stile maturo. La profondità della parete è ormai totalmente annullata; le architetture si stagliano sul fondo nero e rosso squillante come pretesto per ornati dai colori freddi, brillanti, disegnati con gusto calligrafico e distribuiti con sapienza geometrica. Le figurine acroteriali di satiri sono bei pezzi di virtuosismo decorativo che passeranno, senza però più questa leggerezza fantastica, al IV stile, ad esempio della casa dei *Vettii*.

Parete con quadro, dalla villa di Agrippa Postumus, Boscotrecase
inv. 147501

Il grande frammento ci conserva tutta la parte centrale di una tipica parete di III stile con colonnine e pilastri coperti da ornati policromi elaborati con gusto miniaturistico; così come hanno un gusto calligrafico da raffinato ricamo le decorazioni a girali vegetali, le gru che fanno da acroteri dell'edicola, i quadretti con maschere della zona superiore. La parete è dominata dal grande quadro centrale che rappresenta un santuario campestre che emerge dal fondo bianco come un'isola, costruito su un banco di solida roccia e sviluppantesi intorno all'usuale colonna con il vaso rituale sull'abaco e l'albero sacro sullo sfondo. Alla sua base è la statua di una divinità seduta, forse Cibele, con scettro e tamburello. A sinistra, in mezzo alle sue capre, è un pastore; a destra tre figurine, due donne e un bambino, muovono verso il sacello con dei rami (o delle torce) nelle mani; alle loro spalle un altro tema tipico del paesaggio idillico-sacrale, la statua di Priapo. Sullo sfondo, al di là di un monumento cilindrico appartenente ancora al santuario, è un piccolo giardino chiuso, un tempietto con pronao davanti al quale è seduto un viandante; a destra, un'edicola e un cipresso. La pittura si data nell'ultimo decennio del I secolo a. C. o nei primi anni di quello successivo.

Pan e le ninfe, da Pompei, Casa dell'Amor fatale (IX, 5, 18)
inv. 111473
I tre quadri provenienti dallo stesso cubicolo (oltre al *Ratto di Europa*, della scheda successiva, al Museo è esposto anche l'*Ercole e Nesso*) hanno in comune la stessa atmosfera calma e maestosa e la presenza di un paesaggio nel quale le figure umane e animali si inseriscono con naturalezza. Qui è il pino, sacro a Pan, a dominare la scena della gara di musica tra il dio campestre e una delle Ninfe in un'atmosfera solenne e sospesa. La pittura si data nel primo ventennio del I secolo d. C.

Europa sul toro, da Pompei, Casa dell'Amor fatale (IX, 5, 18)
inv. 111475

Il mito di Europa rapita da Zeus in forma di toro trova qui un'interpretazione nuova rispetto a quella usuale che ambienta il ratto sulle onde del mare. In un paesaggio sacrale, organizzato intorno all'asse di una colonna a cui si avvolge un albero contorto e che si amplia in una composizione montana piena di alberi e di strane rocce a gradini, il gruppo del toro che porta in groppa la fanciulla ha un andamento maestoso, quasi da pompa trionfale. La fanciulla guarda lontano con un che di orgoglioso nell'atteggiamento, mentre tre compagne assistono alla partenza della loro amica ed una di esse carezza il toro. Il modello greco da cui deriva il quadro pompeiano si data alla fine del IV secolo. a. C.

Giasone e Pelia, da Pompei, Casa dell'Amor fatale (IX, 5,18)
inv. 111436
Proprio per questo quadro porta anche il nome di Casa di Giasone la dimora pompeiana da cui viene una straordinaria serie di pitture. La scena è composta a piramide: in alto, sulla sommità di una scala del suo palazzo di Iolkos compare, maestoso e un po' teatrale, il re Pelia accompagnato dalle sue figlie; a destra presso il tavolo è Giasone ammantato e privo, come narra il mito, di un calzare; a sinistra un assistente, coronato come tutti gli altri personaggi, conduce il toro del sacrificio a Poseidon. La geometria della costruzione è esaltata dalla struttura del paesaggio con l'edificio colonnato, il tempio del dio, attorniato da alberi e altre costruzioni meno accennate. La situla sotto il tavolo presso Giasone torna identica nel quadro col vaticinio di Cassandra (inv. 8999).

Punizione di Dirce, da Pompei, Casa del Granduca di Toscana (VII, 4,56)
inv. 9042
Il grande quadro, dominato da un paesaggio agreste in cui un dolmen, simboleggiante il tempo del mito, introduce un'inquietante atmosfera di mistero, ha lo stesso tema (ed in parte l'iconografia) del Toro Farnese. La sventurata Dirce è già legata al toro che Zeto, a sinistra con la madre Antiope, è sul punto di liberare; Anfione parla col pedagogo dietro al toro. Si riconosce nell'espressione trattenuta, quasi serena, della tragedia l'atteggiamento classicistico del III stile (il quadro pompeiano si data negli anni intorno al 30 d. C. ca.) laddove lo stesso tema conoscerà nel IV stile (casa dei *Vettii* a Pompei) un'interpretazione più violenta e barocca.

Marte e Venere, da Pompei, Casa dell'Amore punito, VII, 2, 23
inv. 9249

I colori tersi, il fondo chiaro, l'acceso contrasto tra il bruno dell'incarnato maschile e il candore di quello femminile sono i caratteri tipici dell'interpretazione del III stile, ancora arcaizzante, dei quadri della pittura greca. Il tema ellenistico di Ares (in verità, con il suo elmo con penne ha piuttosto un'aria da Marte italico) che accarezza il seno di un'Afrodite maestosamente assisa in trono è qui inserito in un paesaggio agreste mentre in altri casi (tablino della casa di Marco Lucrezio Frontone) è ambientato in un interno domestico. L'amorino che assiste alla scena, oltre ad indicare, ovviamente, il tema erotico della scena, richiama il soggetto del quadro che faceva da *pendant* a questo, con la punizione di Eros (inv. 9257).

Punizione di Eros, da Pompei, Casa dell'Amore punito, VII, 2, 23
inv. 9257

Ha il sapore squisitamente letterario dell'idillio il quadretto con la punizione di Eros. Afrodite, seduta su una roccia, guarda, indicatole da Anteros che le sta alle spalle, un'altra donna che tiene Eros in ceppi, piangente, privato dalla madre di arco e faretra. Il quadro, derivante da una composizione ellenistica e *pendant* del precedente, ne riflette il tema erotico delicatamente interpretato in chiave rococò. Nel quadro s'è vista la stessa mano del pittore del precedente *Marte e Venere* e della *punizione di Dirce* dalla casa del Granduca (vedi scheda).

Satiro e Menade (o Arianna), da Pompei, casa di L. Cecilio Giocondo, V, 1, 26
inv. 110590
Nelle pareti di III stile sono spesso inseriti, a mo' di finestre nei pannelli laterali o nelle zone superiori, questi pannelli con personaggi del tiaso dionisiaco. Nella casa di Cecilio Giocondo i quadretti con Satiri e Menadi, rappresentati con un nitore classicistico che attenua il contenuto erotico e l'originaria violenza della scena, stavano al centro dei tappeti a bordi curvi che figuravano nei pannelli laterali del tablino. Per l'esuberanza fantastica degli ornati che anticipa i grotteschi del IV stile, la decorazione della casa del celebre banchiere pompeiano è uno dei più ricchi esempi del III stile maturo (poco prima della metà del I secolo d. C.).

Scena erotica, da Pompei, Casa di Cecilio Giocondo (V, 1, 26)
inv. 110569
La felice resa della muscolatura dell'uomo, lo scorcio della composizione, le lumeggiature ed il vivo contrasto cromatico dei corpi, l'accurato drappeggio del lenzuolo mostrano che qui non abbiamo a che fare con i soliti pittori di lupanare di tante pitture pornografiche trovate a Pompei, ma con la stessa bottega che ha dipinto gli schemi di III stile delle altre pareti della casa. La pittura erotica era di antica tradizione: il grande Parrasio è ricordato come attivo in questo genere e per il IV secolo Ateneo ricorda Pausia di Sicione come autore di pitture pornografiche. In età ellenistica il genere s'era dilatato e in età romana circolavano cartoni con i diversi «schemi di Venere».

Medea e le Peliadi, da Pompei, Casa del Gruppo dei vasi di vetro (VI, 13, 2)
inv. 111477
Medea, qui rappresentata a destra come sacerdotessa di Artemide, ingannò le Peliadi facendo loro credere che avrebbero potuto far ringiovanire il vecchio padre Pelia uccidendolo e cuocendo i pezzi del suo corpo in un calderone magico nel quale essa ha fatto rinascere un agnello dai pezzi di un vecchio ariete (altra scena a sinistra). Alcesti se ne sta in disparte incredula.

Il tema mitologico cede qui in importanza al paesaggio architettonico costruito come uno scenario teatrale, ancora sotto l'influenza delle quinte di II stile o del paesaggio di città della stessa fase come quello testimoniato dalla parete della villa di Fannio Sinistore al Metropolitan Museum di New York. Sono invece elementi tipici del III stile l'allungamento delle strutture, i colori freddi. Un'altra copia dello stesso quadro era a Pompei nella casa delle Vestali.

Quadretti con paesaggi architettonici, da Pompei
inv. 9406

Il tema del paesaggio architettonico, e soprattutto della villa d'*otium* coi suoi giardini ed i suoi porticati, è uno dei preferiti per i quadretti di III e IV stile. Qui sono stati uniti insieme due quadretti, forse dai pannelli laterali di una stessa parete di III stile come in quelle del tablino della casa di M. Lucrezio Frontone. Plinio il Vecchio attribuisce al pittore dell'età di Augusto *Studius* l'origine del genere; in realtà si trattò solo di un perfezionamento di un tema già esistente.

Il desiderio di una villa – come non ricordare quello struggente di Orazio per la *villula* di Licenza ? – era tipico delle classi medie romane che aspiravano al più tipico degli agi dell'aristocrazia; e il quadro di paesaggio, qui con due ville con *porticus triplex* come quella reale di *Oplontis*, serve, al pari della pittura di giardino, ad appagarlo almeno in parte in effigie, mostrando al tempo stesso ai propri ospiti un padrone di casa perfettamente aggiornato sulle mode culturali più in voga. È a tal proposito interessante il passo pliniano citato: « [Studio dipinse] ville e portici, e giardini, boschetti... tutto ciò che ognuno desidererebbe...» (*qualia quis optaret*)

Teti ed Efesto da Pompei,
Casa IX, 1, 7
inv. 9529

È la celebre rappresentazione della consegna a Teti delle nuove armi di Achille apprestate da Efesto, il famoso Zoppo divino (*periklytos amphigueis*). La scena si svolge nella reggia del dio raffigurata genericamente da colonne e tendaggi (l'Iliade XVIII, 370 la descrive *aphthiton asteroenta*, «eterna e bella come una stella»).

Efesto è vestito come un fabbro, con corta tunica (*exomis*) e pileo; con l'aiuto dei suoi assistenti, i Ciclopi, mostra alla Nereide «dai sandali d'argento», seduta in trono e accompagnata da un'ancella, le armi che Achille userà nello scontro finale con Ettore. L'attenzione è tutta concentrata nel celebre scudo, dove la prova di bravura dell'immagine riflessa di Teti serve però anche al pittore a non impegnarsi nell'impossibile rappresentazione figurata delle famose, straordinarie scene che Omero pone nelle sue cinque fasce. III stile.

Le tre Grazie, da Pompei, Casa di T. Dentatus Panthera (IX, 2, 16)
inv. 9236
Aglaia, Euphrosine e Talia, le tre Grazie (*Charites*), figlie di Zeus ed accompagnatrici di Apollo, simboleggiavano nell'immaginario antico la bellezza, la grazia, la saggezza. E alla bellezza alludono i fiori delle loro corone, quelli che tengono in mano e quelli che ornano, come raramente è dato di vedere nella pittura pompeiana, il paesaggio roccioso. Replicato in innumerevoli versioni in pittura e marmo, il gruppo delle tre fanciulle nude allacciate, una centrale di schiena e le due laterali presentate di faccia speculari, fu sapientemente costruito da un ignoto scultore dell'età ellenistica ed è stato ripreso con altrettanta fortuna dall'arte rinascimentale e rococò. III stile.

Satiro ed Ermafrodito, da Pompei
inv. 110878
Deriva da un celebre originale scultoreo ellenistico il gruppo con il satiro che tenta di violentare l'Ermafrodito, qui riprodotto in pittura ma altrettanto noto in scultura (una bella replica adornava, specchiandosi nell'acqua, la *natatio* della villa di *Oplontis*) e mosaico. L'effetto della composizione è tutta affidata al contrasto tra il nerboruto e scuro corpo del Satiro ed il delicato incarnato dell'Ermafrodito, ma la bidimensionalità della traduzione pittorica impedisce di apprezzare anche le sfumature delle espressioni dei volti noti dalla plastica, bestiale quello del satiro, tra malizioso e spaventato nell'Ermafrodito. III stile.

Polifemo e Galatea, da Pompei, Casa dei Capitelli Colorati, (VII, 4, 48)
inv. 27687
Nei tradizionali paesaggi mitologici Polifemo soffre d'amore insoddisfatto per la bella Nereide Galatea, che portata dai delfini naviga lontano da lui. L'autore di questo quadro segue tuttavia una versione meno sfavorevole al Ciclope di quella tradizionale di Teocrito. La Nereide s'abbandona infatti languidamente al bacio del Ciclope, identificabile per l'ariete, la siringa, il bastone nodoso da pastore. L'effetto del quadro è ancora una volta giocato sul contrasto cromatico dei corpi. IV stile.

L'attore Re, da Ercolano, insula Orientalis, II, Palestra
inv. 9019
In un interno un attore in costume da re, con calzari d'oro, spada e scettro, siede su una *kline*. Ha deposto la maschera che una fanciulla in ginocchio si accinge a dedicare a Dioniso scrivendo il nome del dio sullo zoccolo su cui essa posa, mentre un altro personaggio s'affaccia ad osservare la scena, pervasa di sospesa solennità. III stile.

«Concerto», da Pompei
inv. 9023
Si data al tardo III stile (ca. 30-40 d. C.) questa graziosa scena di gineceo, che nel Settecento piacque tanto alla corte napoletana da essere riprodotta in una delle stanze a decoro pompeiano della reggia di Capodimonte. Al centro di una sala colonnata una fanciulla seduta su una *kline* è intenta ad accordare con la destra una piccola arpa poggiata sul letto, mentre con la sinistra regge una cetra a cinque corde.
Intorno a lei altre fanciulle attendono, con gesti di partecipazione e di stupore, che la musica cominci, forse per dare inizio al canto. È caratteristica del gusto del III stile questa preferenza accordata al momento sospeso che precede l'azione.

Flora, da Castellammare di Stabia (Stabiae), villa di Varano, detta di Arianna
inv. 8834
Ha il fascino struggente di un'apparizione in sogno la figurina femminile che s'allontana da noi scalza, con passo leggero, il velo ed il lembo della veste fluttuanti nell'aria, e nel suo andare si volge di lato a cogliere da un alberello con un elegante gesto della mano i fiori bianchi che pone nel canestro. Non sappiamo se sia fanciulla umana o divina, una Ninfa, una Flora o una Proserpina, ma neanche al pittore che, ispirandosi a figure di IV secolo a. C., dipinse questo capolavoro assoluto di grazia e fantasia come vignetta su una parete di III stile, premeva troppo caratterizzare con soverchi attributi l'identità della fanciulla che ci piace vedere solo come spirito della Primavera.

Centauri e Centauresse,
da Pompei, villa c.d. di Cicerone
inv. 9133
Il tema ellenistico della famiglia dei Centauri, del Chirone ed Achille della c.d basilica di Ercolano, del celebre gruppo di «Centauri che portavano sul dorso Ninfe» dello scultore Arkesilaos ricordato da Plinio nella collezione di Asinio Pollione, è interpretato qui in eleganti vignette stagliate con la preziosità di cammei contro il fondo scuro della parete. La finezza della pennellata, la nervosità dei movimenti, l'eleganza della linea valgono a superare la freddezza un po' letteraria. III stile.

Sileni funamboli, da Pompei, villa c.d. di Cicerone
inv. 9119
Le raffinate vignette della Villa di Cicerone destarono l'ammirazione di Winckelmann, che ebbe a definirle «fluide quanto il pensiero e belle come se fossero fatte per mano delle Grazie», o ancora «opera di un dotto e franco artista... che fatte parevano d'un solo colpo di pennello». Le svelte ed elegantissime figurine dalla pelle vivacemente colorata, che tanto piacquero al raffinato critico settecentesco, ben incarnano lo spirito fantastico e di ricerca dell'irreale che anima il III stile pompeiano.

Giardino, da Pompei
inv. 8760

I rinvenimenti dei c.d. «nuovi scavi» di Pompei (Casa del Frutteto, *insula Occidentalis*, villa di *Oplontis*, etc.) hanno molto arricchito il quadro della pittura di giardino a Pompei; merita però ancora attenzione questo bel frammento di III stile, ben esemplificativo di un genere che, originato in ambito funerario per il beato giardino degli Elisi, ebbe grande fortuna con le rappresentazioni di giardini profani; raffigurando infatti quell'elemento tipico della villa che è il parco, rispondevano al desiderio di ogni romano di entrare a far parte del bel mondo della *villa society*. Il frammento conserva alcuni degli elementi tipici del genere, la cannucciata, gli uccelli variopinti e simboleggianti divinità (qui una colomba e un pavone), il pilastrino con il *pinax* con maschera teatrale, allusione al clima del tiaso dionisiaco di cui il giardino romano è sempre vagamente soffuso.

172

Scenografia teatrale, da Ercolano, insula Orientalis, II, Palestra inv. 9735

Il largo pannello fu staccato nel 1743 dalla sala absidata della palestra, dove ne resta ancora qualche frammento sulle pareti. Il sipario con ricchi drappeggi, sollevato in alto, mostra qui nella maniera più chiara l'ispirazione alle fastose scenografie teatrali del tardo ellenismo. In primo piano è rappresentato un portale con edicola centrale colonnata con una ricchissima decorazione; le colonne sono rivestite da girali metalliche, gli acroteri sono statuette metalliche di Tritoni, Pegasi, una maschera teatrale. A livello superiore e più arretrato un altro edificio con timpano spezzato e, ancor più in profondità, un colonnato a due livelli con il tripode delfico poggiante su un'insolita mensola. Evidenti in questo esempio tipico del IV stile di età neroniana anche riecheggiamenti del II stile.

Decorazione parietale in pittura e stucco policromo da Pompei, Casa di Meleagro (VI, 9, 2)
inv. 9625

La decorazione a stucchi o quella mista a stucchi e pittura era normalmente impiegata per i locali termali, sia pubblici sia privati; questo largo frammento staccato dal tablino della casa di Meleagro documenta perciò un momento abbastanza singolare di sperimentazione delle due tecniche, con risultati puttosto felici sul piano decorativo. La struttura della parete è quella tipica del IV stile, con le architetture che ripartiscono zone nelle quali si inseriscono i quadri o le figure mitologiche.

Il quadro centrale, con figure in stucco, rappresenta Sileno ebbro sostenuto da Satiri; nel fregio inferiore, dipinto, amorini. I pannelli nelle edicole laterali ospitano figure classicheggianti di offerenti, mentre dai pannelli estremi dei personaggi escono dalle porte socchiuse. Di grande effetto ornamentale anche il gioco degli ornati sopra le architetture.

Marte e Venere, da Pompei, Casa di Marte e Venere (VII, 9, 47)
inv. 9248

Il quadro che diede nome alla casa è una delle più famose rappresentazioni pompeiane (se ne conoscono oltre trenta copie) sul tema degli amori di Marte e Venere, senza dubbio apprezzato da committenti e pittori sia per il contenuto idillico-erotico sia probabilmente per la fama del pittore di età ellenistica autore dell'originale. L'effetto della scena sta tutto nella composizione piramidale che mette a contrasto l'incarnato bruno e muscoloso del dio e le forme chiare e delicate della dea, nella graziosa eleganza dei gesti, di Marte che svela l'amata e le tocca delicatamente il braccio e di Venere che s'abbandona mollemente contro l'amante levando la mano sopra il capo. Gli Eroti che giocano con le armi del dio della guerra, deposte e vinte dalle armi della bellezza, sono una componente essenziale del quadro, ancorché talvolta eliminati dai copisti e talvolta isolati come tema autonomo; qui sono motivo di un piccolo pezzo di bravura, con l'Erote che si spaventa per l'elmo di Marte.

Teseo liberatore, da Pompei,
Casa di Gavius Rufus (VII, 2, 16)
inv. 9043
Il quadro replica, meno felicemente, il tema di un altro famoso affresco dalla c.d. Basilica di Ercolano (inv. 9049), derivando entrambi da un celebre originale della fine del IV secolo a. C. Uscito dal Labirinto dove ha appena ucciso il Minotauro che giace sulla soglia, Teseo riceve il ringraziamento di due bambini ateniesi salvati dal mostro. Risalgono forse all'originale la disposizione delle masse murarie del fondo, collocate in modo da esaltare la figura statuaria dell'eroe ateniese, e la composizione triangolare del gruppo centrale, mentre è ritenuta elaborazione romana il gruppo di Cretesi che a destra si affolla per guardare ed indicare con curiosità e spavento il terribile corpo bestiale. Databile all'epoca flavia, IV stile.

Medea, da Pompei, Casa dei Dioscuri (VI, 9, 6)
inv. 8977

Il quadro rapresenta Medea che sulla destra, contro lo sfondo della casa di Giasone a Corinto, si appresta a sguainare la spada con cui ucciderà i figli avuti dall'eroe. I bambini giocano, con aria malinconica, quasi presaga del destino di morte che li attende, mentre un pedagogo, anch'egli in atteggiamento di attesa, varca la porta. Le linee della composizione concentrano l'attenzione dello spettatore sugli occhi e sullo sguardo assorto di Medea, sottolinato dall'addensarsi, scopadeo si direbbe, delle ombre.

Questa Medea è meno possente, ma più completa nella composizione e ricca nei colori dell'altra celebre replica da Ercolano (inv. 8976); probabilmente entrambe derivano da un celebre quadro di Timomaco di Bisanzio degli inizi del III secolo a. C.

Perseo e Andromeda,
da Pompei, Casa dei Dioscuri,
(VI, 9, 6)
inv. 8998

Giunto nella terra degli Etiopi, Perseo ha ucciso il mostro al quale era stata votata Andromeda in espiazione della colpa di *hybris* di sua madre Cassiopea, che aveva osato proclamarsi più bella delle Nereidi (vedi il vaso a p. 80). La fanciulla, liberata dalle catene che la legavano – resta ormai solo un anello al polso – scende maestosa dalla rupe, aiutata dall'eroe, anch'egli in posa statuaria con il falcetto e la testa di Medusa. Se le linee essenziali della composizione piramidale e la concezione delle figure risalgono senza dubbio all'originale greco (il tema è conosciuto a Pompei in altre sei repliche), verosimilmente da attribuire a Nicia, celebre pittore ateniese del tardo classicismo, il trattamento della luce, la morbidezza delle vesti, l'accentuazione del sapiente colorismo che fa contrastare chiari e scuri del primo piano e dei fondi appartengono alla rielaborazione romana. Databile all'epoca flavia, IV stile.

Viandante e fattucchiera, da Pompei, Casa dei Dioscuri (VI, 9, 6)
inv. 9106

Il frammento viene da un più lungo fregio a tema paesaggistico che ornava i pannelli laterali di una delle pareti del tablino della casa. Davanti ad una rustica capanna di canne una donna caratterizzata dal tipico cappello conico di paglia (*tholia*) delle tanagrine ellenistiche siede su un piedistallo cilindrico ed offre da bere ad un viandante, mentre il suo cane attende pazientemente. Dal quadretto, dipinto a rapidi tocchi nella tecnica detta «impressionistica», emana un sottile fascino esotico.

Ercole e Onfale, da Pompei, Casa di Marco Lucrezio (IX, 3, 5)
inv. 8992
Il quadro è la copia, piuttosto fedele, di un celebre quadro ellenistico di III secolo a.C.. Ercole, in veste e calzature femminili e con un tirso nella destra, è al centro della composizione, inebetito come una Menade dalla musica, dal vino – si noti la coppa vuota ai suoi piedi – e dalla vita di piaceri che conduce alla corte di Onfale. La regina è accanto a lui, orgogliosa del copricapo a pelle di leone e della clava sottratti all'eroe. A destra Priapo sostiene l'eroe vacillante, attorniato di Menadi e di Eroti alludenti alla natura amorosa del potere di Onfale. È interessante ricordare che i quadretti laterali della parete da cui questo quadro fu staccato riprendevano la stessa atmosfera dionisiaca raffigurando Eroti al banchetto rispettivamente davanti alle statue di Dioniso e dello stesso Ercole. Databile all'epoca flavia, IV stile.

Ierogamia, da Pompei, Casa del Poeta Tragico (VII, 8, 3)
inv. 9559
La scena rappresenta il matrimonio, il più sacro per gli Antichi, tra Zeus, solennemente seduto a destra, ed Hera, una maestosa figura stante nel suo peplo imponente come un fusto di colonna dorica. Gli Eroti, in basso a destra, alludono all'evento amoroso, mentre la dea è scortata da un genio alato, forse personificazione del luogo, il monte Ida, dove si svolgono le nozze. I due sposi sono separati da una colonna votiva, che funge da asse della composizione, ma li unisce l'interessante gioco delle mani che reggono, una per capo, il fazzoletto nuziale.
Il quadro faceva da *pendant* a quello della figura successiva.

Achille e Briseide, da Pompei, Casa del Poeta Tragico (VI, 8, 5)
inv. 9105

È uno dei più celebri della pittura pompeiana questo quadro di IV stile: Briseide, a destra, velata, si accomiata da Achille (seduto davanti alla sua tenda) per essere condotta, contro la volontà sua e dell'eroe, ad Agamennone. Tra i due, visto di spalle è Patroclo, mentre alle spalle dell'eroe, con il gesto della preoccupazione per l'«ira funesta» che ne seguirà, è Fenice, l'anziano re dei Dolopi, compagno di Peleo e consigliere di Achille. Intorno stanno i Mirmidoni armati ed impotenti ed il messaggero identificato dal caduceo.

Nello sguardo doloroso dei due amanti, nel gesto definitivo e drammatico del braccio disteso di Achille, solo movimento nell'immobilità totale di questo quadro, si riconosce la concezione del tragico dell'ultimo classicismo (seconda metà del IV secolo a. C.), epoca alla quale risale l'originale, forse un quadro della serie dipinta da Theon di Samo e conservata a Roma nel portico di Filippo. Da notare l'efficace trovata di porre dietro la testa di Achille il lucido disco di uno scudo.

Il sacrificio di Ifigenia,
da Pompei, Casa del Poeta Tragico
(VI, 8, 5)
inv. 9112

Si rifà ancora alla saga omerica il tema di quest'altro celeberrimo quadro rappresentante la storia di Ifigenia. A sinistra, il capo coperto a nascondere il dolore, è Agamennone, che ha accettato di sacrificare la giovane figlia ad Artemide, la dea il cui simulacro con le torce (nell'identificazione con Ecate) ed i cervi compare sul basamento cilindrico accanto al re. A destra Ulisse e Diomede portano a forza la fanciulla, mentre l'indovino Calcante, che ha proclamato la necessità del sacrificio, esprime, col consueto gesto della mano alla bocca, la sua preoccupazione.

In alto, nel cielo, lo spettatore può vedere il felice epilogo della vicenda di Ifigenia che, salvata *in extremis* dalla dea e sostituita da una cerva, è accolta da Artemide che la condurrà nel suo santuario in Tauride.

Già considerata come la copia fedele di un celebre quadro di Timante descritto da Plinio, questa pittura pompeiana è oggi vista piuttosto, per la mancanza di unità dell'insieme, come un'elaborazione originale romana ispirata a parecchi modelli classici.

La preparazione del dramma satiresco, mosaico da Pompei, casa del Poeta Tragico (VI, 8, 5)
inv. 9986

La preparazione degli attori per un dramma satiresco, la rappresentazione che concludeva tradizionalmente la trilogia del teatro greco di età classica, è il tema di questo celebre mosaico. L'azione si sviluppa nello spazio di un porticato con colonne ioniche decorato con *oscilla*, corone e bende e fregio a motivi di vasi ed erme. Seduto a destra, vestito di mantello (*himation*) come le statue di drammaturghi attici di IV secolo a. C., è il maestro del coro, forse lo stesso autore, che guarda due attori che indossano il costume di pelli di capra e provano dei passi di danza sulle note del doppio flauto, suonato da un musicista mascherato con un ricco costume e inghirlandato.
A destra un assistente aiuta un altro attore in costume da Sileno. Maschere tragiche e sileniche sono tra i personaggi. Nella traduzione in mosaico dell'originaria pittura della fine del IV-inizi del III secolo a. C., forse una dedica votiva dopo una vittoria negli agoni teatrali, il mosaicista romano di età flavia ha irrimediabilmente sbagliato il gioco dello spazio prospettico creato dai pilastri laterali in primo piano e colonne in secondo, un proto-secondo stile non lontano da quello documentato dalle tombe dipinte macedoni.

Didone abbandonata,
da Pompei, Casa di Meleagro
(VI, 9, 2)
inv. 8898

La storia di Didone è il tema di altri quattro quadri pompeiani, tra i numerosi soggetti tratti dalla storia mitica di Roma resa famosa dall'Eneide. La regina in lacrime siede sul trono nel suo palazzo di Cartagine, assistita da sua sorella Anna e da un'ancella che tiene un ombrellino su di lei; a destra la personificazione dell'Africa, riconoscibile dalle zanne e dalla proboscide di elefante. Sullo sfondo si allontana la nave di Enea, preludio del tragico epilogo. Il motivo dell'ancella che copre con l'ombrellino la padrona ricorda analoghi motivi sulla ceramica; il tema, evidentemente comune, torna nella descrizione di Pausania di una stele in marmo dipinto fuori della città di Tritea in Acaia: « un trono di avorio, e su di esso una giovane donna, di grande bellezza. Le sta vicino un'inserviente, proteggendola con un ombrello... ». Databile in età flavia, IV stile.

Paride pastore, da Pompei
inv. 9508
Si inserisce nel filone del paesaggio mitologico di gusto idillico questo quadro con il giovane pastore Paride seduto su una roccia, accanto ad un portale sacro in cui pittorescamente si inseriscono i rami di un albero frondoso; vicino è una statua di Artemide-Ecate con le torce su un alto basamento. Intorno al pastore il suo bestiame pascola e s'abbevera ad un ruscello, mentre sullo sfondo si levano le pendici del monte Ida, dove il dio del monte assiste sdraiato alla scena la cui quiete sarà tra poco rotta dall'arrivo delle dee per la fatale contesa di bellezza. IV stile.

Accademia di Platone, mosaico da Pompei, dalla villa di T. Siminius Stephanus
inv. 124545

È caratteristica di molti mosaici antichi di questo periodo (II stile, inizi I secolo a. C.) la bella cornice con un ricco festone di foglie e frutta e maschere comiche; da Pompei un altro bell'esempio ci viene col mosaico delle colombe (inv. 114281), ma non mancano esempi noti da altri centri antichi (Teramo). Il tema prescelto per questo mosaico, a sottolineare forse le velleità letterarie del committente proprietario della villa, è quello di un gruppo di filosofi, caratterizzati dal tipico abbigliamento usato per gli oratori ed i filosofi greci di età classica. S'è ritenuto di poter identificare tra i personaggi Lisia e Platone rispettivamente nel secondo e nel terzo da sinistra, e sullo sfondo una veduta dell'acropoli di Atene; gli elementi intorno ai filosofi, il portale sacro con vasi, l'albero, la colonna votiva, sono tipici del paesaggio mitologico.

c.d. Saffo, da Pompei
inv. 9084
Questo famoso quadretto, trovato nel giugno del 1760, è rimasto uno dei più celebri tra i ritratti femminili pompeiani per la gentile grazia che emana da questa figura di fanciulla colta in un attimo di meditazione prima di accingersi a scrivere. In verità non si può parlare né di un ritratto di ricostruzione della celebre poetessa, né tanto meno di un vero ritratto, privo com'è di accentuazioni fisionomiche. È piuttosto un ritratto intenzionale che si avvale di un tipo, quello della donna colta, che in questo stesso schema colla tavoletta cerata e lo stilo torna altre volte nella pittura di Pompei. Questa immagine di cultura e ricchezza cui alludono l'acconciatura e i gioielli, la reticella d'oro, gli orecchini, l'anello, connota l'alta condizione sociale del personaggio rappresentato.

Paquio Proculo e la moglie, da Pompei, Casa VII, 2, 6
inv. 9058
Le fonti ci informano del particolare rilievo che ebbe in età romana il ritratto dipinto. La fragilità dei supporti ha purtroppo provocato la perdita della totalità di questi monumenti, sì che particolare importanza acquistano, insieme ai ritratti egiziani del Fayyum, i pochi ritratti ad affresco conservatici dalle pareti di Pompei. Questo quadretto, di età tardoneroniana, illustra il ritratto di *Paquius Proculus* (*Paquius* o *Pacuvius* è un *nomen* tipicamente campano) e sua moglie; altri pensano al giurista *Terentius Neo*. Il ritratto dell'uomo, con la barbula e i capelli ricci, è inteso ad illustrarne la dignità di magistrato con i segni della toga e del rotolo di papiro; la moglie posa da letterata con lo stilo e le tavolette cerate. Si noti la pettinatura alla moda e gli orecchini a pendenti di perle, ad indicare uno *status* di cui questa piccola borghesia di provincia appare compiaciuta, scimmiottando nell'atteggiamento i grandi aristocratici romani.

Ritratto femminile a mosaico, da Pompei, casa VI, 15, 14
inv. 124666
Il ritratto, senza dubbio realistico, raffigura una giovane donna coi capelli legati a crocchia sulla nuca. È adorna di orecchini di perle montate in oro, una collana ancora di perle con pendente in oro e pietre preziose, ad indicare l'elevata condizione sociale.
Trovato al centro di un pavimento di *opus sectile* dell'ultima fase di vita dell città, il mosaico, un *unicum* nel suo genere, appare però alquanto più antico, forse ancora della fine del I secolo a. C.

«Memento mori», da Pompei, casa-bottega I, 5, 2
inv. 109982
Decorava significativamente un triclinio questo *emblema*, uno dei più singolari per la chiarezza della rappresentazione allegorica. Il tema è quello, di origine ellenistica, della morte che tutto pareggia, annullando le differenze di ricchezza e di classe sociale; un tema che è giunto fino a noi, ad esempio nella celebre poesia *A' livella* dell'attore comico A. de Curtis (Totò). Ed è proprio una livella (*libella*) col suo filo a piombo, lo strumento che serviva ai muratori appunto a controllare il livellamento delle costruzioni, a fare da vertice della composizione. L'asse del piombo è la morte (il teschio), sotto cui sono una farfalla (l'anima) e una ruota (la Fortuna); ai lati, sotto i bracci della livella stanno, messi in esatto equilibrio dalla morte, a sinistra i simboli della potenza e della ricchezza (lo scettro, la porpora), a destra della povertà (la bisaccia, il bastone da mendico).
Il tema, come gli scheletri sulle argenterie del tesoro di Boscoreale, doveva ricordare ai commensali la fugacità delle fortune terrene.

Natura morta, dai praedia di Giulia Felice (II, 4, 3)
inv. 8611 (metà destra)
È uno dei più celebri esempi di natura morta antica. La corrispondenza con la realtà è assicurata dalle forme dei vasi di terracotta, perfettamente rispondenti a quelli trovati a Pompei. La frutta, che riempie con bell'effetto di trasparenza il vaso di vetro, costituisce uno dei soggetti preferiti delle nature morte e rappresenta il prolungamento di una tradizione che risale all'arte greca ed ellenistica; di artisti come quel *Possis* citato da Varrone, i cui frutti, forse cere o terrecotte, avrebbero ingannato lo sguardo; una tradizione che appare del resto viva anche in letteratura, come testimonia un bell'epigramma di Filippo di Gadara: «Una mela granata dalla gialla / veste, un fico dalla buccia rugosa, / un tralcio ancora verde / strappato da una rosea vite, e un pomo /dal soave odore, coperto di lieve / peluria, ed una noce nella verde / scorza socchiusa, e un fresco cocomero / colto a terra tra le foglie, e un'oliva / quasi matura, con la buccia d'oro, / tutto ciò, o Priapo, amico dei viandanti, / ti dedicò Lamone il giardiniere, / pregandoti di dar vigore agli alberi ed alla sua salute» (trad. S. Quasimodo). Dove la dedica finale ricorda anche l'antico valore di offerta agli dei e poi agli ospiti (donde il nome di *xenia*) che simili insiemi di frutta e commestibili avevano avuto.

Natura morta con pesci, da Pompei
inv. 8635

Questa natura morta deriva evidentemente dalla tradizione ellenistica dei quadri con pesci ed animali marini, a noi noti soprattutto per le belle repliche in mosaico (vedi scheda). In piena età imperiale, questa superba raffigurazione con triglie, seppie, scorfani e frutti di mare non può non collegarsi con la passione del tempo per i pranzi a base di pesci, allevati dai ricchi in vivai a pelo d'acqua sulle sponde delle loro ville marittime. Donde la fama e la fortuna di un Sergio Orata. Passioni che nella loro esagerazione s'attiravano la *pointe* di un Giovenale (Satira IV): «Per sei migliaia di sesterzi Crispino l'egiziano ha comperato una triglia, pesante altrettante libbre... A questo prezzo tu compri squame? Con meno avresti comprato forse il pescatore; si vendono poderi... per queste cifre».

Paesaggio sacro, da Pompei
inv. 9418
Ancora un paesaggio sacro di tipico gusto idillico in questo quadro di IV stile con pastore e ariete presso un santuario agreste. Già nella scena di caccia della tomba di Filippo a Vergina compare un santuario campestre di Ecate; e un vaso attico di III secolo a. C. mostra una scena di caccia presso una porta sacra. Organizzato con tutti i suoi elementi in età ellenistica grazie all'influenza della letteratura alessandrina – si pensi a un Teocrito o a un Callimaco – il paesaggio idillico era passato all'arte romana sia in pittura sia, come mostrano le Bucoliche di Virgilio, in letteratura. Verso il 25 a. C. Vitruvio dava nel suo *De Architectura* del paesaggio che si dipingeva ai suoi tempi nei luoghi da passeggio, una definizione molto interessante per la corrispondenza con le pitture pompeiane: «porti, promontori, spiagge, fiumi, fonti, canali, santuari, boschi sacri, montagne, greggi, pastori».

Paesaggio marittimo, da Stabiae
inv. 9514

Non convince l'identificazione del porto qui rappresentato con quello di Pozzuoli, avanzata per la presenza di un arco sul molo che ricorda quello testimoniato dalle celebri fiaschette vitree tardo romane. È molto probabile che simili monumenti onorari o decorativi sorgessero in molti altri porti famosi, oltre che a *Puteoli*; inoltre questo genere di paesaggi non è mai riproduzione della realtà, ma vagheggiamento fantastico, come mostra la presenza sugli scogli degli stessi pescatori che troviamo negli altri paesaggi idillici. Il passo di Vitruvio citato nella scheda precedente mostra del resto che porti, promontori e spiagge facevano parte a tutti gli effetti del genere del paesaggio pittoresco.

Giudizio di Salomone,
da Pompei, Casa del Medico
(VIII, 5, 24)
inv. 113197,
Narra l'Antico Testamento (I *Re*, 3,16) che due donne si disputavano un fanciullo, ognuna sostenendo di esserne la madre. Il giudizio fu portato davanti a Salomone, il saggio re d'Israele; egli ordinò, salomonicamente, appunto, che il fanciullo fosse tagliato a metà e dato in parti uguali alle due contendenti. La vera madre allora implorò il re che salvasse il bambino, perché ella era disposta a rinunciarvi. La celeberrima storia, già attribuita anche al faraone Bocchoris, è raffigurata in questo quadretto che adornava il parapetto di un piccolo giardino porticato. Gli altri due quadretti avevano scene nilotiche con Pigmei, e come Pigmei sono umoristicamente rappresentati anche i personaggi della storia di Salomone, che anche per questo aspetto ben può ascriversi all'ambiente alessandrino che ha evidentemente rielaborato una storia famosa nella fiorente comunità giudaica della città.

Teseo e il centauro, quadretto su marmo da Ercolano
inv. 9560
Una celebre pittura dalla villa romana della Farnesina ha mostrato come fossero venute in gran voga presso i Romani, in età augustea, queste copie su marmo di monocromi di età classica, raffinatissime pitture costituite da un solo colore, in cui il disegno prevale sulla pittura come nelle *lekythoi* attiche a fondo bianco (vedi scheda) o nella moderna tecnica a mezzatinta. Risale probabilmente ad un originale della fine del V-IV secolo a. C. questo famoso quadretto su marmo da Ercolano con il tema della lotta tra Teseo ed uno dei Centauri, che ha già afferrato una Lapitessa, ripresa di un noto motivo di una delle metope del Partenone.

Le giocatrici di astragali, quadretto su marmo da Ercolano
inv. 9562

Il quadretto, firmato da Apollonios di Atene, è molto probabilmente una rielaborazione eclettica neoattica di un originale che si potrebbe attribuire alla bottega di Zeusi, il celebre pittore ateniese famoso proprio per i suoi monocromi su fondo bianco (*monochromata ex albo*). Converrebbe bene all'epoca, la fine del V secolo a. C., lo stile «fiorito» del quadretto, paragonabile a quello della ceramica dipinta dal Pittore di Meidias.

Le iscrizioni in greco permettono di identificare con sicurezza la scena: Foibe (Febe) cerca di pacificare Latona e Niobe, mentre due Niobidi, le giovani fanciulle Hilearia e Agle, giocano agli astragali, inconsapevoli della tragica sorte che le attende.

Bacco e Vesuvio, da Pompei, Casa del Centenario (IX, 8, 6)
inv. 112286

Si è molto discusso se la montagna conica coperta di vigneti ben ordinati sia il Vesuvio o il colle di Nisa, sacro a Dioniso; entrambe le interpretazioni sono possibili, dato che un larario ammetteva sia scene mitiche sia realistiche, e neppure, a ben vedere, veramente alternative, se ricordiamo che proprio ai colli di Nisa Marziale paragona il Vesuvio nei celebri versi di compianto per l'eruzione del 79 d. C.

La connotazione dionisiaca del larario è in ogni caso dichiarata dalla presenza del dio, con i suoi attributi abituali (*kantharos*, pantera, tirso) ma trasformato in grappolo in una singolare immagine che ne carica il corpo di acini d'uva come un'Artemide efesia è carica di mammelle. Appartengono invece alla più stereotipa tradizione della pittura da larario le ghirlande, gli uccelli ed il serpente agatodemone che muove verso l'altare con l'uovo.

È restata a Pompei sul posto l'altra parete del sacello, con le figure tradizionali di Lari su un fondo di alberi stilizzati.

Le città sepolte del Vesuvio
L'*instrumentum domesticum* e l'artigianato artistico nell'arredo domestico e negli oggetti personali: decorazione scultorea, mobilia, vasellame, oreficeria, glittica

Nella lunga storia degli studi delle città e dei siti vesuviani è certamente da lamentare che l'iniziale interesse settecentesco, di stampo enciclopedico, per tutti gli aspetti della vita antica rivelati dagli scavi, abbia ceduto il passo al prevalere degli interessi storico-artistici, e quindi si siano considerati soprattutto gli elementi di carattere architettonico e storico-artistico, usando le città come guida illustrata di Vitruvio o di Plinio; e che solo tardivamente ci si sia resi conto del notevole potenziale scientifico che, al di là dell'emozione dell'improvviso arrestarsi della vita quotidiana, le classi di materiali meno apparIscenti avevano per la ricostruzione della vita sociale, dei commerci, della vita di relazione che le singole case avevano col mondo esterno; sicché solo di recente si è cominciato a registrare accuratamente la presenza di questi materiali e a studiarli archeologicamente come contesto di *instrumentum domesticum*. E tuttavia, anche dopo decenni di scavi in altri siti, l'insieme delle informazioni – basti solo pensare a quelle migliaia di voci dal passato che sono i graffiti incisi sugli intonaci – che i siti vesuviani danno tuttora alla storia del mondo romano resta assolutamente eccezionale.

Un visitatore dei nostri giorni sarebbe stupito dalla scarsezza di mobilio delle case pompeiane. Se a Pompei il tipo di materiale del seppellimento vesuviano ha distrutto il legno, lasciandoci intuire i mobili solo dalle *appliques* metalliche degli esemplari più costosi (ma talvolta se il legno era inglobato nel fango si è potuto ricavare qualche calco in gesso), ad Ercolano il fango costituente il materiale di seppellimento ha preservato tutto l'arredo ligneo (trattandosi di scavi recenti, esso è restato peraltro tutto in sito e nessun oggetto del genere è conservato nel Museo). Un elemento essenziale era il letto, di varia foggia a seconda che fosse quello per dormire, o per il triclinio, o un sofà per il riposo e la lettura, o la culla per gli infanti. Ne resta qualche esempio integro ad Ercolano e, soprattutto, molte belle decorazioni in bronzo ageminato da Pompei. Poi tavoli, sgabelli, sedie, armadi, cassapanche (*arcae*) rinforzate da strisce e borchie di ferro e ornate di decorazioni bronzee, per lo più poste negli atrî delle case ad ostentare la ricchezza della famiglia.

Le case erano fredde e buie d'inverno, e grande importanza avevano gli strumenti per riscaldare (bracieri, scaldini, di terracotta e di bronzo) e per illuminare (lucerne ad olio di terracotta e di bronzo, talvolta poste su sostegni bronzei, lanterne di ferro e di bronzo, candelabri bronzei talvolta di grande ricercatezza; ma certamente un notevole ruolo avevano anche oggetti più semplici che non hanno lasciato tracce archeologiche, come le candele di cera e le torce di legno resinoso).

Grande importanza aveva naturalmente nella casa la religione, col culto domestico dei Lari, dei Penati, del Genio del padrone della casa, degli dèi protettori delle attività che sostentavano la famiglia. Il santuario di questo culto, il larario, era spesso in muratura, a forma di edicola addossata alla parete, ma Ercolano ci ha pure rivelato interessanti esempi di edicole in legno con basamento ad armadio; in esse erano esposte al culto le immagini, talvolta di legno, come nel larario della casa del Menandro a Pompei, più spesso statuette di bronzo, o più raramente d'argento, delle divinità venerate. Accanto ai massimi dèi tradizionali del pantheon romano, Giove, Giunone, Minerva, particolarmente frequenti sono Dioniso, protettore del vino, prodotto base dell'economia dell'area, Mercurio, dio dei commerci e del guadagno, Iside, la dea egiziana protettrice della navigazione e assimilata a Fortuna. Alle necessità di questi culti erano destinati alcuni recipienti di terracotta per bruciare incenso, piccole are portatili per libazioni, strumenti musicali in bronzo come sistri, sonagli e campanelli, questi spesso usati come amuleti per tenere lontana la malasorte.

Una funzione importante nella casa avevano i ritratti scultorei. Collocati nella parte pubblica della casa, l'atrio, là dove il *dominus* riceveva ospiti e clienti, e dove nelle case dell'aristocrazia romana stavano le *imagines maiorum* di cera o di materiale più nobile a ricordare l'antico lignaggio e le cariche pubbliche rivestite dai membri della *gens*, le più modeste sculture dei Pompeiani e degli Ercolanesi, erme in marmo o in bronzo da onorare nel *dies natalis* (casa di Cecilio Giocondo, di Vesonio Primo, casa di Epidio Rufo, e ad Ercolano, dell'Erma di bronzo) esprimevano piuttosto la lealtà dei proprietari, spesso liberti, ai loro antichi padroni o comunque ai loro protettori, per lo più Pompeiani ma talora anche di Roma (casa del Citarista). Solo apparentemente più frivola è la scultura dei giardini. Qui si coglie infatti altrettanto bene l'intento di emulazione dei proprietari delle case di Pompei nei confronti degli aristocratici romani proprietari di ville dal sontuoso apparato scultoreo, e proprio questa è la più interessante spia del diverso atteggiamento culturale di *milieux* sociali differenti. Nei giardini di città infatti si colgono dell'Ellenismo quasi solo gli aspetti più decorativi e superficiali. Questi, naturalmente, non mancano neanche nella decorazione delle ville, ma lì tendono ad essere posti in secondo piano; come del resto anche in città si trovano talvolta esempi che escono fuori dal banale repertorio dionisiaco, ma sono rarità. Si tratta di temi tratti soprattutto dal mondo dionisiaco, dall'idillio, dalla natura dei *paradeisoi*, costantemente intrecciati con l'ambito delle acque, reso disponibile in città dalle tante nuove fontane: si contano così a diecine le statuette, per lo più di qualità mediocre, di animaletti, satiri, le maschere, i *pinakes* con Menadi e Arianne dormienti, i Dionisi, le colonnine e i pilastrini avvolti d'edera a bassorilievo, gli *oscilla* con gli stessi temi. Numerosi gli esempi possibili, dalla casa dei *Vettii* a quella degli Amorini dorati, a quella del Citarista, a Pompei. Il maggior livello culturale delle ville è sempre evidente; a suo tempo diremo del massimo esempio pervenutoci, la Villa dei Papiri ad Ercolano; qui ricordiamo le ville stabiane di Arianna e San Marco, e, tra le novità più recenti, le sculture dei giardini della villa di *Oplontis*, soprattutto quello orientale con una grandiosa *natatio*, porticata da un lato e dall'altro immersa in un parco alberato popolato di sculture ellenizzanti (l'*ambulatio* accanto alla piscina allineava due erme di Eracle, due *Nikai*, un'Amazzone ed un efebo) e tendenti a ricreare un'atmosfera da ginnasio greco.

La *luxuria*, o spesso più modestamente la semplice aspirazione ad essa, trovava la più ampia espressione nel banchetto, la *coena*, un rito sociale che riassumeva in qualche modo in un solo evento le possibilità di autocelebrazione del padrone di casa di fronte ai suoi invitati. Allora rifulgevano, alla luce dei candelabri, i colori delle pitture, ed i personaggi dei quadri, le figure degli *emblemata* musivi diventavano occasione per sfoggi di cultura letteraria, o per riflessioni filosofiche sulla brevità della vita e sui piaceri da coglierne. Un piccolo galateo di fazzoletti, di saluti, di cibo da portar via, di cortesie ci è stato tramandato da vari graffiti, tra cui famosi quelli della casa del Moralista a Pompei. La massima attenzione era naturalmente riservata ai servizi da mensa (*ministerium*). Certo la maggior parte dei Pompeiani usava vasellame di terracotta, sia pure il più fine del tempo, la c.d. *terra sigillata* derivante dalla tradizione delle fabbriche di Arezzo, di Pozzuoli, ma ora anche della Gallia, della Spagna, e per taluni cibi, vasi sottilissimi (detti «a pareti sottili») imitanti le sottigliezze dei vasi metallici. Ad essere copiati erano naturalmente i vasi d'argento, vero oggetto del desiderio di ogni romano, il segno di uno status raggiunto. Vasi per mangiare (*argentum escarium*), vasi per bere (*argentum potorium*), entrambi spesso riecheggianti forme classiche, posate, semplici oggetti da mostra rigorosamente organizzati secondo regole di simmetria, sono stati trovati con relativa frequenza nelle case di Pompei, di Ercolano, e nelle ville dell'agro e formano oggi uno dei pezzi forti del «tesoro» del Museo di Napoli. Tra gli esempi più significativi di questo gusto ricordiamo soprattutto il «tesoro» della villa di Boscoreale (oggi al Louvre) e quello nel Museo di Napoli, dalla casa del Menandro a Pompei.

Ma l'argento era pur sempre un lusso da veri ricchi. Ed allora la maggior parte dei padroni di casa più o meno benestanti, come molti Pompeiani ed Ercolanesi, si contentava del vasellame di bronzo. Il bronzo, come e forse più dell'argento, aveva una straordinaria tradizione artistica alle spalle, tradizione che faceva considerare i bronzi antichi come oggetti preziosi non meno di quelli in metallo nobile: le insane passioni di un uomo sono – ammoniva Orazio – la pederastia, gli amori adulterini e l'estasi per i bronzi e per lo splendore dell'argento. La notevolissima quantità di vasi di bronzo dai siti vesuviani conservati al Museo di Napoli e nei depositi di Pompei ed Ercolano conferma la diffusione di questa passione. Una straordinaria quantità di vasellame da mensa e da banchetto, con un repertorio ricco di forme di antica tradizione ellenistica, con gli attacchi delle anse riccamente decorati a rilievo da motivi vegetali, animaleschi, da figure mitologiche, per lo più richiamantisi al mondo dionisiaco. Qualche volta i corredi delle case pompeiane hanno restituito dei pezzi del tutto eccezionali: taluni per antichità, veri oggetti archeologici dell'epoca, collezionati come *necrocorinthia* da qualche colto appassionato, come l'*hydria* di V secolo a.C., già vaso-premio dei giochi all'*Heraion* di Argo, finita nel servizio tricliniare della casa di Giulio Polibio, o le situle con elaborate anse decorate alla moda del IV secolo a.C.; altri vasi, di età più recente, si segnalano invece per la bellezza della decorazione, come un cratere di bronzo decorato a sbalzo con scena eroica, ancora dalla casa di Giulio Polibio a Pompei. Questa dimora, recentemente esplorata, ha tra l'altro restituito, nel suo ricco servizio tricliniare, un'altra di quelle statue di bronzo di fanciulli (qui era un *Apollo* di tipo arcaico) che i ricchi spesso amavano tenere come «servi muti» nelle sale da banchetto a reggere mense o a sostenere i bracci dei candelabri (*lichnouchoi*): opere certo costose e, come mostra l'esiguo numero di esempi pompeiani, piuttosto rare. Ma insieme ai vasi il rito del banchetto implicava anche altri oggetti, come ingegnosi recipienti per scaldare l'acqua, i c.d. «samovar», tripodi, ed altri la cui funzione ancora non è perfettamente chiara.

Un materiale nuovo, almeno in molte applicazioni, era invece il vetro. Alle lodate fabbriche puteolane andrà attribuita gran parte dei vetri delle città vesuviane: una quantità notevole di vasellame usato per i servizi della mensa, del bagno (*aryballoi*, flaconi) e soprattutto della cosmesi femminile. I rinvenimenti della casa del Menandro e di Giulio Polibio ci hanno insegnato come stessero insieme in veri e propri *beauty-cases* bottiglie a corpo quadrato, cilindrico, flaconi da profumi. Gli *unguentarii* costituivano a Pompei una corporazione attestata dalle iscrizioni elettorali, e la loro attività sembra avesse un centro attivo nel *Macellum*. La menzione a Pozzuoli di un *clivus vitrarius sive thurarius* ci insegna che la produzione dei profumi (Capua era famosa per il *seplasium*, Napoli per il profumo di nardo e di rosa, ma Pozzuoli importava certo molto dall'Oriente) andava insieme con quella dei relativi flaconi; ed alle fabbriche puteolane, se non alle loro case-madri alessandrine, ci piacerebbe poter assegnare, oltre alla produzione di massa (che comprendeva anche vetri da finestra), anche quei pochi eccezionali esempi di vetri-cammeo restituitici da Pompei, raffinati oggetti d'arte come il «*vetro blu*» o le due placchette con scene mitologiche dall'insula Occidentalis di Pompei, o raffinatissimi e rari esempi di ritratto su vetro ancora da Pompei. Va tra l'altro a questo proposito ricordato come ancora da Pompei venga forse un altro vaso della stessa classe, la brocca Auldjo (al British Museum), decorata da foglie d'edera e girali di vite, rinvenuta addirittura nella casa del Fauno, effettivamente molto simile ai due vetri precedenti per stile e giustamente assegnato alla stessa bottega.

Il mondo della toilette femminile non si limitava naturalmente ai profumi; e se è gran peccato che siano per noi perdute le stoffe, le sete importate fin dalla Cina, i lini, i ventagli, gli ombrellini di cui parlano le fonti letterarie e che vediamo nelle pitture, ne sono restate preziose testimonianze nei pettini, negli spilloni d'osso e d'avorio, nelle pinzette, negli specchi in argento o bronzo. Nei gioielli, soprattutto, testimoniati a Pompei e ad Ercolano da bracciali semplici o a testa di serpente, orecchini – comune il tipo a spicchio di sfera o a barrette con perle pendenti – provenienti dall'India e dall'Arabia, collane con perle, smeraldi, quarzi, anelli digitali con castoni incisi o ornati da gemme (corniole, ametiste, onici, acquemarine, cristalli di rocca, granati, calcedonî, etc.). E se un'iscrizione elettorale ci informa che gli *aurifices universi* di Pompei erano abbastanza influenti in città da sostenere la candidatura all'edilità di un Caio Cuspio Pansa, l'attività di un *gemmarius* pompeiano, Pinario Ceriale, è stata documentata dal ritrovamento nella sua piccola casa sulla via di Nola a Pompei, di un piccolo complesso di gemme incise e grezze e degli strumenti del mestiere.

Né va dimenticato il mondo del lavoro su cui parimenti la conservazione eccezionale delle città vesuviane getta tanta luce; se le iscrizioni elettorali ci mostrano attive sul fronte politico associazioni di persone esercitanti i più vari mestieri, come i fabbricanti di carri agricoli (*lignari plostrarii*), i tintori (*infectores*), i fruttivendoli (*pomarii*), gli osti (*caupones*) etc., le pitture, sia realistiche, ma in certo modo anche quelle mitologiche, e gli strumenti da lavoro ce li documentano concretamente impegnati nelle loro varie attività, ora ad esempio in una fullonica, ora come muratori, ora come medici.

Ma si pensi anche ad uno strumento come la *groma*, di cui il Museo possiede l'unico esemplare noto, trovato nella bottega di un *faber aerarius* di Pompei; si tratta di uno degli oggetti più carichi di significato della cultura latina, in quanto strumento base per la misurazione del suolo, che dava addirittura nome al mestiere dell'agrimensore (*gromaticus*) e quindi caratteristico di quel fenomeno fondamentale della civiltà romana, la centuriazione (*limitatio*), che tanta parte ha avuto nel modellare l'aspetto fisico di larghe regioni dell'Impero fino ai nostri giorni.

Fauno danzante, da Pompei, Casa del Fauno (VI, 12, 2)
inv. 5002
Le sole due repliche note di questa statuetta di Fauno che, ad onta del corpo muscoloso, danza con leggerezza sulla punta dei piedi, provengono entrambe dall'area del Delta del Nilo e sembrano convalidare la generale intonazione alessandrina del complesso nella fase del I stile. La statuetta decorava l'atrio, verosimilmente presso o dentro l'*impluvium*, e conferiva un'aria vagamente dionisiaca alla sala che dominava l'entrata della nobile casa, dove un altro elemento di questo tipo era l'altare con dedica in osco alla dea Flora. La sua esecuzione accurata ci conferma che si tratta di un'opera di notevole qualità, certamente importata da qualche centro artistico del mondo ellenistico, forse appunto Alessandria. Fine del II secolo a. C.

Fauno danzante, da Ercolano, Villa dei Papiri
inv. 5292
Abbiamo qui collocato un bel faunetto danzante della villa dei Papiri perché ne risalti l'assonanza con quello della casa del Fauno.
Entrambi partecipano infatti della selvaggia gioia del mondo di Dioniso che si offriva allo sguardo del visitatore della casa appena entrato nell'atrio; la statuetta fu rinvenuto nell'atrio della villa (il 25 febbraio 1754) insieme ad un'altra diecina di Fauni, Sileni e Putti, tutti assiepati intorno all'impluvio come intorno ad un laghetto montano, nel tentativo, qui forse vano, di evocare nello spettatore un senso di libertà «naturale» nella più colta e urbana delle architetture. I secolo a. C.

Satiro con otre, da Pompei, Casa del Centenario (IX, 8, 3-6)
inv. 111495
Risale ad età tardo ellenistica (fine II-inizi I secolo a. C.) anche questa statuetta di giovane satirello forse facente originariamente parte di un gruppo dionisiaco.
Il satirello, la testa cinta di una corona di pino, strizza infatti l'otre per farne schizzare fuori il vino che raccoglieva in una coppa che teneva nella mano; come nell'analogo tema del compagno di Ulisse nel gruppo di Ulisse e Polifemo a Baia, manca dunque il personaggio, forse Sileno, che doveva berne. In ogni caso la figura singola è stata utilizzata a Pompei per decorare una fontana.

Ritratto bronzeo detto di L. Cecilio Giocondo, da Pompei, Casa di Cecilio Giocondo (V, 1, 26)
inv. 110663
Trovato nell'atrio della casa del banchiere il cui nome ed i cui affari ben conosciamo dal suo archivio di tavolette cerate rinvenuto nella stessa casa, il ritratto potrebbe appartenere, per la sua datazione ad età augustea, ad un antenato dell'*argentarius* famoso. La datazione si fonda sui residui di realismo di tradizione repubblicana ancora ben evidenti nel ritratto, con una resa fedele dell'espressione astuta e provinciale, ma senza alcun ammorbidimento dei tratti fisici, neanche i meno piacevoli, come la verruca, le orecchie a sventola. L'erma sotto il ritratto reca l'iscrizione: «al Genio del nostro Lucio il liberto Felice pose» (*Genio L[uci] nostri Felix l[ibertus]*).

Ritratto di una Terenzia,
da Ercolano
inv. 6247
Trovata nella prima fase degli scavi di Ercolano insieme con una testa di uomo, questo fine ritratto femminile si data, per il tipo della elaborata pettinatura a riccioli spioventi a frangia sulla fronte, ad età claudia. La testa era accompagnata dall'iscrizione *Terentia* che ci dà anche il nome della *gens* di cui i due personaggi facevano parte.

Apollo citarista da Pompei,
Casa del Citarista (I, 4, 5)
inv. 5630

Il bronzo pompeiano replica un tipo della metà circa del V secolo a. C. con Apollo citaredo (donde il nome alla casa) noto da altre repliche (c.d. Apollo di Mantova) ed attribuito da alcuni ad Hegias, il maestro di Fidia; il dio teneva nella sinistra la cetra e nella destra conserva il plettro. La copia pompeiana, databile verso la metà del I secolo a. C., costituisce un raro esempio documentato a Pompei di uso proprio di un'opera illustre – come avveniva normalmente nelle ville – senza l'usuale adattamento a lampadario (*lichnouchos*).

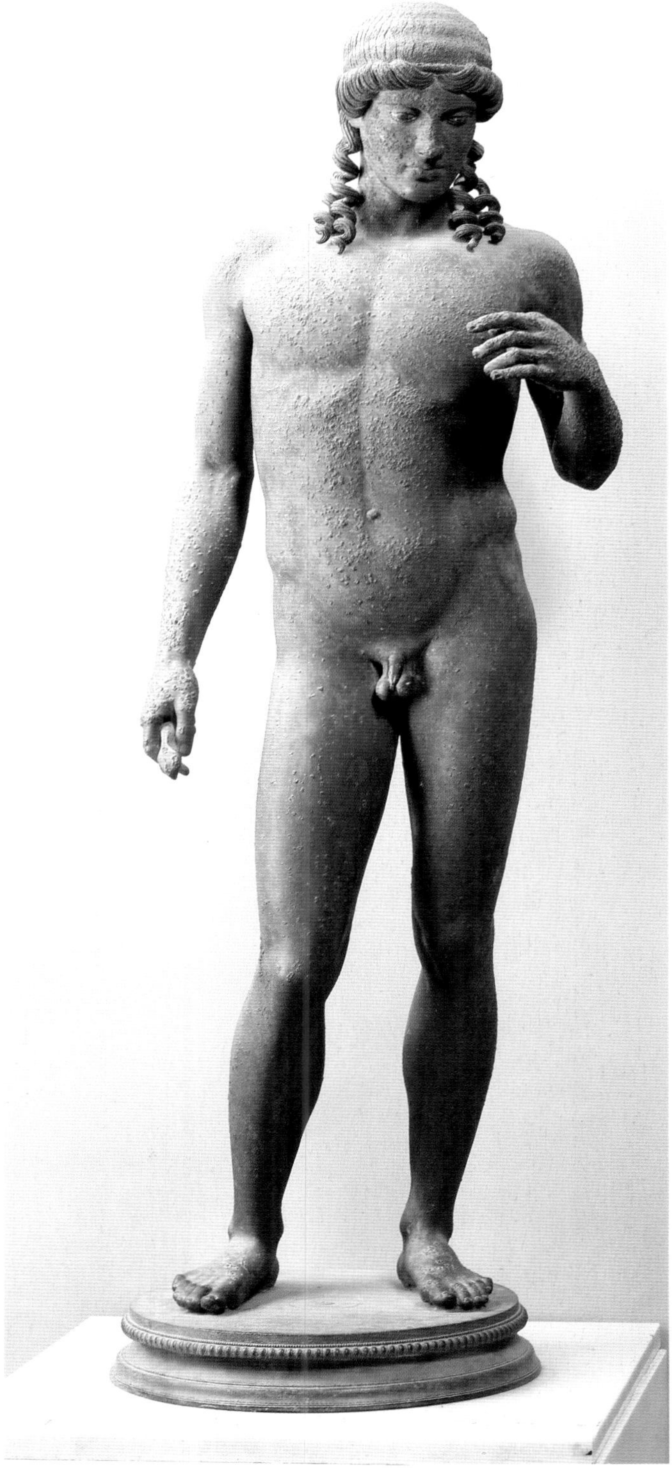

Statuetta fittile di filosofo, da Pompei, casa I, 2, 16
inv. 109622

Era un pezzo decorativo nel giardino della casa citata la bella statuetta in terracotta di filosofo, identificato attraverso la marcata caratterizzazione del volto come Antistene, il filosofo ateniese (445-365 a. C.) allievo di Socrate e fondatore della scuola cinica, il cui ritratto, con le ciocche della barba e dei capelli tipicamente arruffate, conosciamo da un'erma iscritta da Tivoli. La statuetta appartiene certamente ad un ciclo di filosofi probabilmente opera di una bottega campana; conosciamo infatti un'altra figura, ancora da Pompei, dal giardino dei *praedia* di Giulia Felice, di identiche dimensioni e stile, con il nome di Pittaco di Mitilene iscritto in greco sul bordo; un altro frammento di medesima fattura è stato ora identificato tra le terrecotte trovate a Cuma nell'area della città. La presenza nel giardino di immagini dei filosofi non meraviglierà, quando si consideri lo stesso tema nella ben più ricca e preziosa decorazione di quello della villa dei Papiri (cfr. a p. 299); si tendeva a ricreare un'atmosfera da circolo filosofico, da santuario delle Muse.

Gruppo bronzeo di cani e cinghiale, da Pompei, Casa del Citarista (I, 4,5)
invv. 4899-4900-4901
Posta all'incrocio fra le principali strade della città, la casa era particolarmente ricca nella decorazione pittorica e scultorea. In particolare il peristilio centrale, ornato di una vasca semicircolare, era popolato, come un *paradeisos* dipinto, da varie figure in bronzo di animali disposte intorno al bacino: un serpente che attacca (MNN 4898), un cervo in corsa (MNN 4902), un leone che attacca (MNN 4897).
Il gruppo del cinghiale assalito dai cani è la scultura più rilevante del complesso: stava su una sporgenza del bordo della fontana alimentata da un tubo nella bocca del cinghiale. Databile in età augustea, il gruppo deriva da un originale di età ellenistica ed è esso stesso di notevole livello, apprezzabile nell'accurata esecuzione dei dettagli.

Statua di ariete in bronzo, da Nocera
inv. 4903
Il tema dionisiaco – l'ariete è il compagno di Pan e dei Ciclopi – mostra che la statua di bronzo era senza dubbio una scultura da giardino, come i daini della villa dei Papiri o il cinghiale attaccato dai cani della casa del Citarista di Pompei. Rinvenuta sotto il pavimento di un edificio romano, la scultura è un eccellente lavoro di prima età imperiale, una fusione cava ben rifinita a freddo a bulino, certamente appartenuta alla decorazione di un peristilio di una ricca *domus* di *Nuceria Alfaterna*, la città prossima a Pompei e senza dubbio il principale centro della valle del Sarno.

Oscillum, da Pompei, Casa del Citarista (I, 4, 5)
inv. 6551

Uno dei più tipici ornamenti del giardino romano erano gli *oscilla*, scudi circolari o a pelta in marmo, decorati a rilievo con figure mitologiche. L'idea derivava dagli scudi sospesi come trofei, ma la loro decorazione aveva perso ormai del tutto il carattere militare per preferire i temi dionisiaci più convenienti all'ambiente dell'*hortus*. Le città vesuviane ci hanno restituito un numero considerevole di simili decorazioni; in questo esemplare, il migliore per esecuzione di quelli rinvenuti finora a Pompei, opera di un'officina neoattica, su una faccia un giovane satiro scopre una cista da cui fuoriesce un serpente, sull'altra un satiro suona il flauto davanti ad una figura di Priapo. Fine del I secolo a. C. La qualità dell'esecuzione conferma l'alto livello della decorazione di questa sontuosa casa pompeiana.

Statuetta fittile di elefante con torre, da Pompei, casa VI, 15, 5
inv. 124845

Sembra alludere alle guerre con Cartagine o a quelle d'Oriente la graziosa statuetta – in origine un vaso – raffigurante un elefante da guerra; al suo dorso è infatti attaccata una torre quadrangolare merlata, legata al ventre con tre catene, e protetta da due scudi. Il guidatore dell'elefante, un negro munito di uno stimolo falcato, è a cavalcioni sul collo dell'animale e allunga un pezzo di cibo alla proboscide sollevata dell'animale.

Si tratta di una decorazione da giardino; essa fu infatti rinvenuta alla fine del secolo scorso in una nicchia da fontana in fondo al giardino della casa citata, insieme con l'altrettanto famosa statuetta di vecchia ubriaca – anch'essa un vaso plastico (inv. 124844) – altre due figurine in terracotta invetriata raffiguranti rispettivamente Micone e Perona e un Sileno sdraiato, e una statuetta marmorea di ninfa.

Rilievo marmoreo di Telefo, da Ercolano, Casa del rilievo di Telefo
inv. 76/128

Il lavoro denuncia fin dal marmo impiegato, il Pentelico, la sua origine in una bottega neoattica della fine del I secolo a. C. Inserito come un quadro – del resto doveva essere vivacemente colorato – nella parete di una stanza antistante un triclinio, esso doveva mostrare agli ospiti delle *coenae* in questa bella casa sulle mura di Ercolano la raffinata cultura ellenizzante del proprietario: si potrebbe pensare alla casa dei *Nonii Balbi* per il rapporto con le sottostanti terme sul mare.

Il tema mitico rappresentato è conveniente ad una casa ercolanese: Telefo, l'eroe che viene curato, come aveva ordinato un oracolo, da Achille con la ruggine della sua lancia (a destra), è infatti il figlio di Ercole, il dio eponimo della città campana. A sinistra è invece l'episodio precedente della storia, con Achille che consulta l'oracolo da cui apprende che egli giungerà a Troia solo se guidato da Telefo.

Rilievo marmoreo con Orfeo ed Euridice, da Torre del Greco, villa in contrada Sora
inv. 6727

Trovato in una villa marittima a Torre del Greco, nel territorio ercolanese, e passato per la collezione del Duca di Noja, il rilievo, raffigurante l'addio di Orfeo ed Euridice in presenza di Hermes accompagnatore delle anime dei defunti, è la replica di un notevolissimo originale greco della fine del V secolo a. C, opera di un maestro educato alla scuola della scultura fidiaca (s'è pensato ad Alkamenes).

Il rilievo si inserisce in un gruppo di altri rilievi simili a tre figure, costituenti originariamente la decorazione di un monumento coregico o funerario ateniese – si è pensato anche all'altare dei Dodici Dèi nell'agorà – ma oltre alla straordinaria elevatezza di concezione dell'originale, preme qui sottolinearne la presenza in una villa romana, a testimonianza della raffinata cultura e gusto del proprietario.

Statua di Artemide arcaistica, da Pompei, VIII, 3, 14 ?
inv. 6008
La scultura, in marmo pentelico, deriva probabilmente (come appare anche da ripetizioni in altre immagini dello stesso schema della dea incedente armata d'arco) da una famosa scultura arcaica greca, forse quella Diana di Segesta ricordata da Cicerone. La replica pompeiana è in ogni caso un'opera di rielaborazione eseguita da un'officina neoattica, che ha conservato l'aspetto esteriore dell'originale, con le pieghe geometricamente disposte a zig-zag, il «sorriso arcaico», la stessa corona a rosette; ma il libero movimento del corpo, la levigatezza delle superfici ed una certa morbidezza del panneggio datano l'opera, per la quale si è fatta l'ipotesi di un'attribuzione alla scuola di Pasiteles, al I secolo a. C.

Statuetta di Alessandro a cavallo, da Ercolano
inv. 4996
Quando Quinto Cecilio Metello ridusse a provincia romana il regno di Macedonia, prese la via di Roma, per adornare il nuovo portico eretto dal vincitore (poi arricchirono il Portico di Ottavia), un gruppo di statue, celebre opera di Lisippo: la *turma* dei cavalieri caduta alla battaglia al fiume Granico (334 a. C.) combattendo agli ordini di Alessandro il Grande. Questa bella statuetta rappresenta molto probabilmente un'eco, in scala ridotta, di questo famoso gruppo e raffigura lo stesso Alessandro in atto di calare dal cavallo impennato un fendente di spada su un nemico appiedato.
La presenza ad Ercolano di un altro cavallo simile, la celebrità dello schema, ripreso in numerose altre rielaborazioni, convalidano la fondatezza dell'identificazione proposta.

Statuetta bronzea di Amazzone a cavallo, da Ercolano
inv. 4999

È molto incerta l'identificazione del tipo da cui questa statuetta deriva con la statua della famosa «*Euknemos*», un'amazzone a cavallo «dalle belle gambe», opera dello scultore greco Strongylion, attivo tra la fine del V e la prima metà del IV secolo a. C. La figurina, che deriva da uno schema vicino a quello lisippeo dell'Alessandro a cavallo, sembra opera più attardata, richiamante con fare classicistico le Amazzonomachie di età classica: forse da qualche monumento commemorativo di tono simile al Piccolo Donario pergameno.

Cassaforte, da Pompei
inv. 73021
Nelle case con pretese di antichità e nobiltà il posto della cassaforte (*arca*, originariamente destinata a custodire il corredo della sposa e le altre ricchezze della casa), era nell'atrio, su un apposito basamento, esibita (i *Vettii* ne mostravano addirittura due) agli ospiti della casa come simbolo della ricchezza della famiglia. La struttura, con lamine di bronzo e ferro su una struttura di legno, era tutta coperta da grosse borchie che coprivano la testa dei chiodi. *Appliques* di bronzo, qui tra l'altro un cinghiale, Diana ed Eroti, decoravano la cassa; altre volte figurette di animali feroci, leoni e cani molossi, stavano a guardia della serratura.

Tripode con satiri, da Pompei, casa di Giulia Felice (II, 4, 2)
inv. 27874

Questo tripode fu reso celebre nel Settecento grazie alla riproduzione che ne diede il conte di Caylus nel terzo tomo del suo *Recueil d'antiquités égyptiennes, étrusques et romaines* (1759).
Insieme all'altrettanto famoso Tripode con sfingi reso celebre dai *Vasi, candelabri, cippi, sarcofagi, tripodi etc.* di G. B. Piranesi (1778), esso fu così preso a modello dai disegnatori di mobili neoclassici, ed ebbe enorme influenza sulla creazione di oggetti famosi dello stile Impero.
Il piatto, ornato di foglie arcuate, è sorretto da tre figurine di giovani Satiri itifallici che protendono una mano in un gesto apotropaico. Come il tripode delle Sfingi, è stato attribuito, senza ragione, ad officine tarantine; ma proprio di recente una fortunata scoperta a Capua ha rivelato, con il rinvenimento di matrici di fusioni a cera perduta (una di ali molto simili a quelle delle Sfingi), che le officine capuane di età imperiale producevano oltre al vasellame anche di simili oggetti d'arredo.

Braciere in bronzo, da Ercolano
inv. 73104
Nelle case romane d'inverno faceva freddo ed il braciere, normalmente di terracotta (quelli più rari in bronzo erano usati probabilmente nei triclini delle case di lusso), era una necessità. In questo esemplare, portatile (vi sono applicate due maniglie), la cassa rettangolare in cui bruciava il carbone di legna è decorato sui bordi da un motivo a merlature; sui fianchi vi sono *appliques* a maschera teatrale e a figure di animale; i quattro piedi terminano a zampa di leone. Sono noti anche esemplari di dimensione ridotta usati come altarini portatili.

Appliques a testa di mulo, da Ercolano
invv. 72734, 72736

I letti tricliniari antichi erano spesso decorati nelle parti a vista, piedi, stanghe, spalliere, con elementi in bronzo decorati a rilievo, inserti plastici, intarsi in rame ed argento. In questo caso i *fulcra*, le parti curve delle spalliere, sono decorati da due teste di mulo, un animale tipico del corteo di Dioniso e dunque appropriato al mondo del banchetto; del resto il carattere dionisiaco è sottolineato anche dalla corona di edera che l'animale porta sul capo e dalla pelle di pantera sul dorso.

«Samovar», da Pompei
inv. 73880
Uno dei lussi di una *coena* sontuosa era la disponibilità di acqua, vino e altre bevande calde. Le città vesuviane hanno restituito un certo numero di ingegnose macchine per riscaldare liquidi; questo esemplare, che unisce le antiche forme del tripode e del cratere, era munito di una doppia camera che permetteva di scaldare il liquido e di regolarne con un ingegnoso sistema di valvole il deflusso.

Situla, da Pompei (?)
inv. 73146
Non molte sono le situle di bronzo pervenuteci dalle città vesuviane, e tutte di eccezionale livello.
La loro raffinata decorazione, qui una fascia di scudi che ben s'accorda alle figurine di gladiatori applicati all'attacco dell'ansa, la loro presenza in pitture mitologiche di derivazione ellenistica (si veda ad esempio il quadro con Giasone e Pelia) fa supporre che si tratti di oggetti di arredo tricliniare delle case tardo-ellenistiche di I e II stile, conservati fino all'ultima fase di vita della città. II-I secolo a. C.

Cratere, da Ercolano
inv. 73105
Il cratere a calice è una forma che ha una grande tradizione nella ceramica greca di età classica: è il vaso fondamentale del simposio. L'età romana fece un uso molto più ridotto della forma, soprattutto destinandola ad un uso decorativo, ad esempio come ornamento marmoreo, di sapore dionisiaco, da giardino; da Pompei ci vengono solo pochi esemplari in bronzo, in rapporto ad esempio al numero notevolissimo di *oinochoai*; un esemplare eccezionale con figure a rilievo è quello rinvenuto di recente nel triclinio della casa pompaiana di Giulio Polibio. Particolarmente interessante in questo esemplare ercolanese l'attacco delle anse a testina di Medusa

Oinochoe in bronzo, da Ercolano

invv. 69033

La decorazione di questa e numerose altre *oinochoai*, con i leoni dalle zampe terminanti in rotelle, riprende coscientemente modelli decorativi tipici di vasi in bronzo dell'età greca arcaica, come quelli rinvenuti nel c.d. *heroon* di Paestum (Museo di Paestum). La travolgente moda per i bronzi arcaici (i *necrocorinthia*) era iniziata quando i coloni di Cesare aveva trovato a Corinto e poi a Capua gli splendidi vasi di bronzo peloponnesiaci e capuani. Ne era nata una ricerca frenetica di esemplari originali (come l'*hydria* rinvenuta nella casa di Giulio Polibio, premio delle feste di Hera Argiva) e, quando questi mancavano, di imitazioni o libere rielaborazioni, prodotte, in questo caso, probabilmente dalle officine specializzate di Capua.

Oinochoe, da un sito vesuviano
inv. 69082
È questa una delle più tipiche ed eleganti forme di *oinochoai* in uso nella Pompei del 79 d. C.; particolarmente raffinata era la decorazione delle anse con protomi di animali (qui un cavallino) sul labbro e maschere (qui un gorgoneion) all'attacco sul ventre. Una coppia del servizio di Giulio Polibio porta inciso il marchio *M. AT.*; dai nuovi rinvenimenti di Capua sembra comunque che parti fuse e parti martellate fossero prodotte separatamente da officine specializzate nelle diverse tecniche e poi assemblati.

Scyphus d'argento con scena paesistica, da Pompei, Casa del Menandro (I, 10, 4)
inv. 145504

Lo *scyphus* d'argento è decorato con scene paesistiche (figure di barcaiolo, pastore che doma un ariete, sacrificio al sacello campestre), derivate dal genere dell'idillio campestre della letteratura ellenistica, venuto di moda nell'età augustea. Ed anche la firma graffita sul fondo del vaso è grecanica, *Apelles*, a ricordare la perdurante superiorità della lunga tradizione ellenistica di artigianato artistico di lusso. Il pezzo reca tracce di riparazioni antiche.

Scyphus d'argento con imprese di Ercole, da Pompei, Casa del Menandro (I,10, 4)
inv. 145506

La casa del Menandro ha restituito nel 1930 uno dei maggiori tesori d'argenteria di Pompei, ben 118 pezzi per un peso complessivo di 84 chilogrammi d'argento. Ma anche se il peso era un elemento importante del valore, giacché frequenti sono le notazioni ponderali, non c'è dubbio che la decorazione dovesse avere agli occhi degli intenditori maggiore importanza. Il tema mitologico delle fatiche di Ercole era il soggetto di questo vaso e del suo gemello (i vasi per bere, l'*argentum potorium*, sono di solito in set di due, mentre quello per mangiare, l'*escarium*, in servizi da quattro) firmati dallo stesso Apelles dello *scyphus* precedente. Le firme dei *caelatores* d'argento sono tuttavia del tutto rare, forse perché, si è supposto, non si voleva togliere agli acquirenti l'illusione di possedere dell'argenteria antica, quell'*argentum vetus* che costituiva la gloria delle grandi casate, per non dire dei pezzi veramente di età classica eseguiti dai grandi toreuti Mys, Mentor e Kalamis.

Cantharus d'argento con rami di olivo, da Pompei, Casa del Menandro (I, 10, 4)
inv. 145513

La decorazione a rami di olivo, qui ancora in un servizio da due, è parte di un più generale tema decorativo vegetale (corone di quercia, di alloro, di pino, di foglie di platano, di vite etc.) che venne di moda nel periodo della tarda repubblica – lo ritroviamo ad esempio sulle pitture di II stile – e durò per alcuni decenni. Esso esprimeva ad un tempo allusioni religiose, letterarie, e più generalmente rinviava ad un senso di piena *felicitas* anche della natura, risvegliatasi, per effetto della pace augustea, in una ritrovata età dell'oro.

Cantharus d'argento con Tritoni e Nereidi, da Pompei, casa I, 6, 11
inv. 144802
Deriva dal più squisito repertorio neoattico il tema della lotta di due Tritoni, uno giovane ed uno anziano, trepidamente assistiti da due Nereidi, contro un leone e un drago. Pur nella dimensione ridotta delle figurine, si coglie la lontana origine dal barocco pergameno dei corpi muscolosi impegnati nello sforzo della lotta.

Calathus d'argento con apoteosi di Omero, da Pompei
inv. 25301

Aveva manifeste velleità letterarie l'acquirente di questo raffinato secchiello con la raffigurazione dell'apoteosi d'Omero. Il poeta ascende al cielo sull'aquila di Zeus, scortato da cigni, uccelli simbolo della poesia. Del più grande interesse sono le due figure allegoriche che assistono; da un lato, una figura femminile in abito militare personifica l'Iliade mentre l'altra, vestita da marinaio, rappresenta l'Odissea. L'uso dei vasi d'argento era uno dei bersagli preferiti della letteratura moralistica dell'epoca: «Grande è colui che usa vasi d'argilla come fossero d'argento, ma non è meno grande chi usa vasi d'argento come fossero d'argilla» (Seneca, *Epist. ad Lucil.*, I, 5,6).

Coppa in ossidiana, da Stabia s.n.
Sono in ossidiana due preziose coppe da Stabia della forma tradizionale dello *scyphus* in metallo prezioso, decorate con scene e figurine di stile egizio intarsiate di coralli bianchi e rosa, lapislazzuli, malachite ed oro. La decorazione ricorda la terra d'origine dell'ossidiana romana, scoperta in Etiopia da un *Obsidius* che le diede il suo nome. Si realizzarono anche imitazioni in vetro di tale materiale e si dissero «vetri ossidiani».

Coppa in cristallo di rocca, da Santa Maria Capua Vetere inv. 124701
La forma dello *scyphus* in argento e la decorazione a motivi vegetali consentono di datare all'incirca ad età augustea questa coppa in cristallo di rocca, uno degli oggetti di maggiori dimensioni noti in tale materiale. Questo è un quarzo incolore e trasparente, spesso usato nell'antichità sia per gioielleria sia per farne piccoli oggetti usati come ninnoli o amuleti: la provenienza egiziana e indiana del minerale gli garantiva infatti un alone magico che si accompagnava sempre alle cose egiziane.

Coppa costolata in vetro blu, da Pompei
inv. 13810

Queste coppe erano ottenute per fusione della materia vetrosa in uno stampo e rifinite poi al tornio. Si tratta di una delle forme più popolari, sia nella versione monocroma sia in vetro a più colori, nel periodo tra la fine della repubblica ed il I secolo d. C. Plinio tramanda che al suo tempo, quello appunto delle città vesuviane, il vetro aveva soppiantato ormai, nel favore dei più, i vasi di metallo pregiato. E lo stesso autore ricorda che le fabbriche puteolane, che erano certamente tra i fornitori di Pompei, potevano avvalersi di una sabbia bianca di estrema finezza, cavata tra Cuma e *Liternum*, che consentiva di ottenere del vetro puro.

Coppa in vetro millefiori, da un sito vesuviano (?)
inv. 13558

Il vetro policromo, nelle varie tecniche dello «spruzzato», a «millefiori», «a nastro d'oro», «pseudomurrino», ereditate dal mondo orientale ed ellenistico e rinnovate con entusiasmo, fu molto popolare nel mondo romano nelle prime fasi di produzione del vasellame di vetro. I vasi «pseudomurrini» godettero di grande favore per la loro vivace coloritura che tentava di imitare le preziose policrome trasparenze dei vasi «murrini» in pietra pregiata. Simili vetri sono tuttavia eccezionali. A Pompei e nelle altre città vesuviane la regola è il vetro monocromo, di buona purezza.

Coppa in vetro millefiori, da un sito vesuviano (?)
s.n.

Non sappiamo a quale centro di fabbricazione attribuire questa coppa. Certamente oltre ai tradizionali centri egiziani, molto attivi dovettero essere i nuovi laboratori puteolani. La coppa si affida principalmente al vivace accostamento dei colori squillanti. Viene in mente il passo in cui con tono da raffinato intenditore Marziale (XIV, 113) sentenzia: «se tu bevi il tuo vino caldo, il materiale del vaso murrino è adatto all'ardente Falerno e il vino acquista un sapore migliore».

Tazza sud-gallica marmorizzata, da Pompei
inv. 109640

Se i ricchi usavano vasellame metallico, bronzeo o d'argento, la gente comune usava per la tavola la c.d. *terra sigillata*, dei vasi coperti da una vernice rosso corallina, la cui fabbricazione da Arezzo s'era diffusa in tutta l'Italia e nelle province, a cominciare dalla Gallia meridionale; qui attive fabbriche diedero vita a serie presto autonome anche nel *design*, che invasero lo stesso mercato italiano con prodotti raffinati come questa coppa con vernice a venature marmorizzate. E a qualche snob che storceva il naso davanti ad una mensa apparecchiata con questi vasi, Marziale ricordava l'antica gloria delle stoviglie di terracotta: «Non disprezzare troppo i vasi Arretini, ti avviso, i vasi fittili etruschi erano un lusso di Porsenna» (Marziale, XIV,98).

Coppia di canthari in ceramica invetriata, da Pompei, IV, 6, 28
inv. 133315 e 133316

Non è ancora chiaro quali fossero le fabbriche che producevano questo vasellame invetriato sia a impasto siliceo sia a vernice piombifera, attestato nelle città vesuviane. Un centro era certamente l'Egitto, dove si conosce una fabbrica a Menfi, ed egiziani sono molti dei temi decorativi impiegati. Altre volte, come per questa coppia di calici, si tratta di fogge di tradizione più latamente ellenistica e di evidente derivazione da prototipi d'argento.

Vengono in mente le parole di Varrone (*Lingua Latina*, VIII, 31): «per un uomo assetato basta un bicchiere qualsiasi; per un uomo raffinato non basta, se non è bello...»

Fornello, da un sito vesuviano
s.n.
Il bisogno di cibi e bevande calde era risolto dalla maggior parte della popolazione con semplici fornelli di terracotta, che prevedevano un alloggiamento per il fuoco ed uno per poggiarvi i contenitori da riscaldare.

In età ellenistica avevano avuto gran fortuna a Pompei, come in molti altri centri raggiunti dal commercio marittimo, i bracieri di Delo, con prese a testa di Satiri; in età imperiale la richiesta di bracieri e fornelli ordinari come questo è soprattutto soddisfatta dalle figuline locali.

Olletta «a pareti sottili» a volto umano, da un sito vesuviano
s.n.
Queste ciotole facevano parte del normale corredo delle *tabernae*; in esse i clienti consumavano bevande calde. Si tratta di una ceramica molto probabilmente prodotta da fabbriche locali, di costo certamente inferiore alla «terra sigillata»; su questi prodotti la decorazione con la caricatura stilizzata dei tratti di un volto umano è piuttosto frequente.

Siringa in bronzo, da Pompei
inv. 111055
Anche gli strumenti musicali, come questa siringa trovata nel 1876, potevano essere usati nel corso del banchetto. Essi erano inoltre essenziali nei riti sacri e nelle rappresentazioni teatrali; la siringa era ad esempio un elemento tipico del dramma satiresco e del mimo che ne era derivato. Questo esemplare, a nove canne, è particolarmente interessante per la decorazione della cassa, con tre edicole applicate rappresentanti una scenafronte teatrale.

Sileno portalampada da Ercolano
inv. 72199
Il tempo del banchetto era la notte, e le lucerne erano il languido lume delle notti di festa. Come canta Orazio (*Carmina*, II, 21): «se Libero verrà, e Venere lieta e le Grazie che indugiano a slegarsi, veglieranno con te lucerne vive fino a che il sole sperderà le stelle». Sileno, il compagno di Dioniso nel tiaso, è un personaggio del tutto conveniente al mondo del banchetto.

Statuetta bronzea di placentarius, da Pompei, Casa dell'Efebo (I, 7, 10-12)
inv. 143760
La statuetta, evidentemente grottesca e caricaturale, nella scia di un amatissimo filone di genere di origine tardoellenistica, appartiene ad un gruppo di quattro identiche figurine trovate in una cassetta in una stanza presso l'atrio della casa, destinate probabilmente a fungere da portavivande di lusso – le 'delicatezze' erano poste sul piattino d'argento – sulla mensa del ricco proprietario.
Un passo di Catone ha suggerito l'identificazione con un venditore di *placentae* (focacce).

Statuetta bronzea di vecchio asino, da un sito vesuviano
inv. 4955
Eseguita a fusione cava e accuratamente rifinita a bulino, la statuetta era probabilmente applicata ad un mobile o portava un basto per fungere da portavivande. Si tratta comunque di un bronzetto di notevole qualità, derivante certamente da un prototipo di età ellenistica gustosamente volto all'interpretazione psicologica del paziente carattere dell'animale.

Disco in argento con Apollo, da Ercolano
inv. 25492

Il disco, lavorato ad altorilievo con un busto di Apollo di eccellente fattura, e facente coppia con un analogo oggetto con figura di Diana, entrambi montati su un supporto mobile in lamina di bronzo, decorava certamente qualche mobile o oggetto di prestigio, esibito dal proprietario in occasioni di rilievo. Il tema dèi giovani dèi arcieri era venuto in gran moda dopo la consacrazione del tempio di Apollo sul Palatino all'epoca di Augusto, periodo nel quale si può collocare questo rilievo, anche per la resa stilistica largamente improntata al classicismo.

Statuetta fittile di Perona e Micone, da Pompei, VI, 15
inv. 128486
Deriva dalla tradizione delle parodie grottesche del mito attribuite all'ambiente alessandrino questa statuetta a invetriatura piombifera, raffigurante i personaggi del famoso mito, trattato anche in pittura, di Perona che allatta il vecchio padre prigioniero. La statuetta fu trovata con una brocca a forma d'anatra, anch'essa invetriata, ed altri oggetti analoghi denotanti il gusto evidentemente esotico del proprietario.

Statuetta bronzea di Venere, da Ercolano
inv. 5133
Fu ritrovata il 22 febbraio 1757. Venere, qui nell'iconografia dell'Afrodite ellenistica che si slaccia il sandalo in procinto di bagnarsi (cavigliere e bracciali sono d'oro, l'intarsio della base in argento), era una delle divinità principali dell'area vesuviana. A lei i Romani avevano intitolato, in onore del dittatore Silla che si vantava protetto dalla dea, la colonia dedotta a Pompei, chiamandola *Colonia Cornelia Veneria Pompeianorum*. Ma Venere era stata famosa nella regione vesuviana anche prima dei Romani, come insegna il culto della *Venus Physica* di Pompei e un'iscrizione ercolanese col suo nome sannitico di *Herentas*. La dea formava con Dioniso e Ercole la triade locale a Pompei, come mostra un noto epigramma di Marziale. Un dipinto della casa pompeiana di Marte e Venere (VII, 9, 47) rappresenta una processione in onore di Venere con i partecipanti che spingono *fercula* e il toro del sacrificio.

Statuette di Lari, da Pompei casa degli Amorini dorati (VI, 15,7)
invv. 133327-28

Il larario di questa elegante casa ha restituito un *set* di statuette di divinità tipico della più pura tradizione latina. Giove, Gunone e Minerva formavano infatti la triade capitolina, mentre Mercurio era il tradizionale dio latino del commercio. Quanto ai Lari, rappresentati nel solito aspetto di giovanetti danzanti con secchielli e corni potori, essi erano le divinità tradizionali della casa, e da essi prendeva nome il santuarietto domestico.

Al culto degli dèi tradizionali si univano tuttavia nella casa ancestrali riti magici. Come questa cerimonia per allontanare i fantasmi descritta da Ovidio (in *Fasti*, V, 431-444): «Il padre di famiglia, memore dell'antico rito e timoroso degli dèi, si alza e a piedi nudi fa schioccare le dita per allontanare dal volto le ombre, gira su se stesso, e dopo aver messo in bocca fave nere le getta dietro le spalle dicendo: «io butto queste fave e con esse riscatto me e i miei». Nove volte dice queste parole senza girarsi; si pensa che l'ombra, senza essere vista, raccolga le fave e lo segua. Di nuovo bagna le mani [...] e chiede che l'ombra lasci la casa. Dopo aver detto nove volte: «Mani dei miei padri, uscite», si volta indietro e ritiene di aver assolto i sacrifici in modo puro».

Statuetta bronzea di Fortuna in trono, da Pompei, casa IX,7, a (della Fortuna)
inv. 111697

Fortuna era la dea della cattiva e della buona sorte di uomini, città, popoli. Al suo capriccio essi prosperavano o perivano; per simboleggiare la sua potestà di guidare il destino essa è spesso rappresentata come nocchiera, col timone nella mano.

Al mondo del mare, dominato dalla instabile sorte, richiamano qui i Tritoni suonanti la buccina che ornano il suo trono. La dea regge in una mano una patera d'argento e nell'altra un altro attributo tipico, la cornucopia. Di fronte alla statuetta doveva essere sospesa una lucerna in bronzo in forma di piede umano che fu trovata nella stessa nicchia. Come il culto di Mercurio, così quello di *Fortuna* nei larari tende a propiziare la buona sorte sulla casa; nello stesso senso devono intendersi le offerte tradizionali sui larari di frutta, pigne, uova, simboli di prosperità e fertilità.

Statuetta bronzea di Atena,
da Ercolano
inv.5288

La statuetta, ispirata ai tipi classici di V secolo a. C., con l'elmo crestato, l'egida con la testa di Medusa, la *phiale* e la lancia, esprime bene il clima classicistico diffuso a partire dall'età augustea. Si tratta certamente di una statuetta da larario, dove la dea, protettrice delle arti e della saggezza, compariva piuttosto come la Minerva della triade capitolina.

Gruppo di statuette d'argento del larario, da Scafati
invv. 125709-711

È stato trovato in una villa rustica dell'agro pompeiano questo insieme di statuette argentee appartenenti ad un solo larario. Vi compaiono associate Iside, con le spighe, il timone ed il crescente lunare sul capo, Venere, nuda con la colomba, ed un serpente agatodemone, la divinità della buona sorte che tanto spesso si trova dipinta nei larari pompeiani.

Mano bronzea votiva di Sabazio, da Ercolano
inv. 5506

Queste mani, con le dita piegate nel gesto della benedizione ancora familiare nel rito cristiano latino, sono tipiche del culto del dio frigio o tracio Sabazio, una divinità della vegetazione già nota in Grecia nel V secolo a. C. e in età romana trapiantata, come tanti altri culti orientali, nell'occidente latino in assimilazione con Zeus o Dioniso. La mano è carica di simboli.

Sabazio stesso, vestito alla frigia, siede benedicente sul palmo; accanto a lui il serpente sacro, a sinistra la pigna di Dioniso, ai piedi una testa di cervo; in alto tra le dita, il fulmine di Zeus già tenuto da un'aquila. Sul polso una figura di madre e bambino in una caverna, certamente un'allusione ad una storia dell'infanzia del dio.

254

Statuina fittile di Bes, da Pompei
inv. 22583
Bes è un personaggio tipico del fantastico mondo della religione e della magia egiziane; è un nano danzante buono, dal corpo deforme, la lingua esibita penzoloni come una Gorgone, ed ostentante un copricapo di penne di struzzo. Considerato apportatore di buona fortuna e protettore del sonno delle donne e dei bambini, fin dai tempi più antichi era riprodotto in amuleti da appendere alle collane, statuine come questa in *faïence* egizia (con invetriatura al silicio). Dalla sfera religiosa in ambito romano era passato anche in quella più schiettamente decorativa; statuette come questa si usavano, analogamente alle figure di coccodrilli, di sfingi etc. come ornamento dei giardini «all'egiziana»: in quella passione per la terra del Nilo (si suol parlare di egittomania) che prese i Romani dopo la conquista dell'Egitto.

Cembali, da Pompei
inv. 76943
Questi sonagli, formati da due calotte di bronzo collegate da una catenella, sono uno strumento musicale tipico dei culti orientali, Iside e Cibele soprattutto, ma anche Dioniso, cui si riferisce un celebre quadretto pompeiano con simboli bacchici (pantera, corno etc.; inv. 8795). Il loro frastuono e quello dei tamburelli suscitava lo sdegno dei tradizionalisti romani.

Rilievo marmoreo con scena di bottega di calderaio, da Pompei
inv. 6575

Insegna di bottega o rilievo funerario (ma a Pompei quest'ultimo caso è meno frequente che a Ostia), il pannello illustra tre momenti tipici dell'attività del calderaio; a sinistra la pesatura del metallo su una grande bilancia, al centro la battitura del metallo riscaldato sull'incudine, a destra la lavorazione a freddo di un piatto sotto la figurina di un cane accovacciato; la parte superiore della scena mostra il banco a gradini dell'esposizione con vari recipienti e le tipiche forme a conchiglia per dolci; al centro la fornace. Il lavoro ha la qualità corsiva propria di questo genere di monumenti popolari, ma ne ha anche il pregio della vivacità, come per quella figuretta di bambino a sinistra che si tiene con la mano alla vita del padre.

Stadera con peso a testa di bambino, da Pompei
inv. 74039
La stadera è del tipo ancora in uso ai nostri giorni, fondata sul principio della leva, con un piatto su cui si posa l'oggetto da pesare, controbilanciato da un peso mobile, qui in figura di un bambino, corrente lungo un'asta graduata. La bilancia aveva due scale: una da 1 a 14, l'altra da 10 a 50, corrispondenti a due possibili posizioni del fulcro. Sul braccio breve dell'asta, un'iscrizione a puntini ricorda la data consolare del 47 d.C. ed attesta che sia la bilancia che i pesi erano quelli di cui al decreto di quell'anno degli edili di Roma *Marcus Articuleianus* e *Gnaeus Turranius*.

Pittura con tintori al lavoro, da Pompei, fullonica VI, 2, 31
s.n.

Il dipinto rappresenta nello stile semplice della pittura popolare due scene che dovevano essere frequenti a Pompei. Al centro un operaio sta garzando una pezza di lana, districando cioè i peli arricciati della lana in modo che possa essere rasata regolarmente. Lo strumento che impiega è un cardo da lanaiolo, cioè una spazzola (*aenea*) munita di spine o aculei adatti allo scopo. A destra un altro operaio porta sulla testa una gabbia di legno per solforare con fumigazioni le stoffe in modo che acquistino il candore desiderato.

Sulla gabbia la civetta appollaiata allude alla dea Atena, protettrice dell'arte dei lanaioli. Nell'altro pannello, degli schiavetti con le gambe immerse nelle tinozze lavano i panni, pestandoli sotto i piedi nel liquido maleodorante a base di urina.

Amorini al lavoro, da Ercolano, Casa dei Cervi (IV, 21)
inv. 9179
Deriva dal più tipico repertorio ellenistico il tema degli Eroti che imitano giocosamente gli uomini nelle loro attività. Accanto al celebre fregio della casa dei *Vettii* di Pompei, anche questi di Ercolano sono diventati famosi come riflesso figurato del mondo del lavoro. Qui abbiamo Amorini profumieri, agrimensori, calzolai, falegnami; sono interessanti soprattutto i gesti del lavoro, le macchine, gli armadi.

Coperchio di cassetta medica in argento, da Ercolano
inv. 25699
I confronti con esemplari integri e la decorazione del coperchio, in rame con figure intarsiate in argento, mostrano che l'oggetto cui apparteneva questo coperchio era una cassetta da medico, in cui si conservavano gli strumenti e i farmaci. Le figure rappresentate sono quelle delle divinità protettrici dell'arte medica, Esculapio col serpente che si avvolge sul bastone e Igea con un ramoscello d'olivo. Anche a Ercolano, come a Pompei, i documenti dei medici sono piuttosto frequenti; tra gli altri un graffito relativo al medico di Vespasiano, Apollinare che *optime cacavit*.

Strumento chirurgico, c.d. «forcipe ercolanense», da Pompei
inv. 78029

La grossa pinza con le estremità curvate ad S testimonia con evidenza, insieme ad altri oggetti simili dalle città vesuviane, il livello piuttosto avanzato di specializzazione tecnica cui, anche nello strumentario, era pervenuta la chirurgia antica.

Lo strumento è identificato come un'*odontagra*, cioè una pinza da dentista, per estrarre denti e radici, ma forse potrebbe essere stata usata anche come *ostagra*, per estrarre schegge d'osso o corpi estranei dalle ferite.

Quadro con Enea ferito, da Pompei, Casa di Sirico (VII, 1, 25)
inv. 9009
L'affresco, opera di un pittore mediocre, è interessante anche perché mostra, sotto il velo del mito, un medico – Iapyx nel mito – al lavoro, per operare con uno strumento chirurgico, con cui estrae dalla coscia di Enea la cuspide della freccia che l'ha colpito (Virgilio, Eneide, XII, vv. 398 ss. e 411 ss.). L'eroe è assistito dal figlio Ascanio che, come narra Virgilio, piange, e dalla madre divina Afrodite che reca in volo un ciuffo d'erbe medicinali cretesi raccolte sul monte Ida. Il quadro apparteneva ad una parete di IV stile databile in età neroniana o flavia. La presenza di questo soggetto nel triclinio della casa voleva forse essere un atto di reverenza al mito delle origini di Roma.

Sonaglio in figura di gladiatore, da Ercolano
inv. 27853

La figurina grottesca di gladiatore appartiene ad una classe di sonagli configurati itifallici sicuramente di valore apotropaico, probabilmente sospesi agli usci delle case e dei negozi in modo che il loro suono e la loro vista risultassero di buon augurio, in qualche modo come il Priapo dell'ingresso della Casa dei *Vettii*. Qui il motivo del fallo è trasformato in una pantera contro cui il gladiatore combatte.

Vasetto di vetro a testa di negro, da Pompei
inv. 129404

L'invenzione della tecnica della soffiatura, nella seconda metà del I secolo a. C., rappresentò una delle più grandi scoperte dell'industria antica (Rostovzev). Essa permise infatti, applicata all'uso degli stampi, di produrre in maniera meccanica ed in grande quantità vasi di ogni forma a buon prezzo. L'industria del profumo si avvalse rapidamente delle seducenti forme e trasparenze di questi nuovi flaconi per veicolare il suo prodotto di lusso. E come contenitori di profumo furono certamente usati questi vasetti configurati a testa umana di schiavo etiope, secondo un modello invalso fin dalla ceramica attica. Ancora Giovenale ci riporta la critica dei tradizionalisti sull'abuso del profumo: «tra gli oggetti di lusso... il profumo è tra tutti il più superfluo. Perle e gemme infatti si lasciano in eredità, le stoffe durano un certo tempo; i profumi invece evaporano istantaneamente e, per così dire, muoiono sul nascere... Si vendono a più di 40 denari la libbra. E tanto costa il piacere degli altri, dal momento che chi lo porta non lo sente».

«Vaso blu», da Pompei
inv. 13521

La tecnica del vetro-cammeo consisteva nel sovrapporre ad uno strato di vetro dal colore molto intenso, generalmente blu cobalto, un secondo strato di vetro bianco opaco che poteva essere poi asportato a zone seguendo un disegno, come nella tecnica del cammeo su pietra dura, in modo che il disegno in bianco contrastasse contro il fondo scuro. Nel celebre «vaso blu» il vetro, prima di essere inciso, stato modellato in forma di anfora vinaria. Coerentemente a tale forma, la decorazione rappresenta il tema dionisiaco della vendemmia fatta dagli Eroti sotto tralci di vite armoniosamente avvolti sul corpo del vaso – qui è l'elaborato motivo vegetale del lato secondario –, mentre altri fanno musica su una *kline* sotto una pergola.

Ha destato molte discussioni il rinvenimento nel 1834 del prezioso oggetto in una tomba accanto alla Villa delle Colonne a mosaico sulla via dei Sepolcri, ma si veda l'analogo caso della coppa di cristallo di rocca da una tomba di Capua (vedi schede a p. 234).

Pannelli in vetro-cammeo, da Pompei, area dell'insula Occidentalis
inv. 153651-2

I due pannelli, trovati come materiale sporadico nell'area all'esterno della casa detta di Fabio Rufo, sono gli unici esemplari in questa tecnica realizzati su pannelli piani; servivano forse per decorare, in luogo di intarsi in avorio, un mobiletto. La decorazione è ancora di tema dionisiaco: nel primo Dioniso appare ad Arianna addormentata, accompagnato da un Satiro e da Eroti che alludono al prossimo epilogo amoroso; nel secondo è una scena alludente forse all'iniziazione di Arianna, alla quale versa da bere una Menade in presenza di un Satiro danzante, tra alberelli da cui pendono oggetti simbolici del culto di Dioniso.

Ritratto su vetro, da Pompei
inv. 132424
Fa venire in mente i ritratti del Fayyum la pensosa espressione ed il delicato colorismo della bellissima testa dipinta su vetro, probabilmente parte di un medaglione doppio. È, verosimilmente, si tratta di un prodotto alessandrino, anche per confronto con un simile esemplare da Hawara, databile alla prima metà del I secolo d.C.

Lastrina con fregio figurato, provenienza ignota
inv. 13638
Qui il vetro è usato per realizzare un piccolo elemento di un fregio a teste e fiori di loto alternati che imita certamente le sime, i fregi architettonici in terracotta che coronavano gli edifici più importanti. Lo stile è fortemente arcaizzante e pervaso di esotismo. Si tratta forse della decorazione di una cassa in forma di tempietto.

Statuetta fittile di Enea, Anchise e Ascanio, da Pompei
inv. 110338
La calcolata composizione triangolare indica che la statuetta deriva da uno schema di tradizione forse pittorica. Enea, armato di corazza e barbato, avanza a larghi passi verso destra, il mantello svolazzante; sul braccio sinistro tiene sollevato Anchise, avvolto nel mantello e con la teca dei Penati in mano, che fa da vertice del triangolo; con la destra porta per mano il piccolo Ascanio, un bambino col berretto frigio e un bastone da pastore (*pedum*) nella mano, la stessa iconografia di Attis. La figurina, piuttosto corsiva, ma ravvivata da una intensa policromia, poteva costituire un soprammobile o anche figurare in un larario di un pompeiano ligio alle tradizioni ideologiche giulio-claudie (cfr. l'elmo a p. 124).

Statuetta di due schiavi con lettiga, da Pompei, casa dei Marmi (VII, 2, 20)
inv. 110340

Barcollano sotto il peso della lettiga i due anziani portatori appena schizzati nelle figure che s'affidavano piuttosto ad una vivace policromia.

Le lettighe erano uno *status symbol* dei ceti più abbienti più che un mezzo di trasporto per donne e malati; Giovenale ne irride l'abuso nella sua prima satira e la statuetta di Pompei ci ricorda la sua «lettiga carica di Matone il causidico» (*causidici nova cum veniat lectica Mathonis plena ipso*). Una figurina simile fu trovata nel quartiere della cucina della casa di M. Lucrezio (inv. 20255) dove si è supposto che il proprietario avesse una sorta di collezione di statuette.

Spillone d'osso a testa muliebre,
da Pompei
inv. 77441

Lo spillone per i capelli è configurato alla sommità da un busto femminile poggiato su una basetta. L'acconciatura dei capelli, a due file di riccioli disposte a ventaglio sulla fronte, data l'oggetto ad età flavia. Le acconciature femminili subirono durante l'Impero grandissime variazioni, dovute alla moda, e sono per noi di notevole importanza per datare i ritratti (vedi il ritratto di Terenzia da Ercolano).

Statuetta in avorio della dea Laksmi, da Pompei
inv. 149425

Questa statuetta in avorio, trovata in una casa sulla via dell'Abbondanza, rappresenta la testimonianza più evidente, insieme ai documenti puteolani dei culti nabatei, alle perle e alle pietre preziose provenienti dall'India, di quelle vie commerciali che attraverso Alessandria, la via del deserto nubiano, il mar Rosso e l'Oceano Indiano, permettevano ai mercanti romani – ma nelle wadi del deserto si sono letti nomi graffiti che possono ben essere di Puteolani e di Pompeiani – di arrivare fino alle favolose terre indiane. La statuetta rappresenta, nel caratteristico stile indiano dell'epoca, l'Afrodite indù, la dea della bellezza e della fecondità, Laksmi, sposa di Visnù, nuda e affiancata da due ancelle.

Statuetta in avorio di Venere, da Pompei, casa VI, 1, 18
inv. 110924

La piccola figurina in avorio riproduce, miniaturizzandolo ma senza nulla perdere del morbido modellato dell'originale, il celebre tipo statuario ellenistico dell'Afrodite che esce da bagno (*anadiomene*) e strizza i capelli in un gesto grazioso che si fa pretesto per mettere in mostra le grazie del corpo nudo. Al mare che generò la dea allude il delfino sul lato.

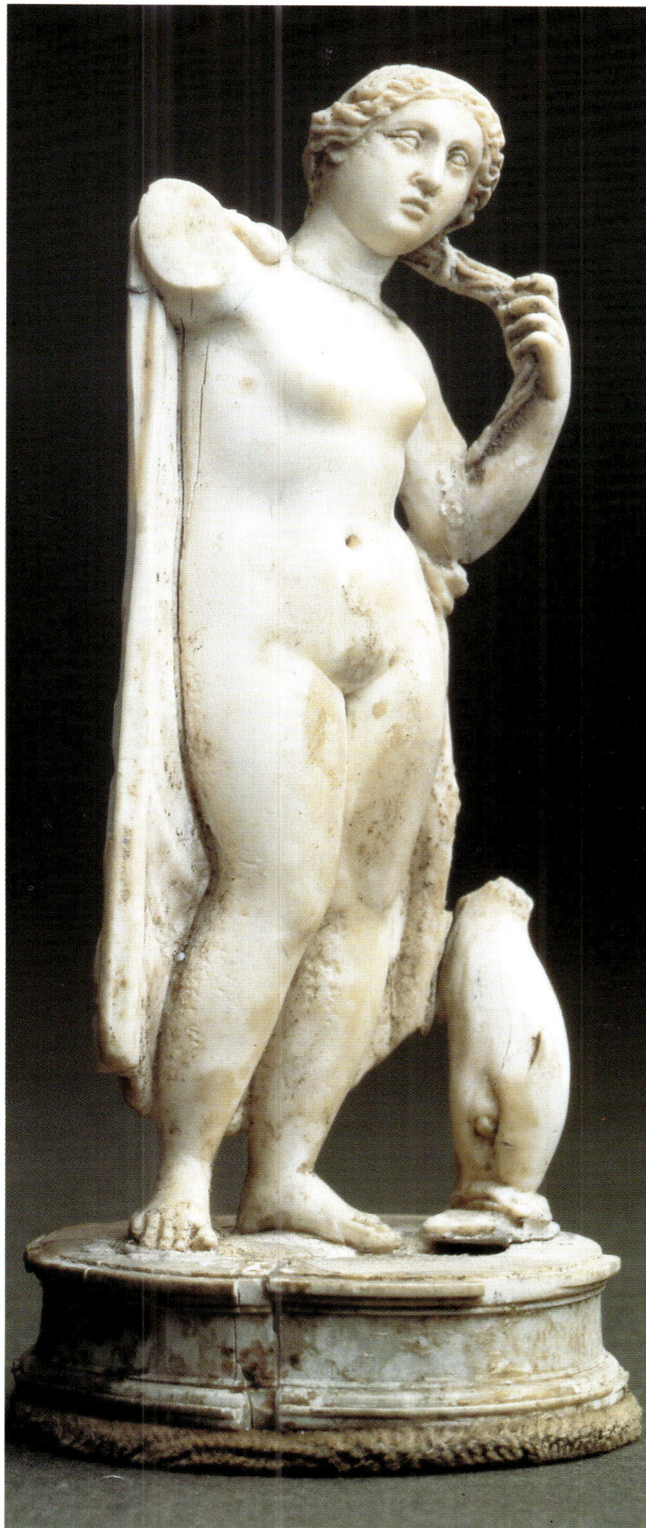

Pettine con decorazione figurata, da Pompei, casa IX, 5, 18
inv. 118729
Il pettine è particolarmente interessante per la decorazione incisa con due pavoni posti ai lati di una cesta colma di frutta da cui pende un grappolo d'uva.

Specchio d'argento di Fedra, da Pompei
inv. 25490

Deriva certamente da un originale pittorico la scena che decora questo dorso di specchio. Il tema è quello, ben appropriato ad uno strumento di Afrodite, «dell'amor fatale» di Fedra che langue di passione per Ippolito. Il tema dello specchio diventò in età imperiale anche oggetto di pezzi di bravura retorica; così per Apuleio (*Apol.*, 14): «nessuna cosa è più bella a vedersi per l'uomo che il suo aspetto [...] nello specchio si vede l'immagine mirabilmente riprodotta, tanto simile quanto mobile e obbediente ad ogni cenno del capo [...] quella levigatezza artistica dello specchio e il suo luccichio creatore supera le arti del ritratto».

Specchio d'argento con emblema figurato, da Pompei, Casa del Menandro
inv. 145524
Il busto che decora il dorso dello specchio dalla ricca decorazione a traforo è probabilmente di Apollo, considerato che esso ritorna identico nell'intaglio in corniola inv. 26145 da Pompei (cfr. scheda a p. 284) dove il dio ha l'attributo della cetra. Sullo specchio, strumento femminile, l'immagine di Apollo rinviava forse a quella delle Grazie, compagne inseparabili, insieme alle *Horai*, del dio.

Bulla, da Pompei, Casa del Menandro (I, 10, 4)
inv. 145490
Ricorda Plinio (*N.H.*, XXXII,4): «vengono messi addosso ai neonati oggetti d'oro, perché li proteggano dai malefici». Si tratta probabilmente anche delle *bullae*, amuleti a forma di piccoli astucci a calotta di origine etrusca. Oltre al valore apotropaico, le *bullae* assunsero presto anche quello di segno distintivo di una nascita libera; costituiva una tappa importante della vita la cerimonia della deposizione della bulla e dell'assunzione della toga virile. Questo esemplare, proveniente dal tesoro della casa del Menandro, è rilevante per la fine decorazione in filo e gocce d'oro.

Collana in oro, madreperla e smeraldi, da Pompei
inv. 113576

La collana, trovata in una villa nell'area del porto di Pompei, documenta bene alcune delle materie base della gioielleria romana di questo periodo: l'oro, le perle (*margarita*, *unio*), lo smeraldo (*smaragdos*), qui uniti in un insieme di grande vivacità coloristica. I gioielli romani di Pompei ed Ercolano raramente raggiungono la grande qualità tecnica delle oreficerie ellenistiche, ma va anche ricordato che si era estremamente ampliata la base sociale che ne usava; ed in particolare la documentazione delle città vesuviane è molto meno selettiva ad esempio delle tombe apule, ci dà cioè una documentazione pressocché completa dei gioielli di tutte le classi sociali.

La passione delle dame romane per i gioielli era diventata senza freni e delle proteste, invero vane, dei tradizionalisti si fa ancora una volta eco Giovenale (*Satire*, VI, 457-59): «non c'è nulla che una donna non creda di potersi permettere, nulla che ella non reputi vergognoso, quando può cingere il collo di verdi gemme, quando può appendere alle orecchie gioielli così grossi da deformarne il lobo».

Bracciali d'oro a forma di serpente, probabilmente da Pompei
inv. 24824-85
Deriva da un tipo di gioiello già diffusissimo in età ellenistica il motivo del serpente usato in tutto il mondo romano, oltre che per bracciali come questi, anche per anelli sia in oro che in argento. La qualità della lavorazione s'apprezza soprattutto nella fine opera di incisione delle squame e nel geometrismo della testa su cui dovevano risaltare gli occhi in pasta vitrea. Il serpente, oltre che animale sacro ad Asclepio e a Iside, era esso stesso «agatodèmone», ovvero apportatore di buona sorte, e in quanto amuleto la pelle di uno di essi, racchiusa in una lamina d'oro, fu indossata da Nerone come bracciale (Svetonio, *Nero*, VI).

Anello con maschera, da Pompei
inv. 25181
L'anello è famoso per essere stato portato da Carlo III di Borbone e riconsegnato al Museo quando il re lasciò Napoli per la Spagna. La decorazione a cammeo della sardonice del castone è una maschera teatrale della Commedia Nuova (il vecchio povero e intemperante), allusione filosofica al tema del «teatro della vita» derivato dalla filosofia ellenistica.

Busto femminile con ramo, cammeo in agata-onice, da Stabiae
inv. 26775
È probabilmente un'Afrodite, per il ramo di mirto in mano e per la posa vagamente sensuale, la figura un po' fredda ma eseguita con grande perizia di questo cammeo. Una cronologia ad età giulio-claudia s'impone per confronto con le opere di scultura contemporanea.

Ottaviano, cammeo in onice sardonica, da Ercolano
inv. 25876
Si tratta di un magnifico ritratto di Augusto giovane, effigiato con grande finezza secondo i modi della incipiente ritrattistica imperiale che unisce all'intento realistico, qui evidente nell'incurvarsi della fronte, nella linea del mento e della bocca, quello celebrativo. Nella resa policletea delle ciocche e nell'astrazione generale del profilo si costruisce un personaggio eroico, e presto divino, come il Doriforo cui la scultura ufficiale si ispira. L'uso del ritratto del *princeps* per un oggetto così personale – le gemme sono anzitutto il contrassegno del proprietario – rientra evidentemente in quell'atteggiamento di ostentato lealismo che connotò l'adesione al nuovo regime uscito dalle guerre civili.

Apollo citaredo, intaglio in corniola gemmaria, da Pompei (?)
inv. 26145
Il busto del giovane dio, identificato dalla cetra a bassissimo intaglio davanti a lui, ha la squisita e un po' fredda eleganza dei busti bronzei del Doriforo e dell'Amazzone della villa dei Papiri. Vi si riconosce lo stile classicistico della piena età augustea e giulio-claudia.

Alessandro Magno rappresentato come Achille, intaglio in pasta vitrea, da Pompei
invv. 129432, 158837
Il tema di Alessandro Magno che, raffigurato come Achille, ne contempla le armi, è stato oggetto di una celebre gemma, oggi nel Museo di Napoli e forse già nella collezione Orsini (inv. 26092), firmata addirittura dal celebre Dioscuride, l'artista alessandrino venuto a Roma al seguito di Cesare e divenuto il *gemmarius* preferito di Augusto. La presenza di due intagli in vetro con lo stesso soggetto da Pompei mostra come le iconografie adottate dagli artisti di corte si diffondessero rapidamente nella società romana. La presenza di officine di *gemmarii* a Pompei è ben documentata; uno di essi, *Pinarius Cerialis*, viveva nella casa III, 4, b, dove in uno dei cubicoli s'è trovata la sua cassetta di lavoro con alcuni bulini e 114 pietre preziose, di cui 28 lavorate, e 79 non incise o solo in parte levigate.

La Villa dei Pisoni

Scavata con il sistema dei cunicoli negli anni della prima generazione dell'impresa di Ercolano e Pompei (1750-1761), la villa è stata solo di recente raggiunta da nuovi sondaggi sotto gli oltre 20 metri della durissima coltre di materiale vulcanico delle eruzioni vesuviane del 79 d. C. e del 1631.

L'esplorazione della villa fornì al nascente Museo Ercolanense di Portici una cospicua messe di straordinarie opere d'arte, soprattutto sculture (ben 50 di bronzo e 21 di marmo) che formavano il sontuoso apparato decorativo di questa dimora, rimasta tuttora il miglior esempio conosciuto archeologicamente delle ville d'*otium* dell'aristocrazia romana sulle rive del golfo di Napoli. Né meno rilevante fu il rinvenimento di una cospicua biblioteca di papiri (ben 1758 rotoli) contenenti per lo più testi greci di filosofia epicurea di Filodemo di Gadara, un filosofo del I secolo a. C., e alcuni testi latini tra cui il *de bello Actiaco*, poemetto anonimo in versi sulla guerra tra Marco Antonio e Cleopatra ed Ottaviano.

Un tale arredo indica con ogni evidenza la raffinata cultura ellenizzante del proprietario, sulla cui identità si sono state fatte varie ipotesi. Dato per certo che si tratta di un esponente della *nobilitas* romana con inclinazioni epicuree, si è pensato a L. Calpurnio Pisone Cesonino, suocero di Cesare e console nel 58 a. C., per via degli stretti legami, noti dall'orazione ciceroniana *In Pisonem*, con il filosofo Filodemo, o del figlio di lui, console nel 15 a. C. Alla luce di questa identificazione in chiave epicurea il Pandermalis ha intravisto nella decorazione scultorea l'attuazione di un programma allusivo ai principi della *vita passiva* e *activa* epicurea, altri (Sauron) ha ipotizzato l'illustrazione per immagini dei Campi Elisi di Virgilio, il massimo poeta latino il cui nome si è di recente letto su uno dei papiri dalla villa. Se questa tesi dei Pisoni è apparsa debole per l'assenza di testimonianze epigrafiche dei Pisoni a Ercolano (ma le ville erano in certa misura un corpo separato dalle città nel cui territorio sorgevano; nessun accenno di Cicerone che pur ebbe un *Pompeianum*, ad esempio, viene dalle iscrizioni di Pompei), proprio sui dati epigrafici si fonda un'altra recente teoria che lega la villa ad Appio Claudio Pulcro. Il nome di questo personaggio, console nel 38 a. C., cognato di Lucullo, famoso per le sue inclinazioni ellenizzanti che lo vedono impegnato nella costruzione dei «piccoli Propilei» ad Eleusi, torna infatti nella dedica di una statua fattagli dagli Ercolanesi nel teatro.

La villa sorgeva su una collina affacciantesi sul mare subito di là del torrente che segnava il confine ovest di Ercolano. Costruita a terrazze, in modo da dispiegare ogni possibile ricerca dell'*amoenitas*, era estesa, per la parte che ci è nota, oltre 250 metri.

Nell'allestimento del Museo di Napoli la villa si troverà a concludere il percorso espositivo sulla cultura greca in Campania e farà da transizione a quello sulla decorazione e sull'arredo delle case e delle ville dell'area vesuviana, di cui resta l'esempio più felice.

Ritratto marmoreo di Pirro
inv. 6150
L'identificazione del ritratto, proveniente dal grande peristilio della villa, con il famoso sovrano d'Epiro, è fondata su un concorso di argomenti convincenti; anzitutto la cronologia del ritratto, ispirato a quelli lisippei di Alessandro Magno; poi la corona di quercia poggiata sull'elmo, evidentemente allusiva al più celebre luogo dell'Epiro, il santuario di Zeus a Dodona dove gli oracoli erano appunto affidati alle foglie della quercia sacra; sappiamo da Plutarco che nella sommossa ad Argo che portò alla morte del re egli, per non essere riconosciuto, si strappò dall'elmo la corona, forse quella d'oro donatagli a Catania, evidentemente particolarmente distintiva; e nulla sarebbe stato più distintivo per il re d'Epiro della corona di Dodona.

Ritratto marmoreo di Archidamo III
inv. 6156
Il tema dei ritratti di uomini illustri, re, condottieri, filosofi, letterati greci, era sviluppato nel grande peristilio della villa con varie erme-ritratto in marmo di personaggi di età ellenistica. Qui è il ritratto, in abito militare, di un Archidamo, certamente il condottiero spartano di IV secolo a.C. che condusse una campagna in Italia contro i barbari Lucani e Messapi a fianco dei Tarantini, identificato da un'iscrizione in greco dipinta sulla spalla destra. Un altro gruppo di ritratti di dinasti ellenistici, in bronzo, era nell'atrio.

Ritratto in bronzo,
c.d. Pseudo-Seneca
inv. 5616

Risale a Fulvio Orsini e ai suoi studi sui ritratti di uomini illustri l'identificazione del personaggio qui rappresentato con il filosofo Seneca.

Essa fu accolta dagli antiquari e determinò la grande celebrità di questo tipo, fino alla scoperta nel 1813 del vero ritratto del filosofo romano in una doppia erma con un Socrate. Questo ritratto dal grande peristilio della villa, databile nell'originale alla fine del III-II secolo a. C. e certamente riferibile ad un celebre poeta per la presenza di una corona d'edera e per il gran numero, oltre quaranta, di copie giunteci, è restato dunque di identificazione ancora dubbia: tra i nomi proposti quelli di Esiodo, Callimaco, Filemone, Apollonio Rodio etc. e, più di recente, Ennio.

Statua bronzea di satiro ebbro
inv. 5628

Oltre che sede di un tiaso di uomini illustri, il giardino nel grande peristilio della villa era il regno, come s'immaginava per la natura reale, di Dioniso.

Il satiro ebbro è uno dei personaggi tipici del corteggio del dio, e nella possibilità di rappresentare l'esasperata e varia espressività che s'accompagna all'ubriachezza il tardo Ellenismo trovò un soggetto ideale per il suo gusto iperrealistico e la sua preferenza per i temi di genere. Il satiro è disteso su una pelle di leone che copre una roccia e scioglie in una risata e in un gesto del braccio scomposti il corpo pesante per il vino e tuttavia ancora maestoso nelle forme da atleta maturo. La copia romana è di eccellente qualità..

Gruppo marmoreo di Pan e capra
inv. 27709
La composizione bidimensionale e chiusa come in un parallelepipedo, la scabrosità del tema erotico alleggerita con umorismo dal gioco di sguardi che corre tra la languida capra ed il piccolo Pan, il gusto da pastorelleria rococò datano il prototipo di questa piccola scultura da giardino – viene dal grande peristilio dove era perfettamente intonata al tema dionisiaco – al II secolo a. C.

Statua bronzea di Hermes in riposo
inv. 5625
È un'opera eclettica, ispirata a motivi della scuola di Lisippo (come l'Eracle seduto, l'Hermes che slaccia il sandalo, un Hermes a Vienna) rielaborati nel gusto dell'officina locale che produsse molti di questi bronzi (non ha repliche). La presenza di Hermes in un giardino – la statua viene dal grande peristilio – è perfettamente concepibile se ricordiamo che il dio era il protettore del ginnasio, al quale il giardino è esplicitamente assimilato (vedi la scheda successiva).

Statue di corridori
invv. 5626-27
Il tema del ginnasio, introdotto dall'Hermes in riposo, trova la più aperta dichiarazione in questa coppia di corridori, repliche gemelle di una stessa scultura della fine del IV secolo a. C., probabilmente l'immagine onoraria di un atleta vittorioso in uno dei grandi giochi panellenici. Una lettera ad Attico di Cicerone (I, 6) è la fonte migliore per questi *ornamenta gymnasiode*; in essa l'oratore pregava il suo colto amico di procurargli un Eracle ed un'Ermatena per il giardino di una sua villa, perché acquistasse il tono di un ginnasio.

Statue di peplophorai
invv. 5604-05 5619-20-21
Già considerate «danzatrici» dal Winckelmann, queste cinque statue in bronzo in vario atteggiamento sono state di recente riconosciute come «portatrici d'acqua» (*hydrophorai*) e quindi identificate con le Danaidi, le cinquanta figlie di Danao condannate nel mito ad attingere acqua senza fine. Il tema era famoso in età augustea perché decorava il portico che circondava il tempio di Apollo sul Palatino, votato da Augusto nel 36 a Nauloco e inaugurato nel 28 a. C. Così un illustre contemporaneo, Properzio, descrive l'evento: «il portico d'oro di Febo ha aperto il nostro grande Cesare; è così immenso nel suo splendore, con le colonne in fila di marmo punico, tra le quali stanno le numerose figlie del vecchio Danao !». Forse a questo ambiente apollineo alludeva con le statue di *peplophorai*, opere classicistiche arieggianti la grande scultura di «stile severo» di V secolo a. C., la decorazione del piccolo peristilio della villa dove stavano presso il bacino d'acqua.

Statua marmorea di Atena promachos
inv. 6007

Decorava il tablino della villa questa bella statua di Athena *promachos* (cioè che muove alla battaglia), rielaborazione della grande figura che dominava l'Acropoli di Atene.

Il visitatore della villa doveva così ricevere la suggestione di essere entrato in una piccola Atene, un ambiente di raffinata cultura, cui del resto alludevano i busti di Demostene ed Epicuro posti nella stessa stanza. La statua sembra derivata dalle figure delle anfore panatenaiche, e, giusta i dettami dello stile arcaistico di cui è esempio, imita con squisitezza calligrafica, in una veduta tutta bidimensionale, il decorativo gioco delle pieghe dello stile arcaico. Replica di età augustea di un tipo di II secolo a. C.

Erma bronzeo di Amazzone
inv. 4889

Plinio il Vecchio narra di una gara tra cinque grandi artisti del V secolo a. C., Fidia, Policleto, Fradmon, Cresila e Kydon, per una statua di Amazzone da consacrare nel tempio di Artemide ad Efeso. Nonostante il sapore favolistico del racconto, la sua veridicità è confermata dalla presenza, nella tradizione figurativa rappresentata dalle copie romane di originali greci, di un gruppo di statue di Amazzoni della stessa epoca risalenti ad almeno quattro prototipi diversi; la presenza di una di queste sculture impiegata come Cariatide nel teatro di Efeso non lascia dubbi sul legame col famoso concorso tenutosi intorno al 440 a. C. L'erma bronzea di Ercolano è stata riconosciuta come pertinente alla statua attribuibile a Fidia – una delle migliori repliche del corpo è quello da villa Adriana – che fu in quest'occasione sconfitto da Policleto. Nella villa dei Papiri la testa faceva da *pendant* ad una testa bronzea del Doriforo di Policleto (vedi scheda della statua marmorea da Pompei a p. 114).

Busto di Dioniso
inv. 5618
Fu trovato in un ambiente periferico della villa il bel busto di Dioniso barbato in cui si è riconosciuta una copia, della metà ca. del I secolo a. C., di un originale di età ellenistica. La figura del dio pensieroso, dalla bellissima barba fluente sul petto, i capelli finemente incisi e raccolti da una benda, deriva evidentemente dal tipo del Dioniso di età ellenistica che troviamo, ad esempio, nella scena di theossenia della collezione Borgia (vedi scheda).

Bustino in bronzo di Epicuro
inv. 546

I ritratti di Epicuro, il celebre filosofo di Samo vissuto ad Atene fino alla morte (271 a. C.), sono conservati da una trentina di repliche di età romana; due soli di essi, questo dalla villa dei Papiri e un'erma di Epicuro e Metrodoro ai Musei Capitolini, conservano le iscrizioni che ne hanno assicurato l'identificazione. Le varie copie dei ritratti di Epicuro sono ritenute risalire ad un originale della prima metà del III secolo a. C. Cicerone ricorda che le immagini del filosofo erano molto diffuse in età romana, persino su piatti ed anelli, e uno degli scheletri del bicchiere d'argento da Pompei conservato nel Museo di Napoli porta il nome di Epicuro. Naturalmente non meraviglia nella villa dei Papiri, cenacolo di filosofia epicurea, il bustino del Maestro del «Giardino».

Erma di filosofo cinico greco
inv. 6154
Come nell'Antistene in terracotta da Pompei (vedi scheda), i capelli arruffati sono un *topos* per indicare il filosofo della scuola cinica. Si è perciò proposto di identificare nella figura Menippo, il filosofo di Gadara vissuto nel III secolo a. C. L'originale dovrebbe datarsi alla metà di questo secolo.

Natura morta con caprioli
inv. 8759
Il motivo della caccia, che aveva già ispirato le lepri ed i pesci della bella parete dall'*insula Occidentalis* di Pompei (vedi scheda a p. 149), torna in questo frammento di parete di II stile, dove il tema, rappresentato da anatre e caprioli catturati vivi, forse con le reti, appare perfettamente conveniente all'ambiente. Gli svaghi della caccia erano infatti parte dell'ideale di vita che i proprietari delle ville d'*otium* coltivavano, e le fonti ricordano come molte di esse comprendessero nei loro parchi dei *leporaria*, dei *therotrophia*, degli *aviaria*, destinati all'allevamento di lepri, bestie sevatiche e uccelli per i piaceri della caccia. Una replica dello stesso quadro, evidentemente di origine ellenistica, ritornerà alcuni decenni più tardi nel peristilio della casa dei Dioscuri a Pompei.

Altri siti residenziali di età romana: Baia, le ville flegree, sorrentine, del golfo di Gaeta

Se la villa dei Papiri ci ha restituito quasi intatta la sua decorazione scultorea, occasionalmente da altre ville su tutta la costa del golfo di Napoli, ma anche fuori di esso, sono emerse statue, rilievi, che, conservate al Museo Nazionale, integrano utilmente il panorama della cultura di villa romana.

Si è già detto del sito più celebre, Baia, divenuto quasi sinonimo di ville; la decorazione scultorea che si è rinvenuta, spesso purtroppo solo per caso, è di altissimo livello; le opere selezionate per essere riprodotte dagli scultori attivi per la corte ed il suo *entourage* erano, come mostrano i gessi di Baia, i maggiori capolavori dell'arte greca di età classica.

Ed oltre a Baia, ville punteggiavano tutto l'arco della costa, da Miseno, a Bacoli (*Bauli*), alla ripa puteolana, dove Cicerone aveva una delle sue ville, ed oltre Pozzuoli, a Nisida (villa di Marco Bruto), a Posillipo, di cui s'è detto a suo tempo. A scorrere le lettere di Cicerone o Tacito o Svetonio emerge il mondo estremamente colto e raffinato di queste dimore aristocratiche, fatto anche di intrighi, cospirazioni, affari, vicende truculente, affari di cuore. Qui Bruto e Cicerone s'incontrano nella villa di Nisida del primo per consultarsi sul futuro, dopo la morte di Cesare; in questo scenario Nerone progetta l'assassinio della madre Agrippina.

Ma oltre alle ville flegree, vanno anche ricordate quelle della penisola sorrentina e amalfitana e del tratto settentrionale della costa campana, da Sinuessa, a Sperlonga, a Gaeta, legate ai grandi *praedia* che l'aristocrazia romana e la stessa casa imperiale possedeva nella zona. In realtà, a partire dall'età augustea, non vi fu più praticamente angolo di costa marina o lacustre dotato di *amoenitas* che non fosse suscettibile di ospitare una villa d'*otium*, con il suo ricco apparato decorativo.

Testa di Apollo, da Baia
inv. 153640

La testa appartiene ad un tipo statuario che ci è noto attraverso una serie di repliche, di cui la migliore e più famosa fu trovata ad Atene presso un *omphalos* su cui era forse eretta, donde il nome di 'Apollo dell'omphalos' dato dagli archeologi al tipo. Databile a circa il 470 a. C., variamente attribuita ai maggiori artisti dello stile severo, da Calamide a Mirone, la scultura, certamente un bronzo votivo sulla scia dei *kouroi*, aveva nel corpo un accento particolarissimo per l'ampio incurvarsi del corpo potente.

La copia da Baia è di qualità particolarmente alta per esecuzione (il marmo pare conservare ancora la vibrazione del bronzo) che restituisce la delicata intonazione psicologica degli occhi e della bocca dell'originale.

Afrodite Sosandra, da Baia
inv. 153654
È generalmente accolta l'identificazione del prototipo di questa scultura, un'opera dello stile severo del decennio 470-460 a. C. ca., con uno dei capolavori ricordati di Calamide, l'Afrodite Sosandra («che salva gli uomini»). Lo scrittore Luciano ricorda che questa statua famosa era velata e aveva un sorriso «puro e venerando», e nessuna statua delle poche velate conservateci ha una simile maestà. Che l'originale fosse un'opera celebre è attestato dalle oltre venti repliche pervenuteci, talvolta adattate a ritratti. La scultura è costruita per accostamento tra le ampie superfici luminose del pesante mantello e del viso e l'articolarsi delle ombre del panneggio sotto la mano stesa, dei capelli. Giustamente per opere simili si parla di «panneggio architettonico» e la Sosandra ne costituisce senza dubbio l'espressione più alta. La copia napoletana viene dalle Terme di Baia.

Statua del tipo dell'Hera Borghese da Baia
inv. 150383

Lo stile della scuola attica della generazione successiva a quella di Fidia si riconosce nel virtuosismo del panneggio «bagnato» che riveste di sensualità e grazia questa maestosa figura di dea (Hera, Igea, o Afrodite nelle varie ipotesi avanzate). Si è fatto il nome di Agoracrito di Paro, alunno del grande maestro, come creatore del tipo, certamente un'opera celebre del periodo classico, come mostrano le numerose copie giunteci dall'antichità. La firma di Aphrodisios di Atene, apposta sul lembo inferiore sinistro del mantello, ci ha conservato il nome di uno dei copisti attivi nelle officine ateniesi, o in una filiale baiana delle stesse, per soddisfare la massiccia domanda dei ricchi proprietari di ville romane. La copia è stata attribuita all'età augustea.

frodite «Pudica», da Sinuessa

.n

: ritenuta una creazione originale lell'arte ellenistica del II secolo a. C. per a grande qualità della resa del corpo emminile nudo, aliena da freddezze accademiche, questa notevole statua di frodite al bagno trovata nel 1911 in ına villa romana sulle colline a ridosso lell'antica *Sinuessa*. La resa del panneggio sul davanti, «a coda di rondiıe», è un vezzo arcaistico; mentre è tipio del gusto ellenistico del tempo la senualità del gesto di trattenere colle gambe serrate (e colla sinistra, ora lacunoa) la veste che cadeva per terra mentre 'altra mano tenta di coprire il seno nel esto della «Pudica». Una variante, meno elice, è l'Afrodite da Pozzuoli (inv. 6295).

Statue colossali di Dioscuri, da Baia
inv. 131209
Nudi, la sola clamide posata sulla spalla, armati di spada, il capo coperto dal berretto conico (*pilos*) che li assimilava ai Cabiri, entità protettrici della navigazione ai quali furono avvicinati per la loro identificazione con la costellazione dei Gemelli, Castore e Polluce, i figli di Zeus (questo è il significato di *Dioskouroi*) e di Leda furono rappresentati in questo schema col cavallo (i cavalli sono qui ridotti a due busti emergenti dalla terra, come in una statua al Louvre dalla collezione Campana) a partire dall'età ellenistica, che ha impiegato per esso tipi messi a punto nel V secolo a. C. Le due sculture sono state scoperte in tempi diversi a Baia, nell'area delle Terme ed in prossimità del c.d. «Tempio di Venere».

Rilievo marmoreo eleusino, da Sinuessa
s.n.

L'inquadramento architettonico con pilastrini laterali e tetto permette di collocare immediatamente il monumento tra i rilievi votivi greci, mentre lo stile delle figure e dei panneggi lo data nei primi decenni del IV secolo a. C.. È rappresentata una scena del culto di Demetra ad Eleusi, da dove con ogni probabilità il rilievo fu preso per essere collocato, come segno di apprezzamento dell'arte greca, nella villa sinuessana dell'aristocratico romano dove fu trovato agli inizi del secolo. A sinistra è Trittolemo, seduto sul trono con le ruote e le ali, poi Persefone con le fiaccole, Demetra con *polos* e scettro; non è chiaro chi siano gli altri personaggi, forse i membri di una famiglia che apprendono i misteri per i quali il santuario era famoso.

Cratere in marmo di Salpion, da Gaeta
inv. 6673)

La firma incisa sul corpo, «Salpion l'Ateniese fece» (*Salpion Athenaios epoiese*), rende manifesta l'attribuzione alla scuola neoattica di questo vaso in marmo di Paro, celebre fin dal Seicento grazie ai disegni per il *Museum Carthaceum* di Cassiano dal Pozzo. Proveniente da qualche villa della costa di Formia ed usato nel Medioevo come bitta nel porto di Gaeta, fu quindi utilizzato, dopo una brutale rilavorazione, come fonte battesimale nella cattedrale della città; infine, dal 1805, è al Museo.

La scena rappresenta Hermes che consegna l'infante Dioniso, avvolto in un panno e coronato d'edera, alle ninfe di Nisa che lo alleveranno. Assiste Sileno, coronato d'edera e seminudo, seguono due Ninfe.

Alla tranquilla serenità di questa scena si oppone l'altra, a sinistra, con un tiaso bacchico di Satiri e Menadi danzanti e suonanti. Databile al I secolo a. C.

La collezione Farnese

La raccolta Farnese fu la più celebre delle collezioni romane di antichità. Fu iniziata da Alessandro Farnese, eletto papa nel 1534 col nome di Paolo III. In un primo periodo egli proseguì la tradizionale politica dei Pontefici di arricchimento tanto dei Musei Vaticani, allora nascenti intorno al cortile del Belvedere, quanto dei Musei Capitolini (fu lui infatti a trasferire sul Campidoglio il Marco Aurelio). Nel 1541, riprendendo in forma grandiosa i lavori della sua principale residenza romana (Palazzo Farnese appunto, attuale sede dell'ambasciata di Francia), Paolo III inaugurò tuttavia un nuovo atteggiamento collezionistico in senso privato nei confronti delle antichità, facendo trasferire le statue dei prigionieri Daci dal palazzo Colonna ai Santi Apostoli (i Colonna erano stati sconfitti dal figlio Pier Luigi) al suo palazzo. All'incirca nello stesso anno, emanò un editto con cui, contraddicendo le norme in vigore ed un suo stesso precedente decreto a favore della fabbrica di San Pietro, dava alla sua famiglia il diritto di operare scavi per ricavare marmi e pietre e in esclusiva tutte le sculture, per la costruzione e la decorazione di Palazzo Farnese. Tornò così alla luce nel 1545 nelle Terme di Caracalla il *Toro*, l'anno dopo l'*Ercole* di Glykon e mano a mano altre numerose sculture. Lo stesso Michelangelo, chiamato a dirigere i lavori del palazzo nel 1546, progettò scenografie per collocare degnamente questi capolavori.

La collezione si incrementò notevolmente ad opera del nipote del Papa, Alessandro Farnese, creato cardinale dal nonno nel 1534 a soli 14 anni (il «grande cardinale»). Egli fu uno dei maggiori mecenati del suo tempo: fece restaurare dal Vignola la residenza di Caprarola, fece costruire la chiesa del Gesù, acquistò villa Chigi, poi detta la Farnesina, commissionò a Tiziano la *Danae* e a Giulio Clovio le *Ore* Farnese. Con lui la collezione Farnese assunse dimensioni grandiose ed il suo massimo sviluppo, sia per lasciti, come nel 1587 quando entrò al Palazzo l'eredità di Margherita d'Austria, la Madama, già vedova di Alessandro dei Medici e poi di Ottavio Farnese (facevano parte della sua collezione gemme famose già di Lorenzo dei Medici, come la *Tazza* Farnese, e marmi come le statue pergamene), sia per acquisti, effettuati con la decisiva collaborazione, dal 1566 al 1589, dell'antiquario, il maggiore del suo tempo, e collezionista Fulvio Orsini. Alla morte dell'Orsini, nel 1600, anche la sua collezione, gemme, monete e busti soprattutto, passò in eredità ad Odoardo Farnese.

Questa enorme quantità di marmi, quadri, gemme, libri, disegni era per lo più concentrata in palazzo Farnese. Sotto le arcate del cortile erano i due Ercoli (oltre a quello di Glykon, era l'*Ercole* detto *Latino*, oggi alla Reggia di Caserta), una coppia di «*Flore*» e due *Gladiatori*, uno dei quali ritenuto Commodo. Il *Toro* era nel secondo cortile in un recinto speciale, mentre un giardino sul Tevere era dedicato alle statue d'amore, con due *Veneri*, un *Pan e Olimpo*, un *Mercurio che abbraccia una Ninfa*. Statue antiche erano distribuite, secondo il tema, all'interno del Palazzo, nel Gran Salone, nella Sala degl Imperatori, nella Sala dei Filosofi, nella Galleria dei Carracci. Altre sculture, ritenute di minor valore, erano poi nelle altre residenze, nella Farnesina e nei famosi giardini sul Palatino, opera del Vignola, gli *Horti Farnesiani*.

I depauperamenti della collezione ebbero inizio nel 1662, quando Ranuccio II, duca di Parma, portò a Parma oltre cento quadri, prelevandoli da Palazzo Farnese, e undici anni dopo ventisette pezzi antichi. Nel 1720 il duca Francesco fece fare scavi sul Palatino e per la prima volta le statue trovate, pur straordinarie, l'*Ercole* ed il *Bacco* colossali in basalto, non trovarono posto a Palazzo Farnese ma furono trasferite nella nuova capitale farnesiana, Parma.

Estintasi nel 1731 la dinastia Farnese, l'eredità della famiglia passava ai Borbone per il tramite di Elisabetta Farnese, moglie di Filippo V di Spagna. Venuto a Napoli nel 1734, Carlo vi trasferì le collezioni parmensi; suo figlio Ferdinando IV nel 1770 chiese esplicitamente al Papa di trasferire le collezioni romane. Dopo alcuni anni di dispute diplomatiche, nonostante le disposizioni testamentarie di Alessandro vincolassero la collezione alla permanenza a Roma e a dispetto delle proteste di Pietro Ercole Visconti, antiquario responsabile della conservazione delle antichità pontificie, nel 1787 ebbe inizio lo spostamento della collezione. Fu un grande trauma per Roma e per il mondo della cultura; Goethe stesso deprecò l'avvenimento, affidato peraltro alla supervisione del suo buon amico Hackert. Oggi tuttavia, col senno del poi e l'esperienza delle grandi vendite e depredazioni di cui le collezioni romane furono oggetto nell'Ottocento (e certo gli ultimi Borbone non avrebbero risparmiato la collezione ove fosse restata a Palazzo Farnese, come vendettero i pochi pezzi lì restati), quel trasferimento va considerato una circostanza fortunata che ha permesso la conservazione sostanzialmente unitaria a Napoli della collezione e la possibilità di apprezzarvi questa straordinaria manifestazione della cultura rinascimentale italiana.

Le sculture

La massima gloria della collezione Farnese era certamente nelle sculture, le più famose delle quali erano state estratte dalla «cava» aperta nel 1545-46 sull'Aventino, nel complesso delle terme di Caracalla; sistema già adottato da Ippolito d'Este a Villa Adriana a Tivoli e dai della Valle nell'area del Foro.

Le sculture tratte dalle terme, costruite da Caracalla nel breve periodo 212-216 d. C., non sono tutte opere severiane; anzi sono per lo più di vari periodi, frutto senza dubbio di acquisti e spoliazioni di edifici e complessi precedenti. La caratteristica principale ne è la dimensione architettonica; le figure e i gruppi sono sia per dimensione sia per composizione che per tema, selezionati in funzione del decoro dell'edificio e della loro posizione in esso.

Di particolare interesse per la storia della collezione di sculture è anche la vicenda dei restauri, centrata sostanzialmente in due momenti principali, quello cinquecentesco quando l'opera di pulitura (spesso rilavorazione) ed integrazione dei frammenti, come si intendeva al tempo il restauro, preliminare alla presentazione in palazzo Farnese, fu affidata a vari scultori; in particolare G.B. Bianchi si occupò del *Toro* e G. Della Porta dell'*Ercole*. Una nuova campagna di restauri si rese necessaria alla fine del Settecento per preparare i marmi alla partenza per Napoli; essa fu affidata a Carlo Albacini, ma i danni prodotti dal trasporto resero necessaria una nuova serie di interventi a Napoli eseguiti da Calì, Brunelli ed altri.

I Tirannicidi, da Tivoli, Villa Adriana
inv. 6009-6010

Nel 514 a. C. due giovani ateniesi *Harmodios* e *Aristogeiton* uccisero Ipparco, il figlio minore del tiranno Pisistrato, e pagarono il loro gesto con la morte. L'atto fu poi onorato dal partito democratico ateniese come il simbolo stesso del riscatto della libertà e, appena cacciati i Tiranni (510 a. C.) ai due eroi furono erette nell'Agorà due statue bronzee opera dello scultore Antenore (un frammento della base con resti dell'epigramma è stato trovato negli scavi). Quando i Persiani occuparono la città, nel 480 a C., presero le statue come bottino e le portarono a Susa (esse furono poi restituite agli Ateniesi dai successori di Alessandro il Grande un secolo e mezzo dopo). Dopo la vittoria sui Persiani, gli Ateniesi decretarono invece un nuovo gruppo statuario bronzeo ai Tirannicidi e ne affidarono l'esecuzione a Kritios e Nesiotes (477 a. C.). Di questo gruppo, divenuto simbolo di affermazione patriottica e del culto delle antiche virtù attiche, ci sono giunti vari riecheggiamenti in monete, vasi dipinti e rilievi, echi che hanno permesso di identificare il gruppo nelle due statue napoletane (copie romane di II secolo d. C. trovate nella villa Adriana a Tivoli). Le figure sono esemplari dell'affermarsi pieno del nuovo «stile severo»; i corpi, tersi e potenti ma ormai concepiti senza i calligrafismi arcaici presenti ancora ad esempio nei frontoni di Egina, sono tutti impegnati nell'atto: Armodio, il giovane imberbe, nell'attacco a braccio levato, Aristogitone, col braccio proteso, a far scudo di sé all'amico. La testa dell'Aristogitone è qui un calco in gesso tratto da una testa del Vaticano; uno splendido calco antico, fatto sull'originale di bronzo, è stato trovato a Baia ed è esposto nel Museo dei Campi Flegrei al Castello di Baia.

312

c.d. «Lare»
inv. 5975
L'associazione di un disegno della statua e di una veduta delle Terme di Caracalla nella raccolta di disegni dell'olandese M. van Heemskerck aveva fatto supporre che anch'essa provenisse dal grande complesso romano. L'anteriorità dei disegni rispetto allo scavo ha fatto poi escludere tale ipotesi, ma la statua colossale proviene in ogni caso certamente da un grande complesso pubblico urbano. Il tipo del fanciullo riccioluto con la patera, il drappeggio della veste, i calzari, fanno propendere per un'identificazione della figura come *Genius populi Romani;* in tal caso nella mano sinistra era forse una cornucopia.

Eroe ferito
inv. 6410
La scultura, come mostra il mantello accosto alla gamba destra, deriva certamente da un originale greco in bronzo che la resa dell'anatomia permette di collocare verso la metà del V secolo a.C. La ferita sulla coscia da cui sprizza il sangue hanno fatto spesso affiancare questa scultura al c.d. *Vulneratus deficiens* (cfr. p. 336). Si tratta in entrambi i casi di un eroe ferito, ma le numerose soluzioni possibili – Protesilao, Teseo, Ippolito, Telefo, etc. – non consentono di identificarlo.

Afrodite Callipige
inv. 6020
Artisticamente la scultura, rinvenuta nell'area della *Domus Aurea*, va apprezzata nella sua parte antica: essenzialmente quella inferiore, mentre testa e spalle sono integrazioni dell'Albacini. La giustezza del restauro è in ogni caso assicurata dal confronto con gemme e bronzetti che indicano anche come dovesse trattarsi di un'opera celebre. Da quando Prassitele con la sua Cnidia aveva denudato il corpo della dea della bellezza nel IV secolo a.C., l'arte greca di età ellenistica aveva perseguito il tema della figura femminile nuda in ogni sfumatura. Esso è qui trattato col gusto malizioso e leggero del c.d. «rococò» ellenistico del II secolo a. C., e il nudo trova pretesto da un tema idillico da fontana: la dea, in procinto di bagnarsi, solleva la veste e volge il capo indietro per rimirare nello specchio dell'acqua la sua splendida nudità posteriore che giustifica in qualche modo il nome moderno di *kallipygos* («dal bel sedere»), attribuito erroneamente alla figura per il nome di una famosa statua di un tempio di Siracusa.

Statua di gigante caduto
inv. 6013
Sono realizzate in marmo asiatico tutte le numerose repliche delle figure di Amazzoni, Giganti, Persiani e Galati che formavano il gruppo noto come «Piccolo Donario Pergameno». L'originale, eretto sull'Acropoli di Atene (sulla balaustra dal lato che affacciava sul Teatro di Dioniso) da Attalo II di Pergamo dopo la vittoriosa guerra contro i Galli nel 165 a. C., e replicato da copie presso l'altare di Pergamo, celebrava la gloria degli Attalidi con uno stile che venava di classicismo il linguaggio barocco della scuola pergamena.

Persiano in ginocchio
inv. 6115
L'abbigliamento con i pantaloni (anassiridi), la mitra, la tunica a maniche lunghe, caratterizza la statua come prigioniero persiano, la cui figura è piegata a fungere da telamone, simboleggiando allo stesso tempo le vittorie romane sui Parti. L'uso del marmo colorato è tipico per le figure di personaggi esotici e allude, parallelamente, al dominio sulle terre lontane da cui queste pietre esotiche si cavavano. Una delle due statue gemelle era nella collezione Del Bufalo. Età di Traiano.

Busto di Omero
inv. 6023
I ritratti di Omero appartengono naturalmente alla categoria dei ritratti di ricostruzione; in essi cioè l'artista, o meglio i molti artisti che si sono cimentati nel tema, cercavano di proiettare quanto la tradizione aveva per secolo costruito su questa figura mitica del vate venerando e cieco. E giacché i poemi omerici sono stati per secoli la base stessa dell'educazione greca, il ritratto del poeta era uno dei più diffusi della classicità, presente in santuari e biblioteche; a partire dal famoso *Homereion* di Alessandria, centro cardine del culto e degli studi omerici in età ellenistica; contribuivano inoltre alla diffusione di immagini del poeta prodotti ad ampia circolazione come monete, gemmme, oltre che, verosimilmente, le illustrazioni dei volumi, per noi perduti, delle opere omeriche. Il ritratto farnesiano si inscrive, come uno dei più perfetti esemplari, in un tipo ellenistico di II secolo a.C., largamente attestato da molte repliche, e creato probabilmente dalla scuola rodia come indica l'esaltazione, tipica di questa scuola, dei caratteri più veristici, con le guance scavate, la pelle avvizzita, le ciocche dei capelli e della barba scomposte.

Ritratto di Euripide
inv. 6135
L'identificazione del ritratto del tragediografo greco del V secolo si fonda sull'iscrizione posta su quest'erma che risale nel prototipo, un ritratto seduto come mostra una replica a Istanbul, alla seconda metà del IV secolo a.C.; momento in cui si elabora con Lisippo il filone ritrattistico volto alla interpretazione psicologica e spirituale del personaggio rappresentato. Ad un momento non molto anteriore risale invece un altro tipo, più realistico e con un volto più carnoso, detto «Rieti», identificato dai versi euripidei iscritti sulla base, il quale corrisponde forse alla statua collocata da Licurgo nel teatro di Dioniso ad Atene.

Erma di Socrate
inv. 6415
Secondo le descrizioni di Senofonte, Socrate era piuttosto tarchiato, con spalle larghe e pancia sporgente, aveva una volto massiccio con naso schiacciato, bocca larga con grosse labbra, un fisico insomma non proprio aggraziato e su cui lo stesso filosofo scherzava definendosi «silenico». Diogene Laerzio tramanda che, parecchio dopo la sua morte, gli Ateniesi incaricarono Lisippo di creare una statua bronzea seduta del filosofo, e la posero nel *Pompeion*. Lisippo avrebbe sottolineato questo aspetto un po' greve del filosofo, proiettando in esso il nuovo significato che il filone culturale dionisiaco stava assumendo nell'Atene del tempo. Ed è a questo tipo lisippeo – ne esisteva un altro con Socrate in piedi – che si riferisce la replica farnesiana, che ha sul pilastro una citazione antica dal *Critone* di Platone: «non oggi per la prima volta, ma sempre sono stato solito far obbedire la mia volontà a null'altro di me che alla forza del ragionamento che mi sembri il migliore.»

Atena
inv. 6024
Già nella collezione Albani, la scultura deriva da un prototipo della seconda metà del IV secolo a. C.. La maestà della figura, il volto sereno, hanno fatto pensare che l'originale sia opera dell'allievo di Fidia, Agoracrito di Paro.

cd. Agrippina
inv. 6029
Il tipo deriva da una statua femminile di divinità, probabilmente un'Afrodite della metà del V secolo a. C. attribuita a Fidia o ad Alcamene, ed il disegno ricorda, pur con le durezze della copia romana, la figura seduta del frontone del Partenone. Al tipo classico è stata imposta in età romana una testa ritratto di età flavia, riconoscibile dalla tipica acconciatura a riccioletti.

Claudio
inv. 6060
Il busto è moderno; la testa, intensamente patetica, appartiene al tipo principale adottato per il ritratto di questo imperatore, con la corona civica che ideologicamente ricordava l'eredità di Augusto.

Dama flavia
inv. 6062
L'acconciatura con alta parrucca di riccioli a chiocciolette, contrastante colla levigatezza del volto femminile, esprime bene il gusto coloristico dell'età flavia.

Dama romana
inv. 6085
È un prezioso esempio di impiego dei marmi colorati questo busto di dama dell'età dei Severi (prima metà del III secolo d. C.). Il busto panneggiato è infatti in alabastro cotognino, importato dall'Egitto, mentre è in marmo bianco la testa coll'acconciatura tipica dell'epoca e delicatamente piegata di lato.

La cottura del cinghiale
inv. 6218
La scena della cottura del cinghiale, tutto intero nel grande calderone, da parte dei due personaggi dai tratti satireschi, fa datare l'originale di questo gruppo, evidentemente appartenente al repertorio «di genere», al II secolo a. C., nella fase del medio ellenismo. In età romana simili scene – si veda i cani che azzannano il cinghiale da Pompei – erano molto apprezzate per la decorazione dei giardini.

Artemide Efesia
inv. 6286
Narra Callimaco nell'*Inno a Diana* che furono le Amazzoni a istituire il culto dell'Artemide di Efeso; in ogni caso, fuori dal mito, fin dai tempi degli antichi re di Lidia esso ebbe notevolissima importanza in tutta l'Asia, ed ancora in età imperiale romana il santuario godeva di grande prosperità. L'immagine di culto della dea, della quale esistono innumerevoli repliche in ogni formato e materiale, ci è nota solo dall'età ellenistica, soprattutto da immagini sulle monete emesse dalla zecca della città. La dea portava sul capo un *kalathos*, talvolta a forma di tempio, intorno al quale il panneggio ricondotto sul capo formava come un nimbo circolare, a volte decorato sui lati da protomi di grifi. La veste della dea è sommersa di ornamenti; sul petto ha una collana e sotto di essa varie file di mammelle, simbolo evidente di fecondità (altri ha pensato agli scroti dei tori sacrificati), mentre la parte inferiore, aderente intorno al corpo, è decorata da file di protomi di animali e di api, fiori, sfingi, ninfe. Le braccia sono portate in avanti, e afferrano un nastro che cade verticalmente. Se il tipo generale della figura richiama il geometrismo delle statue femminili arcaiche, il simbolismo delle decorazioni va ascritto ad età ellenistica, quando probabilmente l'antica statua di culto fu rielaborata.

Afrodite accovacciata ed Eros
inv. 6293
L'immagine della bellezza femminile, personificata dalla figura di Afrodite, lasciò nel IV secolo a. C. l'Olimpo degli dei per assumere un'umanità sensuale e languida. Il tema della dea nuda al bagno, inaugurato dalla Cnidia di Prassitele, assunse toni più realistici e terreni nella figura accovacciata dell'Afrodite eseguita da Doedalsas, uno scultore della Bitina, per il re Nicomede. Il trasferimento della statua a Roma ne determinò la fama, perché fu molto spesso copiata per decorare giardini e, naturalmente, terme.

Dioniso
inv. 6318
La ponderazione, non lontana dai modi prassitelici, ha fatto datare al IV secolo a. C. l'originale di questa scultura, un tipo certamente famoso dato il numero delle repliche; la statua appartenne a Lorenzo il Magnifico e fu poi sistemata nella celebre Galleria dei Carracci a Palazzo Farnese.

Pan e Dafni (o Olimpo)
inv. 6329
Il tema tra erotico e idillico fa assegnare l'originale di quest'opera al Medio Ellenismo; si trova in qualche modo sostegno nella notizia pliniana su un Pan e Olimpo, opera del rodio Eliodoro, che ai suoi tempi era a Roma. Ma quello era un *symplegma*, cioè una lotta erotica, mentre questa è una quieta scena di *paideia*, come il quadro con Chirone ed Achille da Ercolano (p. 119).

Atlante
inv. 6374
È una delle più complete rappresentazioni note dello Zodiaco pervenuteci dall'antichità questa della volta celeste sulle spalle dell'Atlante Farnese, probabilmente facente in origine parte della decorazione della biblioteca nel Foro di Traiano. Non mancano varie repliche a dimostrare che l'originale era una famosa statua ellenistica, che ci piacerebbe immaginare creata in un grande centro scientifico ellenistico, come il Museo di Alessandria.

Antinoo
inv. 6030
Antinoo fu il giovinetto amato da Adriano; la sua morte, avvenuta nel 130 d. C. in Egitto, fu seguita, soprattutto nelle province orientali, dall'eroizzazione e dal culto – il genetliaco del fanciullo, il 27 novembre, fu onorato di una festa – del giovinetto bitinio. Per le esigenze di questo effimero culto, che non sopravvisse al regno di Adriano, gli scultori classicistici della corte imperiale, soprattutto la scuola di Afrodisia, produssero un cospicuo numero di statue efebiche ispirate a tipi di Apollo e Dioniso di V secolo a. C.; l'esemplare Farnese di Napoli, del quale si ignora il luogo di provenienza, è certamente uno dei migliori per la straordinaria morbidezza di modellato e il fascino romantico emanante dal contrasto chiaroscurale tra la tersa luminosità del corpo e il chiaroscuro dei capelli ricadenti in dense ciocche uncinate.

Provincia Parthia
inv. 6757
Un anno dopo la morte dell'imperatore Adriano, avvenuta nel 138 d. C., Antonino Pio fece trasportare le ceneri del predecessore da Pozzuoli, ov'era stato sepolto, al Mausoleo di Adriano (Castel Sant'Angelo); sei anni più tardi, nel 145 d. C., poté dedicare il tempio del divo Adriano nel Campo Marzio. L'edificio era nello stile classicistico dell'età di Adriano; l'ordine architettonico e la decorazione della cella erano in marmo proconnesio, cavato nell'isola di Marmara in Crimea (Propontide), ed usato a Roma per la prima volta nel tempio di Venere e Roma sotto Adriano. La serie di plinti con personificazione delle provincie faceva da decorazione al podio o all'interno della cella; delle 38 figure originarie restano solo 16 in varie collezioni. È soprattutto notevole la concezione della provincia non più *captiva* afflitta, ma maestosa e solenne, ormai alla pari nella compagine dell'Impero, preannuncio della piena cittadinanza che di lì a poco sarebbe stata data a tutti i provinciali.

Ercole Farnese, da Roma, Terme di Caracalla
inv. 6001

Opera dello scultore ateniese Glykon la cui firma (*Glykon Athenaios epoiesen*: «Glicone di Atene fece») si legge sulla roccia sotto la clava, la statua è una replica, ingigantita, della scultura bronzea creata dallo scultore Lisippo, uno dei maestri del IV secolo a.C.

La figura pensosa, quasi malinconica, dell'eroe dopo l'ultima fatica dei pomi delle Esperidi (nella mano destra sulla schiena), contrasta con quella tradizionale del periodo arcaico e classico che vedeva l'eroe attivo, trionfante della sua forza. Lo stile del copista, vivacemente coloristico, sembra dichiarare l'appartenenza del copista al periodo severiano.

La statua fu trovata mancante del braccio sinistro (ora in gesso) e delle gambe, che furono rifatte da Guglielmo della Porta. Quando le gambe antiche furono trovate, tempo dopo, quelle di Della Porta furono giudicate superiori e lasciate in opera fino ai restauri dell'Albacini. Ora sono esposte accanto alle originali.

A questa scultura era appaiata nelle Terme e poi nel cortile di Palazzo Farnese un'altra replica dello stesso tipo, il c.d. *Ercole Latino*, inviato nel 1788 alla Reggia di Caserta.

Toro, da Roma, Terme di Caracalla
inv. 6002
Rinvenuto nella palestra delle terme, il gruppo rappresenta il mito del supplizio di Dirce. Costei, avendo inflitto vari tormenti ad Antiope, viene punita dai figli di quella, Anfione e Zeto, che la legano alle zampe di un toro infuriato perché questi ne faccia strazio. Un'opera famosa di questo soggetto è citata dalle fonti come capolavoro degli scultori rodii Apollonio e Taurisco della fine del II secolo a. C.; da Rodi essa fu portata a Roma ad opera di Asinio Pollione. Nel gruppo Farnese, una della più grandi sculture pervenuteci dall'antichità (donde il nome di «montagna di marmo»), è stato ora visto l'originale, ora una replica di età giulio-claudia, ora, come ci sembra preferibile, una replica di età severiana. Il confronto con repliche in pittura ci mostra in ogni caso che si tratta di una copia che conserva la composizione piramidale dell'originale, sia pure con l'aggiunta di figure accessorie come Antiope e un giovane pastore, personificazione del monte Citerone dove si svolge l'evento. Il gruppo è stato notevolmente restaurato già nel Cinquecento, allorché Michelangelo progettò di collocarlo come fontana al centro di un giardino tra Palazzo Farnese e la villa della Farnesina. A Napoli, il gruppo fu collocato nel Real Passeggio di Chiaia prima di passare, come altre sculture, al Museo nel 1826.

Gruppo di guerriero con fanciullo, da Roma, Terme di Caracalla
inv. 5999
Molto restaurata nel Cinquecento, la statua porta, erroneamente impostavi dal restauro, una testa moderna dell'imperatore Commodo: ma originariamente rappresentava un tema eroico, un guerriero nell'atto di scagliare, traendolo per un piede, un giovanetto ferito. Le interpretazioni possibili sono Neottolemo che uccide il piccolo Astianatte (cfr. scheda a p. 25), Achille e Troilo, Atamante e Leandro.
A Palazzo Farnese era collocata nel cortile; giunta a Napoli nel 1787, fu esposta al Real Passeggio di Chiaia (l'attuale Villa Comunale) prima di essere trasferita al Museo nel 1826.
Età dei Severi.

Vulneratus deficiens, da Roma, Terme di Caracalla
inv. 6416
Già appartenuta alla collezione Della Valle, la statua, di qualità altissima nella resa del nudo, pone notevoli problemi sia per l'identificazione del tipo (è ormai venuta meno l'ipotesi che si tratti del *vulneratus deficiens* identificato con la statua dello statego Ditrephes, ma non ne è stata avanzata un'altra migliore), sia per l'attribuzione. Si tratta evidentemente di una figura di guerriero ferito, come mostra il fiotto di sangue sgorgante dalla ferita, e in atto di abbattersi a terra sulle ginocchia già cedenti. L'originale si data al 460 a. C. ca.

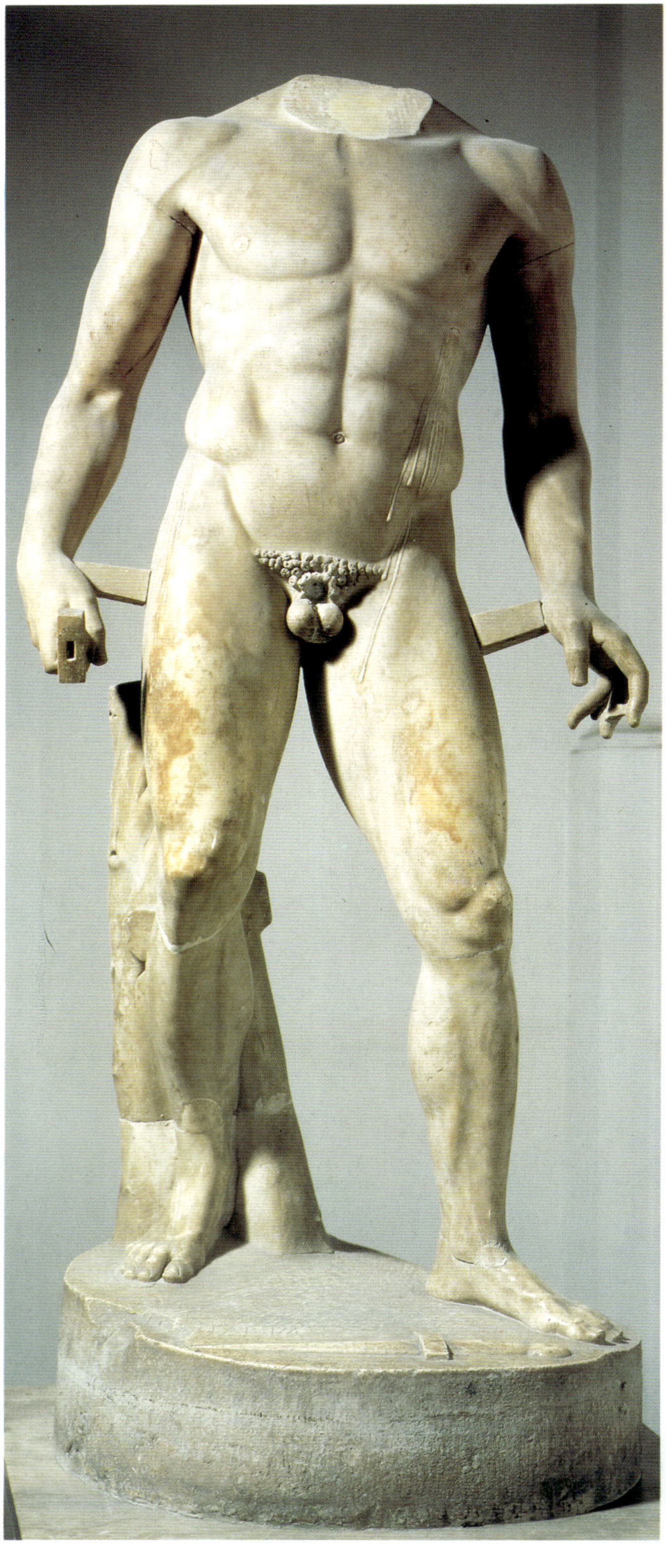

Flora Farnese, c.d. Flora Maggiore
inv. 6409
Un disegno di Marten van Heemskerck, artista olandese operante a Roma tra il 1532 ed il 1536, raffigura le due Flore (questa e la successiva) non ancora restaurate. Siamo perciò sicuri che esse non vengano – come pure spesso si è detto – dalle terme di Caracalla, il cui scavo iniziò, com'è noto, solo nel 1545. Di provenienza ignota, la statua è una rielaborazione romana di tipi statuari ellenistici, a loro volta rifacentisi ad un'Afrodite di scuola ateniese della fine del V secolo a.C. Restaurata come Flora per far da *pendant* alla scultura che segue, aveva avuto nel restauro del Cinquecento nelle mani una ghirlanda, che fu poi sostituita nell'Ottocento da un *bouquet*. La testa, in gesso, è ispirata ad altre teste femminili antiche presenti nelle raccolte romane.

Flora (o Pomona) Farnese
inv. 5978
Di provenienza ignota, ispirata a modelli greci della seconda metà del V secolo a. C., la scultura fu restaurata come Flora per via dei fiori presenti sul mantello. Meno famosa della precedente, le faceva da *pendant* a Palazzo Farnese.

Le gemme della collezione Farnese

Le gemme sono state tra le prime classi di oggetti antichi a riemergere dall'antichità per formare oggetto del collezionismo, sin da quando, nel Medioevo, presenti nei principali tesori reali ed ecclesiastici, esse furono collezionate spesso anche con funzione di talismano, e trasformate in oggetti di nuova devozione. L'iconografia antica viene allora interpretata in senso religioso secondo curiose formule di benedizione, e le figure mitiche sono lette in senso cristiano, con *Poseidone e Atena* come Adamo ed Eva, Caracalla come il Battista, la scena di *Leda ed il Cigno* (un cammeo in onice già nella collezione Barbo) come l'Annunciazione, Perseo e la Medusa come Davide e Golia. La passione per le gemme antiche divenne un vero fenomeno culturale nel Rinascimento. Una delle maggiori collezioni, poi confluita nella raccolta farnesiana, fu la Barbo, formata da Pietro Barbo, veneziano, cardinale di San Marco, papa dal 1464 col nome di Paolo II, appassionato collezionista che riunì la sua raccolta nel palazzo di San Marco, detto poi Palazzo Venezia a Roma; essa passò in parte alle collezioni papali, in parte ai Medici per dono di Sisto V. È significativa la diceria, diffusasi a Roma alla morte del papa, che egli sarebbe morto strangolato dai demoni racchiusi nei castoni dei suoi anelli: col che si intendeva certamente stigmatizzare le immense somme di denaro spese per soddisfare la sua passione per le gemme antiche, ma anche le forze diaboliche che questi oggetti, secondo una credenza di evidente origine medievale, tuttora ben viva, possedevano. Famosa fu anche la collezione medicea, iniziata da Cosimo il Vecchio. Lorenzo Ghiberti, lo scultore fiorentino, testimonia verso il 1428 della presenza di una collezione di gemme di proprietà della famiglia Medici; per la corniola di *Apollo, Marsia e Olimpo*, oggi a Napoli, fece una montatura; ed è interessante, e sintomatico della cultura umanistica, la sua descrizione: «queste tre figure... furono certamente o di mano di Pirgotile o di Policreto; perfette erano quanto cose videssi mai celate in cavo». Se la passione per le gemme di Cosimo fu grande, quella del nipote Lorenzo fu forse anche maggiore. Certo è che quando, a ventidue anni, Lorenzo compie un'ambasceria a Roma, tra i trofei che nell'autobiografia narra d'essersi lì procurato, le gemme hanno un posto di primo piano: «...e più portai la scudella nostra di calcedonio intagliata [la tazza Farnese] con molti altri cammei e medaglie che si comperarono allora, fra le altre il calcedonio... [il *Diomede che rapisce il Palladio*]». I pezzi più prestigiosi provenienti dal tesoro di Lorenzo furono marcati con un orgoglioso *ex gemmis LAVR.MED.* Naturalmente in queste collezioni rinascimentali, accanto al fine culturale e a quelli di prestigio, agiva anche un fine di tesaurizzazione; quando il liquido mancava, tra le antichità che si potevano impegnare le preziose pietre incise trovavano senza dubbio buon credito presso le banche, anche per il continuo crescere del loro valore: si pensi che il cammeo con Poseidone ed Atena, stimato 180 fiorini nel 1465, era valutato solo 27 anni dopo ben 800 fiorini. Tra le collezioni che sono poi confluite nella raccolta farnesiana – ed in altre collezioni ora presso musei stranieri – va ancora ricordata quella di Fulvio Orsini (1528-1600), il famoso erudito, che dopo aver servito da bibliotecario di Paolo III Farnese, lasciò alla famiglia in eredità la sua raccolta, composta soprattutto di pietre incise e medaglie acquistate da altri collezionisti (de Marii, San Marsale, il Vescovo di Spoleto), o presso gli orefici romani di via del Pellegrino, o direttamente al mercato di Campo de' Fiori dove i contadini portavano a vendere quanto occasionalmente trovavano nel prezioso sottosuolo di Roma e dintorni. La silloge orsiniana, oltre che per alcuni pezzi rilevanti (*Artemide con fiaccola, Ercole*) è soprattutto preziosa nella storia degli studi perché le gemme servono da base, nel confronto con le altre classi di monumenti, statue e monete soprattutto, a ricostruire i volti degli uomini antichi più illustri; e giustamente l'Orsini è ricordato come fondatore dell'iconografia con le sue opere *Illustrium imagines ex antiquis marmoribus ex bibliotheca Fulvii Ursini* e *Familiae romanae in antiquis numismatibus*... Non meno interessante è la presenza nella collezione Farnese di gemme ispirate all'antico. La grande richiesta determinò una nuova produzione di gemme riecheggianti nello stile quelle antiche, oltre che naturalmente la creazione di molti falsi; conosciamo i nomi di alcuni incisori romani dell'epoca quali Cesare, Domenico, Ludovico, tutti detti «de' cammei». Lo stile imita molto fedelmente quello antico ed è sovente abbastanza difficile riconoscere una gemma antica da una rinascimentale di buona fattura.

Cammeo in agata sardonica, detta Tazza Farnese, dalla collezione dei Medici inv. 27611

Si tratta senza dubbio del più celebre cammeo pervenutoci dall'antichità. Sul lato esterno della coppa, ricavata da una sola grande pietra, è una squisita immagine a rilievo della Medusa. Nella faccia interna, otto personaggi compongono una scena allegorica ambientata in Egitto, come mostra la presenza in basso di una sfinge di profilo, su cui siede un'Iside. L'interpretazione più accreditata, che risale a Ennio Quirino Visconti e poi al Furtwängler, vede nella scena una celebrazione della fertilità del Nilo. E sarebbe il fiume, panneggiato e con la cornucopia in mano, il personaggio principale: il vecchio barbato che siede in trono a sinistra e accoglie Trittolemo, il primo a coltivare il grano, ammaestrato da Demetra. Le *Horai* e, volanti in alto, i venti Etesii completano la scena. La cronologia non è meno problematica e varia a seconda dell'identificazione proposta dei personaggi storici, i vari sovrani Lagidi succedutisi sul trono di Alessandria, che si celerebbero dietro le allegorie delle figure mitologiche. Di certo si può in ogni caso dire che l'eccezionale oggetto, di cui già nel Quattrocento si dava l'enorme stima di 10.000 fiorini, fu realizzato per una commessa reale tolemaica tra il II ed il I secolo a.C. L'oggetto deve essere passato nel tesoro imperiale romano; le sue tracce si perdono poi nel buio del Medioevo, prima di ri-

comparire a Roma da dove la portò con sé nel 1471 Lorenzo il Magnifico.
Da un disegno persiano del Quattrocento che la riproduce sembra che dovesse trovarsi a quel tempo in Oriente, forse ad Herat o a Samarcanda, ma alcuni documenti di recente riscoperti mostrano che molto probabilmente nel Duecento la coppa era in Italia, dove fu acquistata da Federico II.

Atena e Poseidon, cammeo in onice sardonica, dalla collezione dei Medici
inv. 25837
Ad un *Pyrgoteles* di età tardoellenistica può forse attribuirsi, per la marca *Py* incisa in basso, questo famoso cammeo con la scena della contesa svoltasi tra Poseidon e Atena per la signoria su Atene al tempo del mitico re Cecrope. Poseidon fece scaturire una sorgente salata, il «mare di Eretteo», mentre un olivo fu il dono di Atena; gli Ateniesi, narra una versione del mito, poiché allora votavano anche le donne, prescelsero il dono della dea e la città ebbe il suo nome. Tra le due divinità sono appunto l'olivo e un serpente (in cui s'incarnava Cecrope o il bambino Erittonio), entrambi custoditi in età classica nell'Eretteo.

Testa di Ercole, cammeo in onice sardonica, dalla collezione dei Medici
inv. 25851
Per la qualità dell'esecuzione, lo stile ed il motivo iconografico della testa isolata di profilo, è stato attribuita a *Gnaios*, un incisore di scuola alessandrina di età augustea, questo magnifico cammeo a tre strati che sfrutta la bicromia della pietra per far risaltare sul fondo scuro il profilo bianco del volto dell'eroe e sulla sua capigliatura ancora la *leonté*, scura con bordo bianco.

Centauro, cammeo in sardonica, dalla collezione dei Medici
inv. 25889
È stata inserita nella corrente classicistica romana del II secolo d. C., per confronto con alcune rappresentazioni di centauri come il centauro di Aristeas e Papias dei Capitolini, questa splendida gemma con la figura di centauro col cratere sulla spalla, nitidamente stagliata col suo corpo ambrato e miele contro il bianco marmoreo del fondo.

Apollo, Marsia e Olimpo, intaglio su corniola, dalla collezione dei Medici
inv. 26051
È stata attribuito al celebre Dioscuride, l'incisore alessandrino prediletto da Augusto ed autore del ritratto di Cesare, questo intaglio (purtroppo frammentato nel 1972) che, per la qualità della pietra e dell'esecuzione, è uno dei pezzi forti della collezione medicea. Il mito rappresentato è quello della celebre gara di musica tra Apollo e Marsia, conclusasi con la tortura e la morte del satiro, nonostante l'intercessione del giovane Olympos.

Satiro col piccolo Dioniso, cammeo in agata sardonica
inv. 25880
Il tema del Dioniso bambino che gioca coi Satiri sui colli di Nisa dove lo allevavano le Ninfe divenne uno dei preferiti dell'arte classica a partire dal IV secolo a. C.: si ricordi il celebre Hermes con Dioniso bambino di Prassitele ad Olimpia. Nel *revival* classicistico augusteo il tema tornò in grande auge, come mostrano molti oggetti decorativi dell'epoca. La siringa e il bastone ricurvo da pastore posati sulla roccia alludono alla natura campestre dell'essere divino. La fortuna rinascimentale della gemma appare, tra l'altro, dalla sua ripresa fedele in un tondo marmoreo del cortile di Palazzo Medici Riccardi a Firenze, eseguito dalla bottega di Donatello. I secolo a.C.

Zeus su quadriga fulmina i Giganti, cammeo in niccolo, dalla collezione Orsini
inv. 25848
L'incisore Athenion che firma questo cammeo aveva apposto il suo nome anche su un altro cammeo con una simile Atena su quadriga. Lo stile vigoroso e barocco, insieme ai motivi propagandistici di politica ellenistica, inducono a datare il pezzo tra III e II secolo a.C.

Artemide con fiaccole, intaglio in ametista, già collezione Orsini
inv. 26070

È controverso se l'Apollonios che firma questa magnifica gemma, con la figura di Artemide in veste da cacciatrice con le fiaccole abbassate, sia lo stesso che ha eseguito un granato da Kerc in Crimea con il ritratto di Asandros, un re del Ponto della seconda metà del I secolo a. C.; i caratteri delle lettere sono un po' diversi, il nome è piuttosto comune e potrebbe trattarsi di un altro artista.

Tuttavia lo stile delle gemme è simile e anche in questo lavoro, in cui la morbidezza del modellato ellenistico sembra approdare alla nitidezza di linguaggio dell'età augustea, sembra non contrastante con una tale cronologia.

Antonino Pio, già collezione Orsini
inv. 26088
È conforme allo stile pittorico dell'epoca la resa, morbida e finissima, della barba e dei capelli dell'imperatore, qui rappresentato in un ritratto della maturità con una posa da filosofo greco. Le gemme con ritratto imperiale costituirono uno dei temi privilegiati della collezione orsiniana, e sono tuttora sono un importante indizio cronologico per seguire nel tempo l'evoluzione artistica della glittica romana.

La collezione epigrafica

Se le più moderne tendenze museografiche tendono oggi a ricostituire i complessi nei loro contesti originari, la raccolta epigrafica del Museo di Napoli merita tuttora di essere sostanzialmente conservata ed esposta nella sua unità, sia per il ruolo notevolissimo che essa ha giocato nella storia dell'epigrafia (si pensi al valore esemplare dell'edizione delle *Inscriptiones Regni Neapolitani* di Teodoro Mommsen) sia per il valore dei documenti raccolti. La collezione è infatti una delle più importanti raccolte epigrafiche relative al mondo greco e romano. All'importante nucleo Farnese, in cui era confluita soprattutto la raccolta curata da Fulvio Orsini, il bibliotecario dei Farnese illustratosi soprattutto per i suoi studi di antiquaria e di iconografia antica, si sono aggiunti, dopo che la raccolta Farnese era passata a Napoli, altri significativi nuclei di iscrizioni. Alcuni derivano da altre raccolte private come la Borgia, formatasi soprattutto nel Lazio e in Umbria (notevole il gruppo delle iscrizioni etrusche da Perugia), o la raccolta di Francesco Daniele, l'erudito settecentesco (1740-1820) appassionato di studi di numismatica e di epigrafia campana di cui raccolse numerosi documenti (questo Museo Casertano, visitato da molti eruditi stranieri, comprendeva oltre mille «marmi letterati», da Capua, Telese, Sant'Agata dei Goti, Calvi, Teano etc., nonché vasi ed altri vari oggetti antichi), o la raccolta costituita con lapidi dai vari siti dei Campi Flegrei presso il seminario di San Francesco a Pozzuoli da quell'altro grande antiquario che fu monsignor Carlo Maria Rosini (1748-1836). Altri nuclei collezionistici acquisiti al Museo sono quelli De Jorio, Castaldi, Crisci, Bruschi, Piscopo, Novi, Barone (che cedette al Museo anche il nucleo epigrafico esistito nel collegio dei Gesuiti) Arditi, Fusco, Sangiorgio. La maggior parte delle iscrizioni proviene tuttavia dai numerosi rinvenimenti occasionali e scavi che dal Settecento ai nostri giorni sono stati compiuti in Campania e nelle regioni dell'Italia meridionale facenti parte del Regno delle due Sicilie. Si pensi soprattutto alle numerosissime iscrizioni rinvenute negli scavi delle città vesuviane, che consentono una visione completa della funzione essenziale svolta dai documenti scritti nella vita pubblica e privata di una città romana; con documenti anche particolarmente rari, come le tavolette cerate dell'archivio del banchiere pompeiano L. Cecilio Giocondo, che ci permettono di gettare uno sguardo, attraverso i documenti dei prestiti, nell'economia minuta della cittadina pompeiana. Ma dalle città vesuviane viene anche una miriade di altri documenti scritti, come manifesti elettorali o di annunci di giochi gladiatorî, graffiti su intonaco, relativi ad aspetti della vita pubblica e privata altrove ben più difficilmente documentabili. Senza pari per importanza è poi la documentazione delle lingue preromane dell'Italia centro-meridionale, iscrizioni in etrusco, osco, vestino, volsco, etc.; ivi comprese naturalmente le molte iscrizioni osche da Pompei. Allo stesso modo sono preziose le numerose iscrizioni in greco provenienti dalle varie colonie dell'Italia meridionale, testimonianti sia la varietà dei dialetti e delle grafie alfabetiche che i coloni portavano con sé dalle diverse regioni della madrepatria, sia la lunga durata dell'ellenizzazione della penisola: si pensi a Napoli dove la lingua greca restò in uso come lingua ufficiale fino alla fine dell'Impero romano.

Se il documento scritto formalizzato in epigrafe permette di raccogliere informazioni estremamente accurate sui più vari aspetti delle società antiche, particolarmente preziose sono quelle iscrizioni, leggi, decreti, documenti pubblici e privati che riflettono direttamente le forme di organizzazione politica ed amministrativa delle diverse comunità che si sono succedute in Italia e nel mondo antico. Il Museo di Napoli ne possiede una delle raccolte più significative: si pensi oltre che alle celeberrime cosiddette «*Tavole di Eraclea*» e alla *Tabula Bantina*, anche alla *Lex Acilia repetundarum* e alla *Lex agraria* del 111 a. C. conservate sulle due facce di una stessa lastra di bronzo, alla *Lex Cornelia de XX Quaestoribus* dell'81 a.C. sulla composizione del Senato, alla *Lex Antonia de Termessibus* del 71 a.C. sui privilegi fiscali concessi alla città di *Termessos maior* in Asia Minore. Altri documenti interessanti per la struttura politica, amministrativa, religiosa, sono le dediche sacre, i calendari (famoso è il *Menologium rusticum Colotianum* Farnese), i diplomi militari, i cippi miliari e di centuriazione, tra cui famosi quelli graccani e quello per la colonia di Capua dedotta da Giulio Cesare nel 58 a.C.; ma non sono da trascurare nemmeno, come documento della composizione sociale, le più semplici iscrizioni funerarie che anche nella sola struttura e forma del nome conservano riflessi di fenomeni storici di grande rilievo.

Iscrizione paleosabellica, da Bellante (Teramo)
inv. 111434
Rinvenuta nel 1875, la stele funeraria, un cippo ovoidale, rappresenta il defunto nella posizione del celebre guerriero di Capestrano (Museo di Chieti) del quale riprende anche la stilizzazione della resa delle gambe; databile perciò verso la metà del VI secolo a. C., il testo iscritto a spirale intorno alla figura è uno dei più antichi testi iscritti in lingua sabellica.

Stele in terracotta, da San Mauro Forte
inv. 112880

La piramidetta in terracotta, iscritta sui quattro lati con un'iscrizione metrica in caratteri achei, è uno dei documenti più antichi di Metaponto. Essa contiene la dedica di un ceramista ad Eracle (525-500 a. C.).

Nel metro del distico elegiaco, l'artigiano Nicomaco scrive infatti: «*chaire, wanax Erakles, o toi kerameus m'anetheke, Nikomachos m'epoe dos d'e w'in anthropis doxan echen agathan*», ovvero «salute, Ercole signore, il ceramista mi dedicò, Nicomaco mi fece. Concedi che egli abbia nobile fama tra gli uomini!».

Il testo è tanto più interessante perché in anni recenti gli scavi hanno permesso di identificare proprio il sito del Ceramico (quartiere dei vasai) della città, documentando la vivace attività di questi artigiani.

Cippo votivo, da Locri
inv. 2482

Viene certamente dal santuario di Persefone l'iscrizione, databile nella prima metà del V secolo a. C. (475-450), con i nomi dei dedicanti (*Oiniadas kai Eukelados kai Xeimaros*) e la formula dell'offerta alla dea (*anethekan tai theoi*). Il culto di Persefone a Locri era celeberrimo, come narra Diodoro Siculo (XXVII,4,3) e com'è in certo modo provato dai celebri *pinakes* locresi.

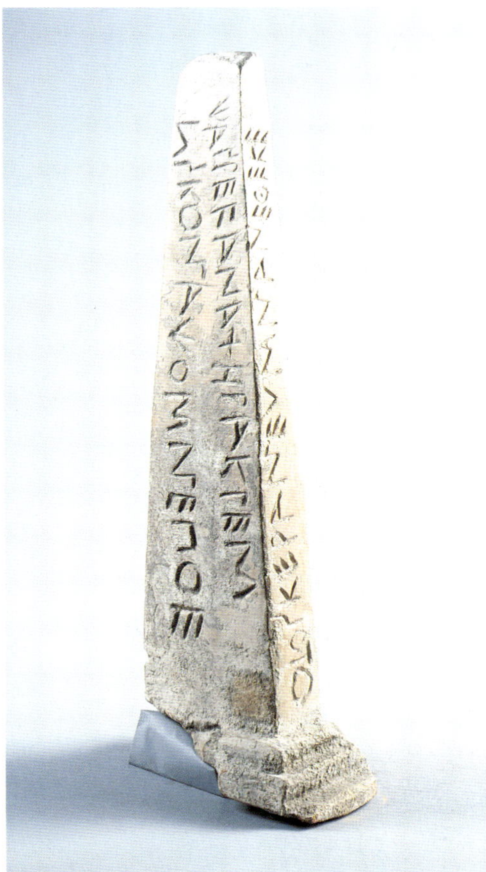

Tavole di Eraclea
inv. 2481
Rinvenute nel greto di un torrente tra il 1732 ed il 1735 nella località oggi detta Acinapura, tra Eraclea e Metaponto in Basilicata, e pervenute a Carlo III di Borbone dopo alcuni passaggi di mano, le due tavole in bronzo ci conservano due iscrizioni della fine del IV-inizi del III secolo a. C., concernenti la delimitazione e la locazione di alcuni terreni di proprietà dei santuari di Dioniso e Atena Poliade nel territorio (*chora*) di Eraclea, suoli che erano stati già abusivamente usurpati da privati e poi riscattati; notevolissima, tra i tanti dati offerti dai testi scritti in un dialetto dorico fortemente permeato di influenze attiche, la messe di informazioni relative all'economia agricola delle colonie greche della Lucania ionica; così ad esempio apprendiamo che gli agricoltori praticavano la rotazione quinquennale e che i prodotti agricoli più rilevanti erano il farro, il grano, l'orzo, la vite, l'olivo (documentati questi anche dagli scavi archeologici); tra questi poi soprattutto l'orzo aveva un ruolo fondamentale, giacché le Tavole mostrano che l'affitto era pagato in misure di orzo anziché in denaro, di modo che la città aveva un reddito indipendente dalle oscillazioni del mercato.

Alla pagina seguente:

Laminette orfiche da Thurii
invv. 111623, 111624, 111625 dal Timpone Piccolo; 111463, 11464 dal Timpone Grande (località Favella della Corte)
I due gruppi di laminette auree iscritte, provenenti da due sepolture di IV secolo a. C. del territorio di *Thurii*, appartengono ad una più ampia classe di iscrizioni greche rinvenute in tombe della Magna Grecia, a Creta ed in Tessaglia, contenenti istruzioni per condurre l'anima dei defunti, adepti della dottrina misterica che si faceva risalire ad Orfeo, al promesso destino finale di beatitudine eterna al termine del ciclo delle reincarnazioni. Queste di *Thurii* appartengono ad una setta misterica di carattere popolare non ignara della ortodossia orficopitagorica. Il testo della più lunga iscrizione conservata a Napoli (inv. 111625) recita: «Vengo da mezzo ai puri (*katharoi*), o pura regina degli Inferi [Persefone], Eukles [Ade] ed Eubuleus [Dioniso]e altri numi immortali; ed infatti anch'io dichiaro di appartenere alla vostra stirpe beata. Ma me domò il Destino (*Moira*) ed il folgorante Saettatore cele-

ste (*Asterobleta*). Volai via dal doloroso ciclo grave d'affanni ed ascesi alla desiderata corona con piedi veloci; mi immersi nel grembo della regina degli Inferi; discesi dalla desiderata corona con piedi veloci. O felice e beatissimo, nume sarai invece che mortale (*theòs d'esei antì brotoio*). Capretto mi gettai verso il latte».

Iscrizione volsca, da Velletri, collezione Borgia
inv. 2522
Databile forse al IV secolo a. C., prima della battaglia di Astura del 338 a. C., quest'iscrizione su lamina di bronzo, rinvenuta nel 1784, resta il principale documento della lingua dei Volsci. Il testo, che ha analogie con l'umbro, riguarda le norme rituali sui sacrifici ad una divinità dal nome *Declona* emanate da due *meddices* locali, i cui nomi in latino suonerebbero: *Egnatius Cossutius* figlio di *Sextus* e *Maras Tafanius* figlio di *Caius*; viene certamente da un santuario del centro volsco di *Velcester* (poi *Velitrae*).

Tabula Bantina, da Oppido Lucano (Potenza)
inv. 2554
Rinvenuta nel 1793, contiene su una faccia una legge osca del I secolo a. C. ritenuta lo statuto della città di *Bantia*, e sull'altra alcuni passi di una legge latina, forse una «*lex repetundarum*» dell'età dei Gracchi.

Orologio solare, da Pompei
inv. 2541
Rinvenuta nelle Terme Stabiane, la meridiana ha un'iscrizione osca alla base che dichiara le circostanze della sua collocazione.

Maras Atinis, figlio di Maras, questore (*kvaisstur*) pose per decreto dell'assemblea (*kumbennis*) con il danaro delle multe. L'orologio solare era una novità per l'ambiente italico; invenzione greca, il primo fu portato a Roma da Catania nel 263 a. C., ma solo nel 164 il censore Marcio Filippo fece costruire il primo *horologium* adatto alla latitudine di Roma.

Lex parieti faciendo, da Pozzuoli
inv. 3231
L'iscrizione è il primo documento sui rapporti tra la Campania e l'Egitto tolemaico e sulla presenza in Italia di culti egiziani. Datata all'anno 105 a. C. (*ab colonia deducta anno XC*, recita la prima linea del testo, confermata poi dalla citazione dei consoli *P. Rutilius* e *Cn. Mallius* alla terza), essa attesta infatti esplicitamente in quest'epoca la presenza di un tempio di Serapide (*in area quae est ante aedem Serapi*...) nella città flegrea, ormai da alcuni decenni divenuta il più importante porto del Mediterraneo occidentale.

Tabula Bembina in bronzo, collezione Farnese
inv. Fiorelli 78
Alla grande *tabula*, ricomposta da sette frammenti forse trovati a Roma prima del 1521, appartengono altri pezzi, alcuni dispersi per l'Europa. Su una faccia è il testo, derivante da una fusione a cera perduta, della *lex agraria* del 111 a. C.; sul rovescio è la *lex Acilia pecuniarum repetendarum* del 110 o del 123/122 a. C. sulle malversazioni.

Diploma militare, da Stabia
inv. Fiorelli 1149
Datata dalla menzione del console dell'anno e dalla titolatura imperiale al tempo di Claudio, nel 49 d. C., l'iscrizione è un diploma di *honesta missio*, cioè di onorato servizio militare, in questo caso rilasciato ai capitani (*trierarchae*) e ai marinai che avevano prestato servizio nella *classis praetoria* Misenate agli ordini di *Ti. Iulius Optatus*. Ad essi, in genere stranieri dalle province che affacciavano sulle coste del Mediterraneo (Egiziani, Siriaci, Illirici, etc.; quelli di questo diploma sono di Durazzo), toccava la cittadinanza romana e lo *ius conubii*, il diritto di contrarre matrimonio legale la cui prole avrebbe goduto della cittadinanza. L'iscrizione era una copia per estratto di un originale posto sul Campidoglio, sul lato destro del tempio della *Fides populi Romani*.

Feriale, da Santa Maria Capua Vetere
inv. 3954
Trovata nello scavo dell'anfiteatro Campano nel 1829, l'iscrizione è incisa sul piatto di un altare con pulvini decorati da un elegante motivo floreale. Il testo, certamente molto posteriore all'esecuzione dell'altare, datato al 387 d. C. dalla menzione del terzo consolato di Valentiniano, contiene un elenco delle principali feste religiose della Capua tardoromana o forse della provincia della Campania. È interessante registrare come alcuni decenni dopo l'editto di Costantino vi sia stata ormai l'espunzione di tutte le feste per gli dèi pagani. Il 3 gennaio si fanno i voti solenni per la salute dell'imperatore (*vota*), l'11 febbraio i *Genialia*, il 1° maggio una cerimonia di purificazione al Volturno a *Casilinum* (*lustratio ad flumen*) ed il 25 luglio un'altra *ad iter Dianae (Tifatinae)*), il 13 maggio i *Rosaria* (per i morti) all'anfiteatro, il 27 un'altra cerimonia per i defunti, la *profectio ad iter Averni*, sulla via per il lago dov'era stato il celebre oracolo dei morti, infine il 15 ottobre le *Vindemiae*.

Il Medagliere napoletano è uno dei più ricchi d'Italia e del mondo (circa 200.000 esemplari). Formatosi sull'originario nucleo dell'antica raccolta Farnese, dove le monete erano state organizzate dall'Orsini soprattutto per fornire una base alle sue ricerche sull'iconografia degli imperatori romani (c.d. serie imperiali), esso si incrementò a Napoli principalmente con gli abbondanti rinvenimenti di età borbonica nelle città vesuviane (circa 15.000 esemplari, preziosi soprattutto per lo studio della circolazione monetale attraverso l'esame dei gruzzoli trovati nelle case e sui corpi dei Pompeiani fuggiaschi), nella Magna Grecia e nella Sicilia. Da queste ultime regioni soprattutto viene molto materiale della grande raccolta Santangelo (circa 42.000) esemplari, che si aggiunse nel 1864 alle altre importanti collezioni già pervenute al Museo napoletano. Oltre alle monete di età classica, non meno rilevante è il nucleo delle monete bizantine, medioevali, rinascimentali e moderne, in particolare quelle che documentano l'attività delle zecche che si sono succedute nel Regno di Napoli fino a quella borbonica del Regno delle Due Sicilie.

Ricchissima è, naturalmente, la raccolta delle monete della Magna Grecia e della Sicilia.

La monetazione, in argento (è il metallo base della monetazione antica), ebbe inizio in Occidente tra le colonie achee del golfo di Taranto, forse a Sibari o a Metaponto, nella seconda metà del VI secolo a. C. In particolare si pensa a Sibari oltre che per la sua mitica potenza e la proverbiale ricchezza, per la disponibilità di miniere d'argento nell'entroterra della Sila. Le prime monete coniate in quest'area presentano una particolare tecnica, detta *incusa*, cioè con la stessa immagine in rilievo al dritto e incavata sul rovescio; questa tecnica si estese poi a quasi tutta l'area della Magna Grecia. La base del sistema, che si dice «acheo», era il tridrammo di origine corinzia (8 grammi).

Un'altra area monetaria era costituita dall'area delle colonie dello stretto di Messina (Naxos, Zankle-Messina, Reggio) e di altre città originate dalla colonizzazione proveniente dall'Eubea (Cuma, Himera); qui si adottò il c.d. sistema «calcidese», basato su una dramma di g. 5,70 ca.

Velia (*Hyele*), Poseidonia e poi tutte le città della Campania adottarono un altro sistema, detto «foceo» o «campano», basato su un didrammo di g. 7,50 ca. Esso fu adottato nell'ultimo quarto del VI secolo a.C. anche da Massalia, sia pure con valori più modesti, non superiori all'emidrammo.

La Sicilia sud-occidentale (Selinunte, Agrigento, Gela), in relazione tramite il mondo punico con le miniere d'argento iberiche, adottò la moneta molto presto, forse già verso la metà del VI secolo come le colonie achee, coniando un didrammo di g. 8,70 ca., mentre Siracusa adottò certamente il sistema «attico» con tetradrammi da g. 17,20, una moneta di prestigio al servizio di una politica aggressiva fin dalle origini.

Oltre che un efficacissimo mezzo per gli scambi economici, la moneta fu uno straordinario strumento di potere politico e come tale essa talvolta ci conserva, nelle immagini impresse, tracce di eventi politici spesso con una evidenza ignota alle stesse fonti letterarie. Basta pensare alle «monete d'impero» di Sibari, il cui toro retrospiciente, adottato da altre comunità che vi iscrivono solo il loro etnico, fa quasi da bandiera dell'espansione della città che giunse a dominare su 25 città e 4 popoli, secondo Strabone. Allo stesso modo l'espansione del sistema attico dei tetradrammi di Siracusa e del suo tipo della quadriga dopo il 480 a.C. a quasi tutta la Sicilia e a Cuma, è certamente da mettere in relazione con la vittoria di Himera sui Cartaginesi e sugli Etruschi a Cuma.

Un altro elemento particolare della monetazione della Magna Grecia è la frequenza relativamente maggiore con cui si fece uso, rispetto alla Grecia, della monetazione aurea. In realtà a determinare l'emissione di moneta in oro da parte di città come Taranto, Metaponto, Heraklea, Locri, fu la frequente necessità di pagare il soldo a mercenari provenienti da paesi (Macedonia, Epiro) dove essa era corrente.

Alla Sicilia si deve invece, alla metà circa del V secolo a. C., l'introduzione della moneta di bronzo. Fu la diffusione stessa della moneta come mezzo universale di scambio a rendere necessaria, al fine di evitare per i commerci più minuti monetine d'argento troppo minuscole, l'adozione di moneta in un metallo meno prezioso dell'argento, che valeva ormai solamente sulla base del l'autorità dello stato che la emetteva.

Un momento di grande novità nella storia della monetazione fu costituito a Siracusa dalla riforma del tiranno

Dionigi I. Ispirandosi alle idee allora emergenti sull'opportunità di distinguere una moneta a costo forzoso e di valore convenzionale per l'interno da una in metallo pregiato per le transazioni con l'estero (idee sostenute da Platone nelle *Leggi*, V,742 a-b: «a nessun privato deve essere permesso di possedere oro né argento, ma solo una moneta... che abbia corso presso di loro, ma che non valga nulla per gli altri popoli...»), Dionigi aveva modificato radicalmente la monetazione di Siracusa. Per l'interno una moneta di bronzo (1 litra e 5 litre), per l'estero monete in oro e argento (decadrammi), di altissimo valore anche artistico, affidate ad abilissimi incisori come Kimon ed Euainetos, Eukleidas.

Un'altra importante fase della monetazione greca d'occidente è costituita dalla politica monetaria corinzia in coincidenza con la riconquista della Sicilia da parte di Timoleonte. Siracusa abbandona infatti improvvisamante il sistema attico per quello corinzio, e della madrepatria adotta i classici tipi del Pegaso al dritto e Atena con elmo corinzio al rovescio. L'esempio fu seguito da moltissime città della Sicilia e della Calabria, evidentemente nell'orbita di Siracusa. Nell'impossibilità per queste comunità, esauste dalle guerre, di provvedere esse stesse alla coniazione, fu la stessa Corinto a farlo con una massiccia emissione di pegasi d'argento che caratterizzano tutti i «tesoretti» della seconda metà del IV secolo a. C.

Nel mondo italico la moneta fu senza dubbio introdotta per l'influenza delle colonie greche. Dopo una fase iniziale di scambi in natura, si passò ad un uso del metallo, il bronzo, a peso, dapprima nella forma del metallo grezzo (*aes rude),* poi del metallo fuso in lingotti facenti capo ad un vero e proprio sistema ponderale e recanti simboli (*aes signatum)*; l'unità di peso è la *libra* (g. 272, 875 prima e g. 327,45 poi) e su di essa si fondò il più antico sistema romano. Esso prevedeva alla base l'*asse*, una moneta fusa (*aes grave*) con testa di Giano bifronte al dritto e la prora di nave al rovescio, diviso in 12 once, il *semisse* (1/2 asse, col segno S), il *triente*, il *quadrante,* il *sestante* e l'*oncia*, rispettivamente un terzo, un quarto, un sesto e un dodicesimo di asse, con quattro, tre, due, ed un globetto come segni di valore. Questo sistema, durato per tutta la repubblica, fu mutato da Augusto nel 23 a. C. con l'introduzione di assi e quadranti in rame, e *dupondi* e *sesterzi* in oricalco, una particolare lega dell'ottone, articolati secondo rapporti che prevedevano 1 sesterzio= 2 dupondi = 4 assi = 16 quadranti.

I magistrati che curavano l'attività della zecca romana erano i *Triumviri monetales A(ere), A(rgento), A(uro) F(lando) F(eriundo)*, le cui sigle compaiono normalmente sulle monete, a meno che l'emissione non derivasse da provvedimenti speciali, ad esempio del senato, rivelati dalla formula S.C. (*senatus consultu*). All'iconografia dei tipi più antichi, di carattere religioso, andò sostituendosi, nel corso del II secolo a. C., quella di tipi allusivi alle persone dei magistrati monetieri o alle loro famiglie, ed infine direttamente agli eventi politici del tempo, fornendo così preziose informazioni sulla lotta politica, oltre che un utile riscontro ed una preziosa integrazione alle informazioni fornite dalle fonti letterarie.

Nel corso del III secolo a. C. Roma cominciò a coniare, probabilmente servendosi della zecca di *Neapolis*, l'argento, con il *denario* come unità di base. Alla fine del I secolo a. C. ebbe inizio anche la coniazione in oro; con Augusto un denario e un quinario aureo valevano rispettivamente 25 e 12,5 denari d'argento, mentre un denario e un quinario d'argento valevano rispettivamente 16 e 8 assi di rame. Durante l'Impero, oltre a quella di Roma furono attive molte zecche provinciali. La moneta diventa sempre più anche uno strumento di propaganda; i tipi portano oltre all'immagine dell'imperatore e dei principi della famiglia imperiale, immagini alludenti alle realizzazioni del *princeps*, imprese militari (figure di provincie prigioniere, trionfi, trofei), la costruzione di templi ed altri edifici pubblici, l'esaltazione delle virtù, personificate, sue o del suo tempo (*Concordia*, *Felicitas*, etc.).

Statere incuso Ami, da Cittanuova
inv. 111315
Al dritto, in esergo, iscrizione *Ami*; toro a sinistra retrospiciente; in alto una locusta; bordo a treccia. Al rovescio, stesso tipo; il bordo è circondato da un cordoncino a spina di pesce. La moneta, d'argento (g. 7,84), si data al 540-510 a.C.; il toro retrospiciente in questa forma è un tipo della monetazione di Sibari e torna identico sulle monete della città achea e delle sue subcolonie.

Statere incuso di Caulonia
F.g. 3311
Al diritto, a sinistra, iscrizione *Kaul*; in campo, figura di Apollo a destra con ramoscello nella destra e figurina in corsa sul braccio sinistro; davanti al dio il suo animale sacro, un cervo retrospiciente. Al rovescio, stesso tipo.
La moneta si data al 530-510 a.C.

Decadrammo di Siracusa
F.g. 5122
Al dritto una quadriga al galoppo a sinistra, con una Nike che corona l'auriga; sotto la linea d'esergo una panoplia; al rovescio, la testa di Kore, con corona di spighe a sinistra; intorno delfini, in basso la firma dell'incisore, Euainetos.
È una delle più belle monete greche. Si data al 390 a. C. ca.

Didrammo di Alife
S.G. 410
Al diritto, testa di Atena a destra con l'elmo ornato da una civetta e da un ramo d'olivo; al rovescio, in alto iscrizione *Alipha*, in osco; sotto, il toro a volto umano a sinistra. La moneta, databile al periodo 400-395 a. C., utilizza al rovescio un conio di Nola, al diritto si ispira all'iconografia, mediata da *Neapolis*, della Parthenos di Atene

Didrammo di Cora
inv.124158
Al diritto, testa di Apollo coronato d'alloro, a sinistra; al rovescio, in esergo iscrizione *Corano*, in latino; nel campo, figura di cavaliere vestito di petaso e clamide, al galoppo a destra, la lancia brandita nella destra. Databile alla prima metà del III secolo a. C.

Denario di Bruto
F.r. 3072
Al dritto la testa di Bruto, l'uccisore di Cesare, a destra, con iscrizione *Brutus*. Al rovescio, la testa di *C. Servilius Ahala*. La moneta si data al 54 a. C. Il ritratto di Bruto è un bell'esempio di ritratto nella monetazione repubblicana.

Medaglione aureo di Augusto, da Pompei
F.r. 3692
Coniato nella zecca di Lione (*Lugdunum*) nel 9-8 a. C., il medaglione, un *unicum* trovato a Pompei nel 1759, ha al dritto la testa di Augusto con corona d'alloro a sinistra; al rovescio la scritta *Imp.(erator) XV* e la figura statuaria di un'Artemide che doveva essere famosa in Sicilia (in esergo è la scritta *Sicil*), forse la celebre statua della Diana di Segesta, con arco ed in atto di estrarre la freccia dalla faretra.

La collezione egiziana

Al formarsi della collezione egiziana del Museo di Napoli, la seconda per importanza in Italia dopo quella del Museo Egizio di Torino, hanno concorso vari nuclei. Solo un pezzo apparteneva alla collezione Farnese, il naoforo detto appunto Farnese, esposto nel palazzo romano nella sala «degli imperatori» e, nei primi tempi a Napoli, nel portico detto «de' miscellanei».
Il nucleo principale della raccolta (sale I-III) è quello costituito nella seconda metà del Settecento dal cardinale Stefano Borgia. Erede di una collezione di antichità romane ed etrusche rinvenute a Roma e nei terreni di famiglia intorno a Velletri, il cardinale nella sua funzione di Segretario e poi Prefetto della Congregazione di Propaganda Fide, si trovò a ricevere in dono dai viaggiatori e dai missionari di ritorno dall'Oriente, oltre ai manoscritti copti che costituivano l'obiettivo di molti viaggi di religiosi, numerosi oggetti egiziani, tanto da formare la più ricca collezione del genere dell'epoca. Passata in eredità al nipote Camillo, questi cercò a più riprese di vendere la collezione, prima al re di Danimarca, poi a Gioacchino Murat, infine a Ferdinando IV che l'acquistò nel 1815.
Un terzo nucleo è costituito dalla collezione di Giuseppe Picchianti (sale IV-V), un viaggiatore veneto dell'Ottocento che, attratto dall'eco delle scoperte fatte in Egitto dal suo corregionale Belzoni e dal miraggio di tesori da trovare, intraprese nel 1819 un viaggio che in circa sei anni lo portò fino al deserto nubiano. A Giza, Saqqara, Tebe e in Nubia egli raccolse una cospicua quantità di oggetti, prevalentemente da contesti funerari, che fece esaminare al grande Champollion. Una parte ne riuscì poi a vendere al British Museum, un'altra, più cospicua, l'acquistò dalla sua vedova nel 1826 il Museo di Napoli.
Tra le altri collezioni di minor consistenza confluite nel Museo di Napoli dobbiamo ancora ricordare quella (sala III, vetrina 15) dello Schnars, un viaggiatore tedesco che aveva visitato molti siti dell'Alto e Basso Egitto ricavandone una piccola raccolta che donò nel 1842 al Museo; inoltre vanno ricordati gli acquisti di alcuni oggetti singoli, come il c.d. *naoforo Casanova* (1827), da Pozzuoli, o la mummia donata nel 1885 da E. Stevens, che l'aveva a sua volta avuta in dono durante un viaggio in Egitto.
Un posto importante nella collezione napoletana rivestono infine gli oggetti egiziani trovati negli scavi delle città della Campania, soprattutto i siti vesuviani distrutti dall'eruzione del 79 d. C. Come si è altrove detto, i rapporti tra Egitto e Campania, iniziati all'epoca della colonizzazione greca per il tramite del commercio fenicio (scarabei e oggetti di *faïence* compaiono in tombe di Pithecusa, Cuma e delle comunità indigene dell'interno), si infittirono a partire dall'età tolemaica e nel II secolo a. C. portarono ad una vera e propria irradiazione del culto isiaco in Campania (cfr. *lex parieti faciendo* di Pozzuoli) e a Roma. Pompei, Ercolano e Stabia, ma anche Napoli, Sorrento, Benevento, ci hanno restituito numerose sculture e oggetti egiziani o egittizzanti, sia usati in funzione rituale in santuari isiaci (cfr. gli ushabty, la stele di Samtowetefnakhte nel tempio di Iside di Pompei, quattro canopi ancora da Pompei, l'Iside, il naoforo e la sfinge dall'Iseo di Cuma), sia usati come semplici oggetti decorativi nella moda invalsa in tutto il mondo romano dopo la conquista dell'Egitto (cfr. la mensa votiva col nome di Psammetico, dalla casa del doppio larario di Pompei, o le statuette maschili adoperate come sostegno di tavolo)
Con questa varietà di filoni formativi, la collezione napoletana ha un particolare interesse per la storia stessa dell'egittologia. Accanto al momento borgiano, dell'Egitto scoperto soprattutto da Roma (nel periodo anteriore alla spedizione napoleonica) e visto soprattutto in chiave magico-religiosa, troviamo infatti nella collezione di Picchianti e Schnars il momento dell'avventura romantica e semiscientifica dei ricercatori di antichità per rifornire i Musei europei.
Ma non meno interessante di quello storico è l'interesse specificamente archeologico. La recente sistemazione presenta nella prima sala le sculture (statue e rilievi) della collezione Borgia, nella seconda oggetti funerari e votivi della stessa raccolta, nella terza una raccolta di iscrizioni (e di calchi ottocenteschi) volta a dare un panorama dei diversi modi di scrivere usati in Egitto dalle origini fino al demotico e al greco; inoltre gli oggetti egiziani dalla Campania. Nella quarta sala vasi, stele funerarie ed una ricca serie di ushabty della raccolta Picchianti, insieme a mummie, umane e di animali, che formano il tema principale anche della quinta ed ultima sala.
Tra gli oggetti che attirano le curiosità del pubblico vanno ricordati alcuni frammenti di mummia (i piedi umani riuniti sotto una campana di vetro) che risalgono all'uso

del tutto particolare che delle mummie si fece dopo l'antichità

Nel processo di mummificazione veniva adoperato un bitume naturale (la *Mumya* o *Mumia persica*) il cui uso terapeutico indusse la medicina medioevale a ricavare un farmaco dai poteri ritenuti miracolosi, la «polvere di mummia», dai corpi umani mummificati. Venuta così in voga, fino al secolo scorso, in tutta l'Europa questa macabra terapia, si giunse ad un vero e proprio commercio di mummie (e, naturalmente, alla loro contraffazione). Nelle collezioni napoletane vi sono mummie provenienti dalle Farmacie della soppressa Chiesa di San Francesco di Paola e della Real Casa Santa dell'Annunziata.

Tra le serie di oggetti di cui è ricca la collezione napoletana vanno anche ricordati alcuni *vasi canopi*, i contenitori degli organi interni dei defunti che venivano asportati prima della mummificazione e deposti in questi vasi, iscritti col nome del defunto, che si collocavano ai lati del sarcofago. Il nome deriva da quello del nocchiero di Menelao, morto in Egitto e divinizzato in forma di vaso a testa umana. I coperchi dei vasi hanno infatti la particolarità di essere configurati con le teste dei figli di Horus, a testa umana (Amset) quello per stomaco e intestini, di babbuino (Hapi) quello per l'intestino tenue, di cinocefalo (Duamutuef) per i polmoni, di avvoltoio (Qebehsenut) per fegato e cistifellea.

Notevole è anche la raccolta degli *ushabty*, statuette in pietra, legno o *faïence* a forma di mummie impersonanti entità che dovevano lavorare nell'aldilà al posto del defunto (ushabty = colui che risponde). Così sulla statuetta, col nome del defunto è iscritta la formula del Libro dei Morti con cui si dà l'ordine all'ushabty di lavorare al suo posto. Riuniti in gran numero, si arriva fino a 365, uno per giorno dell'anno e con capisquadra, trovavano posto in una cassetta che era collocata nella tomba. Interessanti sono anche le *stele arpocratee*, lastre cui si attribuiva la funzione di proteggere magicamente il loro possessore dalle insidie di animali pericolosi, serpenti, scorpioni etc.. Su un lato della stele era infatti raffigurato Arpocrate (Her-pa-khered, Horus bambino), con la tipica treccina alla nuca, che calpesta coccodrilli e stringe nelle mani gli animali pericolosi.

Sull'altro lato formule in geroglifici citavano episodi del mito di Horus, protetto dalla madre Iside contro gli animali istigatigli contro da Seth, il malvagio fratello e uccisore di Osiride.

Statua-naoforo di Uah-ib-ra Mery-neith, c.d. Naoforo Farnese, da Roma (?) inv 1068

A differenza che nel mondo classico, in quello egiziano la statua è un elemento dotato di vita, animata, attraverso il rituale dell'«apertura della bocca», dalla stessa essenza vitale della persona rappresentata (perciò non esiste il busto); per conto di quella, essa ha la funzione di far da tramite con gli dèi, ricevere le offerte funerarie dei vivi.

La statua è tipizzata, senza caratteristiche fisionomiche; l'identificazione è affidata solo alle iscrizioni e ai segni esteriori, canonici, di *status* (veste, attributi).

La statua Farnese, in basalto, appartiene alla classe delle statue naoforo, raffiguranti un funzionario in ginocchio (più tardi anche in piedi) che regge nelle mani un tempietto (*naòs*, in greco) contenente la figura del sovrano e poi di un dio (qui è la figura di Osiride). L'iscrizione in geroglifici sul pilastro posto sul dorso della figura (essa fu già studiata, con esiti fantasiosi, da padre Atanasio Kircher nel XVII secolo) identifica il dignitario rappresentato come Uah-ib-ra Mery-neith, figlio di Ta-qerenet, Porta-sigilli regale, Direttore della Casa delle Due Corone, Sacerdote di Horus, Capo del Distretto di Pe, Soprintendente ai Sigilli; contiene la cosiddetta «formula di Sais», che permette, insieme all'iconografia, di datare la statua alla XXVI dinastia (664-525 a. C.).

Stele funeraria dello scriba Hui
inv. 1016

La stele, in calcare con buona conservazione della policromia, risale all'inizio della XIX dinastia (1320-1200 a. C.); rappresenta, su tre registri, il defunto, Hui, «scriba della tavola del Signore delle Due Terre, Guida alle Feste di Osiride» alla presenza delle divinità. Nella fascia superiore Hui, a destra, sta davanti ad una tavola d'offerte posta davanti ad un tempietto entro cui stanno le figure di Osiride seduto, Iside ed il dio-falco Horus. Nella fascia mediana Hui fa offerte per il padre Pah e la madre Sattie. Nel registro inferiore, infine, il sacerdote Pa-nehu, con la testa rasata e una pelle di pantera indosso, fa una libagione e brucia incenso per Hui e sua moglie Kui.

Abbiamo raccolto sotto questo titolo le altre molte serie minori di oggetti che in varie circostanze sono pervenute al Museo Nazionale e che sarebbe difficile raccordare in un discorso storico. Il nucleo maggiore è, come, s'è accennato poc'anzi, la collezione Borgia, pervenuta al Museo per acquisto subito dopo la Restaurazione. Oltre alle antichità egiziane, il Museo Veliterno (di Velletri) comprendeva numerose antichità italiche, etrusche e latine, ma non mancavano neanche alcuni importanti pezzi greci ed orientali.

Vanno inoltre ricordate alcune acquisizioni singole fatte dal Museo, a seguito di rinvenimenti, di acquisti o di lasciti testamentari. Uno dei più rilevanti tra questi ultimi in anni recenti è costituito da un gruppo di sculture appartenenti alla collezione Astarita, tra cui una splendida testa di stile pergameno.

Tra le collezioni per così dire minori, ma pure di grande importanza dal punto di vista culturale, va poi ricordata la cospicua raccolta dei «rami» incisi della Stamperia Reale Borbonica, una delle più grandi collezioni calcografiche d'Italia. Di particolare importanza sono le lastre delle «Antichità di Ercolano», i preziosi volumi che l'Accademia Ercolanese approntò, per circa un secolo, per la pubblicazione dei monumenti antichi delle città vesuviane. In parte ancora inediti, i rami e i relativi disegni preparatorii costituiscono un patrimonio rilevantissimo che permette di seguire l'evolversi della tecnica di documentazione e dello stile stesso dell'incisione dalla metà del Settecento in poi.

Né meno importanti sono i documenti degli Archivi della Soprintendenza di Napoli e Caserta; disegni, acquerelli, modelli, calchi, fotografie, ma anche carteggi, lettere, relazioni scientifiche che permettono di ricostruire lo spessore e la rete delle relazioni storiche che stanno intorno alla ricerca archeologica e ai suoi protagonisti e costituiscono una delle ragioni principali del fascino di questa disciplina.

Rilievo melio, da Ruvo (?)
inv. Santangelo 361
Databile al decennio 470-460 a. C. ca., il rilievo appartiene ad una serie di singolari placchette fittili lavorate a stampo e «a giorno», il cui centro di produzione è ancora discusso oscillando, nell'opinione degli studiosi, tra le isole egee (Melos ?) e Corinto; sembra si possa escludere la loro pertinenza ai tradizionali centri artistici greci maggiori. Probabilmente usati come *appliques* di cofanetti di legno o altro mobilio, i rilievi sono decorati con temi del mito e mostrano una notevole varietà di repertorio, spesso con rilevante autonomia iconografica rispetto all'ambito attico o corinzio. Qui è rappresentato l'antico mito di Atteone divorato dai suoi cani per aver offeso, spiandola al bagno alla fonte, la dea Artemide. La scena è giocat sull'opposizione tra la figura snell dell'adolescente dea dal gesto imperios e dal passo orgoglioso sotto le vesti trasparenti e il corpo atletico di Atteone ormai in ginocchio, preda dei suoi sottili feroci levrieri.
Le forme eleganti e un poco angolos sono quelle usuali della fine dello stil severo.

Lastra fittile con scena di corsa di carri, da Velletri, collezione Borgia
inv. 21608

Appartenevano alla decorazione fittile di VI secolo del tempio sotto la chiesa di Santa Maria della Neve le terrecotte arcaiche che pervennero alla collezione Borgia. Altre lastre dello stesso complesso sono state rinvenute negli scavi del 1915 e permettono di ricostruire almeno in parte la decorazione, di stile puramente etrusco, dell'edificio della principale città dei Volsci (corteggio di carri, scene di banchetto, corsa di carri, assemblea di divinità etc.).

Stele funeraria ionica, collezione Borgia
inv. 6556
Databile negli anni dopo il 480 a. C., la stele rientra in un gruppo di monumenti funerari di età tardoarcaica e degli inizi dello stile severo tipici dell'arte delle città greche delle isole dell'Egeo e della Ionia asiatica. Il defunto è rappresentato secondo gli schemi ideologici dell'aristocrazia arcaica come atleta (l'*aryballos* contiene l'olio della palestra) e cacciatore (il cane). Scherzoso ed elegante il gesto del porgere il grillo al cane.

Lekythos attica a fondo bianco
inv. 124708 (acquisto Canessa)
Prodotte ad Atene dalla fine del VI secolo a.C. in poi, le *lekythoi* a fondo bianco acquistarono, a partire dalla metà del secolo successivo, un'iconografia rispondente al loro uso funerario di contenitori di olii ed essenze profumate per impiego rituale. Nella scena di culto presso la tomba la *lekythos* torna così nelle mani della fanciulla seduta presso la tomba. Seconda metà del V secolo a.C.

Capro selvatico da Edessa, collezione Borgia
inv. 24286
L'antica tradizione mesopotamica e persiana delle raffigurazioni di animali si esprime in questa figurina di capro, che muove con vivacità il capo con una grazia che fa dimenticare il valore intrinseco dell'oro di cui è fatta, a fusione piena, la statuetta. IV secolo a. C.

Coppa a foglie d'acanto, da Falerii, collezione Borgia
inv. 25288

Rinvenute a *Falerii*, l'odierna Civita Castellana, nel 1811, le tre coppe, databili nel II secolo a. C., appartenevano ad un tesoro andato purtroppo disperso del quale faceva parte anche una statuetta d'argento di centauro ora a Vienna; esse rappresentano bene la raffinatezza dell'arte orafa di un centro ellenistico asiatico, Pergamo o Antiochia, preda di guerra o al servizio delle esigenze di *luxuria* dell'aristocrazia romana; ci danno un'idea di quei modelli di toreutica da cui derivano nell'umile terracotta i vasi detti «megaresi».

Rilievo marmoreo con visita di Dioniso, collezione Borgia
inv. 6713
Di origine sconosciuta, il rilievo, di scuola neoattica (ne sono note altre repliche al Louvre ed in altri musei), rappresenta l'arrivo di Dioniso, in figura di anziano ebbro sostenuto da un satirello, col suo corteggio di Satiri e Menadi, presso la casa di Ikarios. Questi, steso sulla *kline* in compagnia di una donna, Antigone, accoglie con un largo gesto del braccio il dio evocato che si appresta a sciogliere i calzari con l'aiuto di un altro satirello. In questa scena di *teoxenia*, di evidente impronta ellenistica, è particolarmente interessante lo sfondo architettonico della casa di Ikarios che, coi suoi piani prospettici, ricorda il II stile dello scenario di città della parete di Boscoreale al Metropolitan Museum di New York; resta, anche per questo verso, confermata la cronologia verso la metà del I secolo a. C.

Situla con donne al bagno
inv. 25289

Nonostante la provenienza dichiarata dagli inventari da Portici, non c'è dubbio che non si tratti di un pezzo ercolanese.

Lo schema architettonico a colonne ed arcatelle che fa da sfondo alle figure ricorda quello dei sarcofagi tardoromani e lo stile delle figure conviene al III secolo d. C.. La scena rappresentata, Afrodite al bagno assistita dalle ancelle, chiarisce la funzione da bagno e toeletta femminile del raffinato oggetto del quale vorremmo ben sapere la vera provenienza.

Testa di Atleta, collezione Astarita
inv. 205248
La testa dal mento massiccio, le labbra spesse, la disposizione dei capelli con ciocche a virgole disposte a file concentriche sono caratteri della grande statuaria in bronzo del V secolo a. C.; mentre appartengono al purismo accademico dell'età di Adriano la levigatezza della copia, la precisione del disegno, l'inclinazione che vela di una punta di malinconia l'occhio.
Si tratta di una libera rielaborazione, peraltro abbastanza fedele al gusto classico, di una statua di atleta, vicina al Discobolo di Mirone.

Bicchiere di vetro con scene dionisiache, da Sepino
inv. 138739
Rinvenuto nel 1919 in una tomba della necropoli di *Saepinum*, un centro sul tratturo Pescasseroli-Candela ai piedi del Matese molisano, il vaso, decorato da figure dionisiache ad incisioni che alludono al millenario tema del simposio e del vino, è databile al IV secolo d. C.

Le officine più attive all'epoca erano in Egitto, a Colonia, ad Aquileia, ma anche a *Puteoli*, come sappiamo dai celebri flaconi-*souvenirs* con panorami della costa flegrea. Altri frammenti di bei vetri incisi sono stati di recente trovati a Campochiaro, in un santuario su una strada che dalla Campania attraversa il Molise e potrebbero dare un indizio di un'origine puteolana anche per questo bicchiere.

Fibula e coppia di orecchini in oro e pietre dure da Senise
invv. 153621, 153618
Rinvenuta in un corredo tombale di Senise (MT) nella valle del Sinni, la fibula, con raffinata decorazione a granulazione e inserti di pietre dure (manca purtroppo quella centrale), è datata al VII secolo dal fatto che il retro degli orecchini, trovati con essa, porta impressa una moneta d'oro degli imperatori d'oriente Eraclio e Tiberio (659-668 d.C.) sotto il cui dominio del resto all'epoca era la Basilicata.
Si tratta di tipici prodotti dei laboratori orafi bizantini, come i gioielli portati da dame e dignitari sui mosaici ravennati.

Nota bibliografica

L. Giustiniani, *Memorie storiche critiche della Real Biblioteca Borbonica*, Napoli 1818

G.B. Finati, *Il Regal Museo Borbonico*, tomi I-III, Napoli 1819-1823

M. Gélas, *Catalogue des statues en bronze exposés dans une grande salle du Musée Bourbon à Naples*, Napoli 1820

L. Giustiniani, Fr. de Licteriis, *Guida per lo Real Museo Borbonico*, Napoli 1822

A. Niccolini (cur.), *Real Museo Borbonico*, XVI voll., Napoli 1824-1857; II ediz. con modifiche, in 9 voll., Roma 1837-1845

E. Gerhard, Th. Panofka, *Neapels antike Bildwerke*, I Teil, Stuttgart und Tübingen 1828

Regolamento pel Museo Reale Borbonico, Napoli 1828

A. Morelli, *Musée Royal Bourbon*, Naples 1835

Fr. Alvino, *Description des Monuments du Musée Royal Bourbon*, Napoli 1841

B. Vulpes, *Illustrazione di tutti gli strumenti chirurgici scavati in Pompei ed Ercolano*, Napoli 1847

C. Ceci, *Museo Nazionale*, Napoli 1854 (II ed.: *Piccoli bronzi del Real Museo Borbonico*, Napoli 1858)

G. Fiorelli, *Catalogo del Museo Nazionale di Napoli, Raccolta pornografica*, Napoli 1866

G. Fiorelli, *Catalogo del Museo Nazionale di Napoli, Raccolta epigrafica I, Iscrizioni Greche ed Italiche*, Napoli 1867

G. Fiorelli, *Catalogo del Museo Nazionale di Napoli, Armi antiche*, Napoli 1869

G. Fiorelli, *Catalogo del Museo Nazionale di Napoli, Collezione Santangelo, Monete greche*, Napoli 1866

G. Fiorelli, *Catalogo del Museo Nazionale di Napoli, Collezione Santangelo, Monete del Medio Evo*, Napoli 1867

G. Fiorelli, *Catalogo del Museo Nazionale di Napoli, Medagliere, I, Monete greche*, Napoli 1870

G. Fiorelli, *Catalogo del Museo Nazionale di Napoli, Medagliere, II, Monete romane*, Napoli 1870

G. Fiorelli, *Catalogo del Museo Nazionale di Napoli, Medagliere, III, Monete del Medio Evo e moderne*, Napoli 1871

G. Fiorelli, *Catalogo del Museo Nazionale di Napoli, Medagliere, VI, Matrici, punzoni e conii della R. Zecca*, Napoli 1866

Bollettino del Museo Nazionale di Napoli, I, 1864

W. Helbig, *Wandgemälde der vom Vesuvius verschütteten Städte Campaniens*, Leipzig 1868

H. Heydemann, *Die Vasensammlung des Museo Nazionale zu Neapel*, Berlin 1872

D. Monaco, *Guide Général du Musée National de Naples, suivant le Nouvel Arrangement*, Naples 1874

A. Migliozzi, *Nuova Guida Generale del Museo Nazionale di Napoli secondo i più recenti riordinamenti corredata di un'appendice riguardante Pompei e la Certosa di S. Martino*, Napoli 1876

G. Fiorelli, *Documenti inediti per servire alla storia dei Musei d'Italia*, I, Firenze 1878-1879

A. Avena, *La conservazione dei monumenti e lo scalone del Museo Nazionale di Napoli*, Napoli 1897

B. Croce, *Un nuovo scandalo al Museo di Napoli*, in «Napoli Nobilissima», vol. IX, 1900, pp. 145-148 ss.

G. De Petra, *Intorno al Museo Nazionale di Napoli. Autodifesa*, Napoli 1901

N. Breglia, E. Martini, B. Croce, *Relazione della Commissione per la sistemazione dei lavori del Museo e della Biblioteca di Napoli*, in «Napoli Nobilissima», vol. XI, fasc. VI, 1902, pp. 92 ss.

G. Ceci, *Il Palazzo degli Studi (I-III)*, in «Napoli Nobilissima», vol. XIII-XV, 1904-06.

B. Croce, *Il Museo sotto i Borboni*, in «Napoli Nobilissima», vol. XV, fasc. II 1906.

A. Ruesch (cur.), *Guida illustrata del Museo Nazionale di Napoli*, Napoli 1908

A. Ruesch (cur.), *Compendio della guida illustrata del Museo Nazionale di Napoli*, Napoli 1925, 1928 (edd. italiana, francese, inglese)

G. Consoli Fiego-A. Maiuri, *Museo Nazionale di Napoli. Salone degli Arazzi*, Napoli 1927

V. Spinazzola, *Le arti decorative in Pompei e nel Museo Nazionale di Napoli*, Milano 1928

A. Maiuri, *Aspetti e problemi dell'archeologia campana*, in «Historia», IV 1930

G. Pesce, *Il Museo Nazionale di Napoli*, Roma 1932

O. Elia, *Pitture murali e mosaici nel Museo Nazionale di Napoli*, Roma 1932

G. Pesce, *Oreficeria, Toreutica, Glittica, Vitraria, Ceramica*, in Itinerari dei Musei e Monumenti, 19, Roma 1934

A. Maiuri, *Gli studi di Antichità a Napoli nel Sette e Ottocento*, in «Rendiconti della Reale Accademia di Archeologia, Lettere e Belle Arti di Napoli» XVII, 1937

E. Pernice, *Gefässe und Geräte aus Bronze (Die hellenistische Kunst in Pompeji, VI)*, Berlin 1938

L. Breglia, *Catalogo delle oreficerie del Museo Nazionale di Napoli*, Napoli 1941

A. de Franciscis, *Per la storia del Museo Nazionale di Napoli*, in «Archivio Storico per le Province Napoletane», N.S. XXX, 1944-46, p. 169-200.

A. de Franciscis, *Restauri di Carlo Albacini a statue del Museo Nazionale di Napoli*, in «Samnium», XIX, 1946, pp. 96-102.

A. Adriani, *Vasi di stile attico a figure nere, C.V.A.*, Italia, fasc. XX, Museo Nazionale di Napoli, I, 1950

A. Rocco, *Ceramiche delle fabbriche*

tarde, in C.V.A., Italia, fasc. XXII, Museo Nazionale di Napoli, II, 1953
Eadem, *Ceramiche a decorazione sovradipinta*, in C.V.S.A., Italia, fasc. XXIV, Museo Nazionale di Napoli, III, 1954
Siviero, *Gli ori e le ambre del Museo Nazionale di Napoli*, Napoli 1954
B. Maiuri, *Museo Nazionale di Napoli*, Novara 1957
I. Donsì, *Uno dei fondi recuperati dell'Archivio di Stato di Napoli*, in Studi in onore di R. Filangieri, Napoli 1959, p. 54 ss.
A. de Franciscis, *Il Museo Nazionale di Napoli*, Cava dei Tirreni-Napoli 1963
A. de Franciscis, *Musaici antichi del Museo Nazionale di Napoli*, Cava dei Tirreni-Napoli 1963
G. E. Rubino, *La sistemazione del Museo Borbonico di Napoli nei disegni di Fuga e Schiantarelli*, in «Napoli Nobilissima», vol. XII, fasc. IV, 1973, pp. 126 ss.
M. Grant, A Mulas, *Eros a Pompei, il gabinetto segreto del Museo di Napoli*, Milano 1964
P.G. Guzzo, *Le gemme a scarabeo del Museo Nazionale di Napoli,* in «MEFRA», 83, 1971, pp. 325-366.
AA.VV., *Da Palazzo degli Studi a Museo Archeologico. Catalogo della Mostra storico-documentaria del Museo Nazionale di Napoli*, Napoli 1977
AA. VV., *Atti del II Incontro di studi sull'»Instrumentum domesticum» di Pompei ed Ercolano nella prima età imperiale*, in «Quaderni di Cultura materiale», I, Roma 1977
A. González-Palacios, *Il trasporto delle statue farnesiane da Roma a Napoli*, in Antologia di Belle Arti, 1978, pp. 168-174
A. Giuliano, *Documenti per servire alla storia del Museo di Napoli*, in «Rendiconti dell'Accademia di Arch., Lettere e B. Arti di Napoli», n.s., LIV, 1979, p. 93 ss.
E. Pozzi, *Per un riordinamento delle collezioni del Museo Archeologico Nazionale di Napoli*, in AA. VV., Atti del convegno «Immagine del Museo negli anni '80», suppl. del Bollettino d'Arte, 1982
AA.VV., *Itinerario Farnesiano. Le sculture Farnese del Museo di Napoli*, Catalogo della Mostra, Napoli 1982
A. Allroggen-Bedel, H. Kammerer-Grothaus, *Il Museum ercolanese di Portici,* in Cronache Ercolanesi, 13, II supplemento, 1983
N. Valenza Mele, *Museo Nazionale di Napoli. Catalogo delle lucerne in bronzo*, Napoli 1983
L. A. Scatozza Hoericht, *Restauri alle collezioni del Museo Ercolanese di Portici alla luce di documenti inediti*, in «Atti Accademia Pontaniana», 21, 1983, p. 495 ss.
U. Pannuti, *Museo Archeologico Nazionale di Napoli. Catalogo della collezione glittica,* I, Roma, 1983.
A. Ferri Messano, *Il funzionamento dei Musei napoletani in età borbonica. Alcune novità*, in Museologia, 16, 1984
AA.VV., *Il Museo Archeologico Nazionale. Napoli* (Guide pratiche Garolla), Milano 1984
J. Papadopoulos (cur.), *Museo Archeologico Nazionale di Napoli, Le sculture della Collezione Astarita,* Napoli 1984.
E. Pozzi, *Il percorso della Mostra tra il museo di ieri e il Museo di domani*, in *Napoli Antica*, catalogo della mostra, Napoli 1985
G. Hölbl, *Museo Archeologico Nazionale di Napoli. Le stele funerarie della collezione egizia*, Roma 1985.
AA. VV., *La cultura classica a Napoli nell'Ottocento*, Napoli 1987, pp. 815-902 (*Gli studi archeologici: dall'antiquaria alla storia; Francesco Maria Avellino, Giulio Minervini, Giuseppe Fiorelli, Giulio De Petra*)
AA. VV., *Classicismo di età romana. La collezione Farnese*, Napoli 1988
AA. VV., *Le collezioni del Museo Nazionale di Napoli*, Roma, I 1986, II 1989
AA. VV., *La collezione egiziana del Museo Archeologico Nazionale di Napoli,* Napoli 1989.
AA. VV., *Il Toro Farnese. La «montagna di marmo» tra Roma e Napoli,* Napoli 1991.
M.R. Borriello, *Collezione Spinelli*, in C.V.A., Italia, fasc. LXVI, Museo Nazionale di Napoli, IV, 1991
AA. VV., *Alla ricerca di Iside. Analisi, studi e restauri dell'Iseo pompeiano nel Museo di Napoli,* Napoli 1992.
C. Gasparri (cur.), *Le Gemme Farnese*, Napoli 1994.

Finito di stampare
nel luglio 1994
per conto dell'Electa Napoli

Fotocomposizione: Photocomp 2000
Fotolito: SAMA
Fotoincisione: Centro dms
Stampa: Incisivo, Salerno
Legatura: Legatoria S. Tonti,
Mugnano (Na)